JN087515

アクション リサーチ 入門

社会変化のための社会調査

デヴィッド・J・グリーンウッド
モルテン・レヴィン ｜ 著
小川晃弘 監訳

新曜社

INTRODUCTION TO ACTION RESEARCH 2nd Edition
by Davydd J. Greenwood and Morten Levin

日本語版への序文

　我々はアクションリサーチ action research（AR）に関するこの本を、日本の読者に紹介する機会を与えられたことをうれしく思っています。今後、日本での AR 活動について実りある対話ができることを期待しています。

　本書では、AR を「協働学習グループによって行われる研究と社会活動の連携」と定義しています。これらのグループは、訓練を受けた社会科学の研究者と、解決しようとする問題に直接関わっている現地のステークホルダーや組織で構成されます。AR は複数の方法論を用いた協働研究とアクションを意味しています。AR ではまず問題を定義し、協働で調査し、取るべきアクションを設計する、そのアクションを実行に移す、その結果を協働で評価するというサイクルで成り立っています。一つのサイクルが終わると、それは次の新しい調査、アクション、評価のサイクルにつながっていきます。そのためには、専門的な研究知識と、その問題のステークホルダーだけが持ちうるローカルナレッジ（現地の知識）の両方を動員することが必要になるだけでなく、外部の専門家に頼らなくても自分たちで問題を解決できるように、ステークホルダー自身の研究知識や能力を高めることも意図しています。AR の目的は、現地のステークホルダーにとって、より効果的で、より公正で、より持続可能な状況を生み出すこと、そして人間の福利のために社会調査をより効果的に実施する方法について新たな知見を提供することにあります。

AR とは何でないか

　AR は理論でも方法でもありません。むしろ、協働研究のプロセスを組織化するための戦略であり、さまざまな理論や方法を用いています。AR は、目の前の問題に関連した視点やアプローチを提供してくれるものであれば、どんなものからでも理論や手法を取り入れます。

　AR においては観客であることは許されません。客観性と信頼性の高い結果を得るには、分析対象であるプロセスや人々から距離を置き、何が起こっているのかについて中立であることが必要だという研究のあり方は、単純に間違っ

ているのです。なぜなら、人々は研究結果に基づいて行動し、それが正しいか間違っているかの結果を経験するからこそ、研究者のエンゲージメントが厳密になるのです。距離を置いた「客観的」な研究者は、自分のフレームワークを現実の問題に適用した結果を経験することはありません。AR から見れば、このように距離を置いて学術的に「厳密」だとするのは、死後硬直のようなものです。

またARは質的研究でもありません。多くのARプロジェクトでは、社会問題を解決するための重要な要素として定量的な資料が用いられ、社会変革の取り組みを取り巻く複雑な文化的・解釈的問題を理解するために定性的な資料が用いられます。重要なのは、視点が量的か質的かではなく、社会問題の理解と解決に役立つかどうかなのです。

AR は応用研究でもありません。AR は、理論と実践、理論と方法、純粋研究と応用研究という二分法を否定することで成り立っています。これらの二項対立は、20 世紀初頭に社会科学が自らを学問分野として構成し、社会分析と社会変革のプロジェクトを同時に行おうとするホリスティック（全体論的）なアプローチを拒否して以来、社会科学の弱体化と無用の長物化の主要な原因となっています。応用のない理論は理論ではなく、単なる憶測にすぎません。理論なき応用というのは、分析や因果関係の理解なしに変化のためのレシピを使用するようなものであると、我々は考えています。

AR とは何か

AR はアカデミックな社会科学や社会科学コンサルティングを支配する二項対立の否定を基盤としています。

AR は、質的・量的データを用いて、参加型の社会分析と変革のプロセスを構築し、問題の理解を深めるために役立つと思われる理論や方法を用いて、ステークホルダーがより公平で持続可能な生活環境を求めて、自ら主張し行動する能力を強化することを常に目指しています。

AR はシステム思考 systems thinking がベースになっています。人間にとって重要な問題は、すべて多次元のシステム問題です。それらは多くの場合、ダイナミックなシステムの問題であり、分析は複雑で、複数の相互に作用する次元を考慮に入れたアクションを設計することが必要となります。AR では我々

人間のおかれた状況をダイナミックでオープンなシステムとしてとらえ、そのようなシステムに介入するには、オープンなシステムのプロセスとその境界を理解しなければならないと考えています。

　これに対して、大学や学問分野は、世界を専門知識の小山にきれいに分割し、特定の学問分野によって支配される領域、その境界を厳重に守り、官僚的な学問構造に構築されています。このような構造では重要な知識が生成される一方で、互いの無知と妥協しない頑固さを助長することになります。それぞれの知識の組み合わせが必要なとき、一般的に協働作業が不得手なのです。科学技術研究、フェミニスト研究、サステイナビリティ研究は、このような境界を越えて活動し、ある程度の成功を収めていますが、常に時流や学術的報酬システムの構造に逆らって泳いでいます。このシステムは、学術管理者、政策立案者、機関や学問分野のランキングシステムによって強く押しつけられているものなのです。

　こうした点において、AR は社会科学や人文科学において、意味のある解決策を必要とする問題に対して無関係な作業を大量に行う、テイラー主義的な権威主義的学術組織に対する正面からの挑戦です。したがって、AR の課題というのは、科学者、社会科学者、人文科学者を作業チームに集めて、あるいは意義ある社会変化と新しい社会科学的理解の源として、彼らの仕事に精通し現地のステークホルダーと一緒になって、その問題に注意を向けることによって、関連する科学、社会科学、人文科学の知識を特定の社会問題の解決に役立たせることです。

　AR は学術的な知識の独占に挑戦しています。AR では、現地のステークホルダーが問題解決に不可欠な知識を持っています。長年の学術的なトレーニングは、特定の文脈の中で生きてきた人生にはかないません。現地のステークホルダーは、現地の問題について、自分が口で言う以上のことを知っていることが多く、他のステークホルダーが持っている知識に気づいていないこともあります。このようなローカルナレッジをまとめ、効果的に表現し、そこに学術的な知識やアプローチを加え、複雑だがよく分析された全体像を徐々に作り上げていくことが、AR プロセスの鍵となります。そうすることで、特定の情報が不足していることに関係者全員が合意し、その知識を獲得するための協働計画が生まれることが多いのです。数年前にある同僚が言ったように、すべての関係者が「パズルのピース」を持っているのです。AR の実践は多岐にわたって

います。

　AR は特定の問題や場所に限ったものではありません。地域社会、産業界、官僚組織などで効果的に展開されています。地球上で富んだ国が集中する「北」でも貧しい国が集中する「南」でも、そして「北（富んだ国）」に住む「南（貧しい人たち）」においても展開されています。国際開発、社会サービスマネジメント、建築・デザイン、IT 開発、製造業・サービス業、天然資源管理、研究開発、さらにはいくつかの大学（Sabanci University [訳注1] と Mondragón Unibersitatea [訳注2]）の設立と運営にも使われています。

　イデオロギー的にも、理論／方法論的にも、AR は多様です。サザン PAR Southern PAR [訳注3] は、解放主義的であり、権力関係を変えることに関心を持っています。コミュニティベースの自然資源管理 community-based natural resource management は、ホリスティックで、協調的で、学際的で、環境の持続可能性という主要なコンセプトのもとで行われます。産業界で実践される AR である industrial AR は、職場環境の改善や、より公平で安全、かつ収益性の高いチームや共同作業形態の開発に焦点を当てています。教育 AR educational AR 自体も多様で、教室での経験を改善する方法を学ぶために AR を使用することから、成人教育、社会的移動や解放としての教育に至るまで、さまざまな動きを見せています。アクションサイエンス action science は、ほとんどの組織において、学習する組織として運営することを妨げる力を克服しようとするものです。いろいろとあるのです。

　我々は、これらの異なるアクションリサーチの流派から学んだことが、それぞれの違う時期に我々自身の AR の実践に関連していたことを経験しており、これらすべてを認識することが最善であると考えています。これらはすべて AR の形態であり、本書では個人的な好みを明確にしていますが、どれが優れているということはありません。したがって、本書は読者に AR の多様なアプローチを紹介するために書かれたのです。

AR は何に役立つか？

科学としての AR

　そもそも AR は、社会的「科学」と呼ぶにふさわしい社会調査の唯一のアプローチだと考えています。AR では、可能な限り広い範囲で知識や分析を行い、

知識のある内部の人たちと協力して問題を詳細に概念化し、状況を改善するためのアクションを設計し、それを実行し、結果を評価します。その結果が満足のいくものでなければ、再びこのサイクルが始まります。

　分析を行い、それを実際に検証し、再調整し再テストを行うことは、科学の本質です。これに対して、アカデミックな社会科学や人文科学は、データを集め、分析し、結論を出しますが、先に進み、この未検証の知識を応用するのは一般の人々や「応用社会科学者」と呼ばれる研究者に委ねられています。ARの創始者であるクルト・レヴィンは、「何かを理解したければ、それを変えてみることだ」「優れた理論ほど実用的なものはない」と述べています。

倫理的実践としての AR

　AR は、民主的な参加と知識創造における誠実さへの倫理的なコミットメントによって推進されています。AR は、現地のステークホルダーが自らの生活状況を改善するために行動する権利を信じています。AR は、民主主義が単なる価値観にとどまらないと考えています。それは確かな知識と相互尊重に基づいて、我々人間が実行可能な解決策を導き出すための最も成功した方法であると考えています。AR は客観性を重視する従来の社会科学を学術的特権の行使のための言い訳と考え、また研究対象を直面する現実的問題から心地よく切り離すための口実であると考えています。我々は従来の研究は学術的な商品生産のために現地のステークホルダーの知識を収奪していると考えています。

この本はどこに位置づけられるのか？

　AR に関する入門書には、*Action Research*（Stringer, 2013）のような包括的な教科書から、*Whose Reality Counts?: Putting the First Last*（Chambers, 1997）のような単著、*Participatory Action Research: Theory and Methods for Engaged Inquiry*（Chevalier & Buckles, 2013）のような実践集まで、さまざまなものがあります。また、*The Sage Handbook of Action Research*（Reason & Bradbury-Huang, 2001, 2007）、*The Sage Encyclopedia of Action Research*（Coughlan & Brydon-Miller, 2014）の 2 冊のほか、*Action Research*、*Systems Practice and Action Research*、*International Journal of Action Research* などのジャーナル、AR の実践のためのリソースも数多くあります。我々の本は、AR の科学的価

値についての一連の議論とともに、AR に見られる複数の流れとアプローチを紹介した入門書です。

　本書は、AR が、かつて「社会科学」が主張したように、科学的であると同時に社会的であるという未来への道を示しているという主張に基づいています。そして本書は、「純粋」対「応用」という誤った二項対立に安住している大学に所属している社会科学者と、自分たちが行っている行為の概念化と理論的説明を改善し、自分たちの仕事が応用されているからこそ良いものであると考えることの心地よさから離れることを求められている実務家への挑戦でもあるのです。

謝辞

　我々は、小川晃弘教授と彼の同僚たちがこの翻訳を行うためのイニシアチブを起こしたこと、そして「本物」の社会科学への献身に感謝したいと思います。この翻訳が、日本における活気ある AR コミュニティを作ろうとする彼らの期待に少しでも応えられることを願っています。

2014 年 7 月 5 日
デヴィッド・J. グリーンウッド
モルテン・レヴィン

参考文献

Chambers, Robert (1997). *Whose Reality Counts?: Putting the First Last.* 2nd edition. London: Intermediate Technology Publications.

Chevalier, Jacques and Daniel Buckles (2013). *Participatory Action Research: Theory and Methods for Engaged Inquiry.* Oxon: Routledge.

Coughlan, David and Mary Brydon-Miller (2014). *The Sage Encyclopedia of Action Research.* London: Sage.

Reason, Peter and Hilary Bradbury-Huang, eds. (2001). *The SAGE Handbook of Action Research: Participative Inquiry and Practice.* London: Sage.

―――. (2007). *The SAGE Handbook of Action Research: Participative Inquiry and Practice.* 2nd edition. London: Sage.

Stringer, Ernie. (2013). *Action Research.* 4th edition. Thousand Oaks, California: Sage.

訳注

［1］トルコのイスタンブールにあるサバンジュ大学、1994 年創立の私立大学。

［2］スペインのバスク州にある非営利の協同組合立大学、1997 年創立。世界最大の協同組合と言われ広範囲な分野で活動するモンドラゴン協同組合の一事業。

［3］グローバルサウスと呼ばれる地域で展開されるアクションリサーチ。PAR は participatory action research の略。

第 2 版への序文

　このたび、本書を改訂する機会を得たことをうれしく思います。初版を出版して以来、本書はアクションリサーチ（AR）を理解するための一般的な参考書となりました。本書は、AR の知的、科学的、政治経済学的な基礎を紹介するエッセイと、さまざまな AR のやり方を簡単に紹介するサーベイを織りまぜた構成となっています。こうした構成は、初版以来引き続き、良いアイディアであると考えており、それは本書のユニークな特徴でもあります。本書が出版されて以来、我々は AR についてさらに多くのことを学び、認識論的な理解を深めるとともに、AR の多様な実践について、より深く理解することができました。これらのことは、第 2 版をより良いものにするはずです。初版の出版以来、この 8 年間、我々が最も重視してきたのは、AR の問題点を分析し、高等教育機関において、その実践を行っていくことでした。AR の未来だけでなく、限りなく縮小していくように見える高等教育機関の未来への鍵として、この点を強調することが、第 2 版の最も注目すべき点であると考えています。

初版への序文

　デヴィッド・グリーンウッドとモルテン・レヴィンは、1986年のアイナー・ソルスルッド教授[訳注]の追悼カンファレンスの中で行われたプランニングミーティングで初めて会い、その半年後に本格的な協力関係がスタートしました。レヴィンは1987年のサバティカルをコーネル大学の産業労働関係学部で過ごし、「雇用と職場システムに関するプログラム」に所属しました。グリーンウッドも当時このグループに所属しており、次第に親交を深めていくことになりました。笑い、皮肉、政治、仕事上の関心事が共鳴しあいました。レヴィンは、1994年から95年、2005年にかけても、コーネル大学でサバティカルを過ごし、頻繁にイサカに足を運びました。

　1986年当時、レヴィンはすでにアクションリサーチ（AR）の分野で確固たる地位を築いていました。グリーンウッドはスペイン・バスク地方のモンドラゴンの産業協同組合で行っていた最初の大規模なARプロジェクトの最終年を迎えていました。グリーンウッドにとって、このプランニングミーティングは2つの意味で興味深いイベントでした。ヨーロッパ、アメリカ、オーストラリアのAR運動の重要人物に会ったこと、そして北欧流の参加型計画のプロセスを初めて体験したからです。レヴィンは、以前からトロンハイムのノルウェー科学技術大学でARの理論やモデルの教育に携わっていました。グリーンウッドがARを教室に持ち込むのは1990年になってからであり、ARが提起する教育上の問題点については、当時はあまり考えてはいませんでした。

　我々の本当の共同研究は、学生が参加することから始まり、教育への関心によって維持されてきました。1989年、モルテン・レヴィンとマックス・エルデンはグリーンウッドをトロンハイムに招き、トロンハイムの革新的な大学院プログラムでARを学ぶ最初の博士課程の学生たちに向けて、モンドラゴンでの研究に関する一連のセミナーを開催しました。3年にわたる複雑なARのプロセスを、知識の豊富な学生たちに説明する機会を得たグリーンウッドは、ARをコーネル大学の授業に取り入れるべきであると確信するようになりました。そして1990年、彼の教育方針を大きく変えることになるセミナーを開催し、このプロセスを開始しました。その最初のセミナーの様子は、参加者たち

によって、その経験について、共著のモノグラフに記録されています（Elvemo, Grant Matthews, Greenwood, Martin, Strubel, & Thomas, 1997）。レヴィンと彼の学生のグループは、その最初のセミナーの終わりにコーネル大学を訪れ、グリーンウッドの学生とレヴィンの学生が AR について活発な議論を交わしたのでした。

　その後、グリーンウッドとレヴィンは頻繁に会うようになりました。グリーンウッドは、レヴィンの博士課程の学生たちのアドバイザーとして定期的に招かれ、2 つの学位論文の審査委員会の委員を務めました。そして、レヴィンはグリーンウッドに、彼が指揮する「ノルウェー・エンタープライズ 2000 プログラム」の一コマを任せ、グリーンウッドはレヴィンの AR チームのコンサルタント兼問題を投げかけていく挑戦者のような役割を担うことになりました。その間に、大学で一緒に講義をしたこともありました。レヴィンは、グリーンウッドが初めて行ったサーチカンファレンスのデザインについて、グリーンウッドを丁寧に手ほどきしました。

　グリーンウッドとレヴィンは、ハンス・ヴァン・ベイヌム、レネ・ヴァン・デル・ヴリスト、ケル・S・ヨハネセン、クロード・フォシューとともに、スカンジナビアのアクションリサーチ開発プログラムのスタッフとして、約 30 人のプロのアクションリサーチャーを集め、2 年間にわたって AR に関する研究とライティングの質を高めるためのさらなるトレーニングを実施しました。AR の実践者にとって、研究成果を書いて伝えることは、認識論的な問題をしっかり把握することが、いかに難しいかを知ることとなり、愕然としたこともありました。

　このような経験から、我々は教育に対する共通のこだわりを持ち、政治的・倫理的見解も似ていることを認識したのです。そうしたプロセスの中で、我々は親しい友人となりました。しかし、これらの経験は、我々が多くの考えを共有していること、そして、一般的に言われている AR とはかなり異なる見方をしていることも認識させることになりました。我々が採用している方法は新しいものではありませんが、AR と従来の社会調査との間にある政治的関係、大学の受動的な社会的役割、そして多くの AR 関連書籍に見られるように、AR に対する認識論的な野心が明確に説明されていなかったり、方法論への配慮に欠けていたりします。そうしたものすべてに対する我々の懸念から、他と異なる AR の見解を我々が持っていること、それを文書で表現する価値があると考

えたのです。

　レヴィンは、1994 年から 95 年にかけてのサバティカル休暇を利用して、この本を一緒に企画することを提案しました。そのプロセスで、我々は素晴らしい時間を過ごしただけでなく、我々の AR に対する見方が支配的な AR の見方とは異なるという確信を深めていったのです。また、共著の論文などを通じて、学生や同僚にこの見解を試す機会も多くありました。本書は、AR について教えることの難しさと、大学における AR のための極めて野心的な認識論的・政治的アジェンダを描くことによって AR の質と評価を高めたいという共通の願いから生まれたのです。

　このプロセスにおいて、学生たちはずっと我々とともにありました。彼らは AR についてどのように教えるか（そして教えないか）、この本に多くのアイディアを出してくれましたし、アクションリサーチャーとして直面する自身の立ち位置から生じるジレンマについて厳しい問いを我々に投げかけ、我々が常に説明責任を果たせる状況にもしてくれました。我々は、この本を作るプロセスにおいて、彼らとともに共同学習者であったのです。

　この本は、グリーンウッドとレヴィンの 11 年にわたる対話から生まれたもので、さまざまな年齢層の学生たちが積極的に参加してきました。このような学生たちに対する我々のコミットメントと、AR について何か新しいことが言えるのではないかという確信が、この本を書かせることになったのです。

　本書は、多くの点でユニークです。AR の認識論的アジェンダを提示しており、それは多くの実践者の願望をはるかに超えたものであり、認識論的・倫理的な理由から従来のアカデミックな社会科学に真っ向から挑戦するものです。それはまた、AR に流れ込む知的・政治的な流れの多様性と複雑性を描き出そうとする点でもユニークです。我々は、この複雑さを一つの理想的なモデルに還元しようとはしません。むしろ読者には、AR の実践に向けたさまざまなアプローチについて、何かしらの理解を深めていただきたいと考えています。

　我々は意図的にこのようなアプローチをとっています。我々は、AR の正しいやり方がひとつだとは思っていませんし、個々人が好きなやり方というのもあるでしょう。AR は文脈に依存し、実践者のスキル、背景、興味と密接に関連しています。我々は、ある特定の学生が AR の問題にどのように関わるかを予測することはできないことを、教えることを通じて学びました。優れた教育

法には、学生が自分自身のつながりを見出すことができるような、オープンで多様なアプローチが必要であることを我々は知っています。

　本書は完成されたものではありますが、まだ未完成であり、この分野での対話と議論への招待状でもあります。我々の目的は、読者が AR の実践を批判的に考察することを促すことにあります。

[訳注]
　Einar Thorsrud、ノルウェーの心理学者。組織開発の分野、特に参加型ワークデザインに関する理論の開発で知られている。

謝辞

　本書の第 2 版は、Sage Publications のリサ・クエバス・ショー氏の主導により作成されましたが、そのイニシアティブと熱意あるサポートに感謝いたします。リサが依頼した書評は、初版刊行以来、多くのジャーナルの書評と同様に、本書の再構築に役立ちました。パム・スウィンスキー氏の編集・校正技能も素晴らしいものであったことを記しておきます。

1. 原語を知ることが、その単語のニュアンスや文意の理解につながると考えられる場合は、日本語訳に英語を並列した。

2. 原注、訳注は各章ごとにそれぞれ［原注1、2、3 ・・・］、［訳注1、2、3 ・・・］を付し、各章末にまとめた。

3. 本文中で引用されている文献で日本語訳があるものについては、英語名を並列し、訳注で文献情報を紹介した。また、巻末の文献にも並記した。

4. 人名表記は、人口に膾炙している表記があれば、それを優先している。ない場合は当該人物の言語による発音に近い表記を使用した。

5. 人物の肩書きについては、原著出版当時のものをそのまま用いる。

目　次

第7章　権力と社会改革 ——————————————————127
—— サザン PAR、教育、フェミニズム、アクションリサーチ

本書は Davydd J. Greenwood and Morten Levin (2007) INTRODUCTION TO ACTION RESEARCH, 2nd Edition の抄訳である。

本翻訳書と原著との対応は以下の通りである。

装幀＝新曜社デザイン室

第1部
アクションリサーチとは何か

本書では、アクションリサーチ action research（AR）を厳格な科学的要件を満たすと同時に、民主的な社会変革を促進する一連の社会調査として、協働で実施する方法を提示する。AR が提起する認識論的、方法論的な問題を紹介し、世界各地で見られる AR の多様性を広く記していく。第 1 章（「はじめに──アクションリサーチ、多様性、民主主義」）では、研究戦略および改革実践としての AR を紹介する。AR とは、変化を促進し、科学的な知識生産のためのデータを生成することを目的とした複数の研究手法を活用する現場での作業方法を意味する。

　AR は社会調査などの訓練を受けた専門家と現地のステークホルダーが一緒になって知識を生み出し、アクションを設計する作業を意識的に行う、協働に基づく民主的な戦略の集合体である。何を研究するかは、現地のステークホルダーとアクションリサーチャーの間で協働して選び、参加者間の関係は共同学習のプロセスを通して組織化される。AR はステークホルダーの「ために」するのではなく、「共に」することに焦点を当てている。そして、現地のステークホルダーが複雑な状況の中で培ってきた経験の豊かさと、その経験を振り返ることの可能性を信じている。

　AR の主要な源泉は、現代の社会科学の基礎となった政治経済学の伝統、アメリカの「実用主義 pragmatic」哲学、社会心理学と実験心理学、コミュニティ開発と成人教育、産業民主主義 industrial democracy、ヒューマン・インクワイアリー human inquiry、アクションサイエンス action science、アクションラーニング action learning、省察的実践 reflective practice、参加型農村開発 participatory rural development、解放の神学 liberation theology などである。これらすべてのアプローチに共通しているのは、「実践による学習に代わるものはない」という信念である。

第1章

はじめに
── アクションリサーチ、多様性、民主主義

　アクションリサーチ action research（以下、AR）は、問題を協働して分析し、文脈の中で解決することで、より良い自由で公正な社会を構築することを目指している。本書では、AR の全体的な概要を説明していくが、それには AR の哲学的な正当性の話や一般的に使用される数々の手法の紹介、文脈に沿った事例の数々、AR のプラクシス[訳注1]の実現に向けたさまざまなアプローチが含まれる。本書を通じて、我々は AR とその社会変革の課題を提唱していく。その対極には他の形態の社会調査があって、それは民主的な社会変革のプロセスや有効な社会的知識の創造に積極的かつ直接的には貢献しないものである。

　我々が本書で展開する主張は、民主的包摂 democratic inclusion と社会調査の質 social research quality という、異なってはいるが関連している 2 つの基盤に基づいている。AR は、現地のステークホルダーを共同研究者として取り込むことで、研究のプロセスを民主化する。また、AR はプロによる専門的な社会調査の戦略に基づいて展開される社会調査よりも、より質の高い調査を生み出す。このように、AR は、調査、分析、アクションの設計を通して、民主的な社会変革へのコミットメントを実現するための中核にある。

アクションリサーチの定義

　アクションリサーチとは、プロのアクションリサーチャー[訳注2]と状況を改善しようとする組織やコミュニティ、ネットワークのメンバー（以下、ステークホルダーと呼ぶ）が、チームを組んで行う社会調査のことである。AR は調査のプロセスに幅広い参加を促し、ステークホルダーにとってより公正で持続可能または満足できる状況につながるアクションを支援する。

プロの研究者とステークホルダーが一緒になって、まず検討すべき問題を定義する、その問題に関する知識を一緒になって編み出すための社会調査の手法を学び使ってみる、アクションを起こし[原注1]、そして、そのアクションから何を学んだのか、アクションの結果を自分の言葉で理解する。AR は、すべての人々 ── それにはプロのアクションリサーチャーも含まれる ── が、日常生活において、複雑な知識を継続的に蓄積し、整理し、利用するという信念と経験に基づいている。なぜなら、プロのアクションリサーチャーやコミュニティや組織、ネットワークのメンバーが AR において最初に行うのは、解決しようとする問題を自分たちで定義することだからである。AR は関係者全員の知識を結集することから始まる。AR はプロの研究者と現地の利害関係者との関係を民主化していくのである。

　AR は社会変革を課題とする研究実践である。我々は研究というものは社会問題の解決に関わる必要はないとか、関係すべきではないと主張する従来の学術研究のあり方や組織に批判的である。AR は実践を伴わない学術的および専門的な知識体系を誤ったものと見なしているけれども、アクションリサーチャーは、従来の研究方法を否定することはないし、有効な社会的知識を発展させるための基盤となる認識論的問題を無視することもない。それどころか、アクションリサーチャーは、その結果がステークホルダーの生活に影響を与えるものであるからこそ、生成された知識の妥当性に深い関心を持つのである。これらの問題は、本書第2部の第2章「アクションリサーチの認識論的基盤」で詳細に扱う。

アクションリサーチの概説書が見つからない理由

　我々が AR の概説書を書こうと思ったのは、初めて AR に出会う大学生や実践者たちが何を経験するかを知っているからである。学生や初心者は、この複雑な分野に関連する多様な起源や理論、方法、動機、問題などについて、十分に包括的でバランスのとれた説明になかなかたどり着けない。AR に関する文献には、さまざまなアプローチの概要を説明した入門書やハンドブックなどがあるが（本書でもそれらを引用している）、我々は別の種類の概説書も必要であると感じている。なぜなら、既存の書籍は要約であったり、特定の AR に焦点

を当てて他を取り扱っていなかったり、ARの歴史、哲学、実践を十分に広い範囲の哲学的、科学的、政治的問題と結びつけていなかったりするからである。本書では、これらの限界を克服していく。

　このようにARを俯瞰することは難しく、それはARのプラクシスがどのように組織化されているかということにも関係している。アクションリサーチャーは、社会福祉の現場、NGO、国際開発機関、企画部門、産業界などで活躍していて、学術の世界においては、さまざまな分野（たとえば、教育、プランニング、コミュニケーション、社会福祉、プログラム評価、社会学、人類学、組織行動学）に広がっている。大学にはアクションリサーチの「学科」というものは、ほぼどこにも存在しない。むしろ、さまざまな分野の研究者のネットワークによりARへの関心が共有されている。その結果として、ARの実践者はほとんど共通の知識を持たないばかりか、異なる学術ジャーナルや本を読み、他の分野でなされたARの実績や貢献を無視して論文などを執筆することが多い。

　我々は、大学にARの学科を作ることが、このジレンマに対する答えだとは考えていない。実際、社会科学の学科化というのは、19世紀に政治経済学から生まれた諸分野にわたる社会改革の課題を排除するためのひとつの方法であると捉えている。

　読者の皆さんにご理解いただきたいのは、ここから先は、ある1つの専門分野disciplineの概要を説明するものではないということである。我々が示すのは、社会調査を民主的な社会変革のために活用することを目標に掲げた、多様で広がりのある実践に関するプレゼンテーションである。そのため、我々はARに関するさまざまなアプローチを含むようにし、読者が自分の興味に沿って読み進めることができるように参考資料を提供していく。しかし本書で紹介していく内容は、我々自身の経験、我々が知っているさまざまなアプローチに対する判断、そして我々自身の認識論的、方法論的、政治的課題によって制限されるものでもある。そうであっても、我々の目標は誠実に、そして幅広い視野でARを紹介することである。我々は我々のアプローチがすべてではないことを十分に理解しているし、ARに精通した人々が我々のアプローチに対して違和感や特異性を見出すであろうことも承知している [原注2]。

アクションリサーチ、応用研究、質的研究と量的研究の違い

　アクションリサーチとは、アクション action、リサーチ research、参加 participation の 3 つの要素を組み合わせたものである。この 3 つの要素がそろっていなければ、そのプロセスが有用であるとはいっても AR ではない。言い換えれば、AR は社会分析と民主的な社会変革を促進するためにアクションを起こす、そういう明確な目的のために知識を編み出していく研究戦略なのである。我々が言う社会変革とはただの変化ではない。AR は関係するコミュニティや組織のメンバーが、より効果的に自分たちの将来をコントロールし、より持続可能で公正な環境の下で、そうした能力を向上し続けることを目的としている。

　AR は応用研究 applied research ではない。AR は思考とアクションの分離を明確に否定する。その分離というのは、長い間にわたって社会研究を特徴づけてきた純粋／応用の区別の根底にあるものである。我々はこのような理論と応用の擬似的な分離が、社会科学のあり方を歪めてしまった重要なメカニズムであったと考えている。こうした分離は、社会で実際に起きていることに無関心な理論家と社会で起きていることに大きな関心を寄せる行為者との間に、無益な論争を生み出している。そうした分離は、社会的世界とその変化のプロセスに関して有効な理解を生み出す必要性や、意味のある社会的帰結と確固たる方法論・理論的根拠の両方に対する説明責任からも、その両者を放免してしまうのである。

　我々は有効な社会的知識というものは、アクションを通して得られる実践的な推論からのみ得られると信じている。アクションリサーチャーとして、我々はアクションこそが新しい知識を生み出し、検証するための唯一の意味ある方法であると信じている。「真の」社会科学者であるためには、社会的なアクションに関わってはいけないという考えが広まっていることは、我々にとって非常に奇妙なことで、我々が考える常識とは逆なので、本書の第 2 部ではこのことについて説明するためにかなりのスペースを割いていく。

　我々は AR が量的研究ではなく質的研究でなければならないと、人々が広く信じていることにも与しない。この不当とも言える思い込みは、おそらくアク

ション志向の研究は（まさにアクションを伴うので）科学的ではありえないという仮定と、量的研究は質的研究よりも科学的であるという（我々の見解では誤った）さらなる仮説から生じている。我々はこのような仮説にはメリットがないと考えており、また我々自身が量的・質的手法の両方を使用していることから、AR は質的研究のみであるという考え方を否定するし、アクションリサーチャーは主要な社会調査のすべての形態に精通しなければならないと主張する。

　アクションリサーチャーは使用する社会調査の手法の種類にあらかじめ制限を設けることはできない。アンケート、統計分析、インタビュー、フォーカスグループ、エスノグラフィー、ライフヒストリーなど、AR の協働研究者の間で、それらの手法の使用理由について合意がなされており、さらに参加者を圧迫しない方法で使用されていれば、すべて許容できるのである。どこかの地下水にどれくらいの重金属が含まれているかを正確に知ることは、人々がどのように将来を理解するかを知ることと同じくらい、AR プロジェクトの一部となるかもしれない。量的方法、質的方法、混合調査法など、それぞれの状況に応じて適切な方法を選択することができる。

アクション、リサーチ、そして参加

　AR の実践者とその実践のやり方には大きな違いがあるけれども、我々の多くをつないでいる重要なコミットメントがいくつかある。それは、AR は 3 つの要素のバランスで成り立っているということだ。3 つの要素のうち 1 つでも欠けていれば、そのプロセスは AR ということはできない。これは AR ではないプロセスがすべて無意味だと言っているのではなく、AR を他の種類の研究やそれを応用する活動と区別するためである。

1. アクション
　AR が参加型であるのは、集団、組織、コミュニティの当初の状態をより自己管理が効き、解放された持続可能な状態へと変化させることを目的としているからである。解放された状態とは何か、その定義は実践者によって異なる。AR を使って、より大きな自己実現による一種の解放を目指す人もいる。より

政治的な意味での解放を強調する人もいるが、政治的な解放をどの程度強く主張するかについては、実践者によって異なる。また研究対象となる組織の一部のメンバーが参加している研究活動であれば、AR が成立すると考える人もいる。AR と革命的なプラクシスを結びつけようとする実践者もいるが、概してAR の実践者は革命家というよりは民主的改革者である。

2. リサーチ

我々は研究を信じ、知識、理論、モデル、方法、分析の力と価値を信じている。AR は新しい研究知識を生み出す最も強力な方法のひとつであると信じている。

3. 参加

我々は参加の重要性を信じていて、その参加とは民主主義と自分の人生の状況をうまくコントロールすることに大きな価値を置くものである。これらの価値観は我々の議論に浸透しており、知識の生成プロセスを民主化するという強いコミットメントを生み出している。AR には訓練を受けた研究者が地域社会や組織のメンバーのファシリテーターや教師として参加する。これらの人々が一緒になって AR の課題を設定し、現状を変えるために必要な知識を生み出し、その結果を実行に移すのだから、AR は参加型のプロセスであり、誰もが何らかの責任を負うことになる。

　これらの異なるアプローチは扱うトピックによって細分化されていて、たとえば、コミュニティ開発、教育システムの変革、第三世界の経済発展と解放、社会の中核となっている機関（企業や行政における官僚制など）における参加型改革などが含まれる。AR に対するこれらの異なるアプローチの中には、相容れないものも少なくない。あるものはマルクス主義的な政治経済学や社会変革の概念に基づいている。あるものは実用主義的 pragmatic な哲学に根ざしている。またあるものは特定の社会心理学をベースにしている。また問題が何であれ、参加することが答えであると提唱する人もいる。我々はこれらの違いを読者に知ってもらう義務があると真剣に考えているが、それらを調和させることに幻想を抱いているわけではない。

アクションリサーチとディシプリン、そして適用範囲

　先に述べたように、AR はディシプリン（専門分野）のひとつではない。AR には、人類学、開発学、教育学、工学、ジェンダー研究、ヒューマンサービス、心理学、社会福祉学、社会学、プランニング、土木工学、その他多くの分野の実践者が関わっており、さらに学術分野以外からの参入も多く含まれる。そのため、ほとんどの学科の入門コースでは AR が紹介されることはない。各学科においては、入門コースを使って初心者を勧誘したり、大学の事務方の要求を満たすために科目登録者数を増やしたりして、その見返りとして追加の資金援助などを受けている。これらのコースは一般に、民主主義、参加、有用な知識の創造について特定の見解を共有する学者や実務家を惹きつけることを目的としていない。アメリカの新保守主義者は、アメリカの大学の社会科学や人文科学は左翼的なイデオロギーを推進する温床であると考えているが、それは事実である。

　高等教育の現場においては、AR を扱うのは容易なことではない。なぜならば、学科が提供する科目への登録者数とか専門分野の境界線というのは、学術的な競争や事務管理上の指揮統制に使われるツールとなっているからだ。しかし、さまざまな分野の学生が AR を学びにやってくるケースが増えている。ある学生は、自分の専門分野の抽象性や社会的に受け身の姿勢であることに満足できなかったことがきっかけとなり、またある学生は多くのいわゆる応用分野の道具主義[訳注3]を拒むために、そしてまたある学生は「正統的な」学問体系に対して批判的な他のアプローチ（たとえば、フェミニズム、新マルクス主義、批判理論）をとるがゆえに AR を学びにやってくるのだ。このような多様な集団に対する教育上の課題は、何かを探している人々にどのようにして入門を提示するか、彼らが自立して AR を学び続けられるような背景をいかに提供するか、そして同時に、彼らが最初に AR を探究するきっかけとなった経験の上に、いかにできるだけ直接的に築き上げることができるかということである。

　この問題を考え、20 年以上にわたって AR の科目を担当してきた我々は、最も良い方法というのは、AR に関して 1 つの一貫した歴史的、哲学的、倫理的な議論を展開すること、AR の実践例をいくつか紹介した上で、さまざまな

ARのアプローチを紹介することであると考える。この目的を達成するために、我々は科学的活動としてのARを哲学的に議論し、ARが科学や工学、社会科学におけるさまざまな改革運動と結びついているという一つの見解を示していく。これに加えて、プラクシス志向の社会研究が学問の世界で抑制されていることを説明する政治経済学的な議論を展開する。理論とプラクシスの架け橋となることを目指しているため、ARに役立つ方法論やツールの議論も展開していく。そして、ARの実践者たちの多様なビジョンを喚起するために、ARの主要な立場（我々自身の立場を含む）の一般的な概要を説明するが、これらの立場の多くのAR実践者が、実際には互いに無視しあっているということも指摘しておく。

　この一般的な概要は、真の意味で包括的なものではなく、またレビューする各アプローチについても我々独自の見解を述べているため、他のAR実践者から批判を受ける可能性が高い。ARには多くの賛同者がおり、いくつかの異なる集団がARの「正しい」方法を知っていると主張している。一方で、この名前を完全に否定し、（多くの場合、理に適った理由で）別の用語（**参加型リサーチ** participatory research とか**ヒューマン・インクワイアリー** human inquiry、**アクションサイエンス** action science など）を好む人もいる。時には、お互いの仕事に無知であったり、不寛容であったりする実践者もいる。本書で紹介するARの議論が、アクションリサーチのすべての流派の友人を獲得する可能性はないことを我々はよく理解している。しかしながら、我々はこの分野に対する自分たちの見解を知的・政治的な権利として提示することに固執し、他の人々には我々の見解に対する代替的な見解や批判を提示するように求めたい。この本の初版はいくつかの反響を呼んだが、いまだにARの分野に対する包括的な代替案は提案されていない。

我々が考えるAR ── 実用主義的アクションリサーチ

　我々の経験は、欧米の産業界、地域社会、高等教育の場でのものが多いが、それだけではない。本書の著者であるデヴィッド・グリーンウッドは人類学者で、モルテン・レヴィンは工学のバックグラウンドを持つ社会学者である。グリーンウッドはコーネル大学[訳注4]の教授であり、人類学を教えながら、20

年以上にわたって、同大ヨーロッパ研究所のディレクター職を務めてきた[訳注5]。スペインやニューヨーク州北部でフィールドワークを行い、そして最近では大学の国際比較の研究がある。またレヴィンはアクションリサーチの博士号プログラムを率いており、ノルウェーやスウェーデンの AR プログラムにも積極的に関与している。レヴィンはトロンハイムにあるノルウェー科学技術大学の教授で、同大学で工学と AR を組み合わせたプログラムの創設者であり、国家が主導するワーク・ライフ・バランスのプログラムの開発にも関与している。また、アメリカやカナダでも AR を実践しており、ノルウェーのソーシャルパートナー[訳注6]がスポンサーとなって、彼の大学には AR の博士号プログラムが設置された。

　我々は AR のさまざまなアプローチについて知識を得るために誠実に努力してきたが、我々の経歴に多くの弱点があることも自覚している。ただ自分たちの知識ベース[訳注7]で書くことで、他のアプローチを意図的に軽視することはない。ここで見られるようなバランスの問題に対する長期的な解決策は、他の人がこれらのテーマについて自分の意見を書き、我々が提供したものに対して批判的になることだ。我々はそれに応えることで、AR についての集合的な知を広げ、知識の創造とアクションの民主化についての議論を深めるための対話が開かれることを望んでいる。我々は本書が AR の基礎となる拠り所とそのプラクシスについて、長い間必要とされてきた批判的な議論を促すことができると信じている[原注3]。本書の目的は、さまざまな種類の AR の実践とビジョンを視野に入れつつ、哲学的、方法論的、政治経済学的な立場と、適切な方法とツールに支えられた一貫したプラクシスを統合し、ひとつの思想の流れを提示することである。

　先に述べたように、我々2人は欧米先進国の産業開発やコミュニティ開発における AR の活用について、主に経験を積んでいる。知識の民主化、学習、自己管理による社会変革への強いコミットメントを共有しているが、我々は革命家ではなく改革者であり、精神分析医ではなく社会科学者である。一部のより解放的な実践者や、より「治療的」な AR のアプローチを提唱する者のように、他人を「正しい」社会秩序に「導く」知恵や権利を持っているとは考えていない。むしろ民主的な社会変革のための空間とツールを可能な限り巧みに提供しようと考えている。

　我々はアクションリサーチャーとしての立場から、一方的にそのような変化

を導くことを拒否する。我々は民主的なルールで意思決定が行われる変革のプロセスに参加していると考えている。特定のスキルや知識を持ち込み、他の参加者も同様にスキルや知識を持ち込むことで、それぞれの能力や経験を活かして問題に取り組む。これが、我々が提唱する AR の実践方法を「実用主義的アクションリサーチ pragmatic action research」と呼ぶ理由である。

　民主主義と解放的状況に関する我々の見解には関連性があり、それを明らかにしたいと考えている。民主主義とは非常に多くの意味を持つ概念であり、この概念を明確にしようとすると、非常に多くの議論が起こる（優れたレビューとして、Dahl, 1989 を参照）。ある人々、特に多くの北米の人にとって、この言葉を聞くと、しばしば平等主義を連想する。また民主主義は参加を伴うと言う人もいれば、合意による意思決定や多数決による意思決定であるとイメージする人もいる。ある人にとっては民主主義は同質的なコミュニティを意味し、またある人にとっては活発な議論の場を意味する。これらの意味すべてには、それぞれ関連する系譜、理論、政治、倫理がある。

　これらの問題に対する我々の見解は、民主主義とは活発な議論の場を作り、集団の多様性を尊重し向上させるような意思決定の場を作ることである。我々は民主主義のプロセスにおいて、配分的正義[訳注8] distributive justice とコンセンサス consensus の両モデルを明確に否定する。我々は、スキル、経験、民族、ジェンダー、政治などの多様性を、集団にポジティブな変化をもたらす最も価値のあるリソースと考えている。その結果、多数決としての民主主義という支配的な政治観を拒否する。そしてこのような民主主義は、社会正義を不利と定義された人々への限られた財の再分配に還元する、福祉国家資本主義の抑圧的な行為に基礎を置くものであるというアイリス・ヤング（Young, 1990）の批判に同意する。このような民主主義の見方は、多様性を尊重することも、権利を奪われた人々が自らのために行動を起こす能力を高めることもできない。ARの目的はコミュニティや組織が持つ多様で複雑な内部リソースをフルに動員できるようにすることである。

　そのためコミュニティの均質性や合意に基づく意思決定を優遇するようなAR へのアプローチには疑問を感じているし、そのようなアプローチは研究者がリサーチを懐柔 co-optation してしまうことや、リサーチにおいて何らかの強制をしてしまう可能性が大きいと考えている。だが、このような問題点を指摘する文献はそう多くはない。1968 年[訳注9] をはじめとする近現代史のさま

ざまな場面で、常のごとく、資本主義ビジネスに対する民主主義的な批判は、いわゆるオルタナティブな社会形態を生み出す試みとして具現化された。その多くは、インテンショナルコミュニティ[訳注10]、協同組合、オープンスクールなどの形をとり、社会的・文化的な差異を廃し、多数決に代わってコンセンサスによる意思決定を行おうとするものであった。ジェーン・マンスブリッジ（Mansbridge, 1983）の *Beyond Adversary Democracy*（『敵対する民主主義を超えて』）には、このような組織の素晴らしいエスノグラフィックな描写が記録されている。多数派による少数派の抑圧をなくすために、社会変革の立役者たちは、絶対的なコンセンサスを多数決に置き換えようとした。その結果は、トクヴィル（Tocqueville, 2001 [1835, 1840]）が何世代も前に見たように、しばしばコンセンサスを求める専制的な要求が生まれ、集団の圧力や自己検閲の経験を通じて、最終的に民主主義に対する信頼が損なわれてしまうということがよくあったのだ。

　我々は、多様性は人間社会の最も重要な特徴のひとつであると考えている。多様性は生物学的な事実であり、誰の意図とも関係なく、各世代で継続的に再現される。また多様性は文化的な産物でもある。一見、同質的に見える集団でも、知識や興味、経験、能力などに大きな違いがあることは、誰もが気づくことである。これらの違いは、効果的に動員されれば、自己変革のために、集団や組織により大きな力を与える豊かな社会的リソースになりえるのだと我々は考える。

　我々は、民主主義をこうした違いを受け入れ、人道的に利用することのできる開かれたシステムであると考える。我々の視点では、民主主義の目的は差異を強調し、動員し、活性化することのできる社会や組織を生み出すことにある。解放的な状況とは社会の変化が可能であり、参加者が影響を与えることができる状況であると考える。さらに集団や組織が解放の軌道に乗っていると考えるのは、内部の視点、能力、経験の多様性を許容し、利用し、報いることができるようになってきたときであり、より多くのメンバーが集団の将来の方向性に影響を与えることができるようになってきたときである。最後に、解放された状況においては、集団の高揚と成長の機会として、変化をますます歓迎するようになる。

本書の構成について

　本章に続いて、第2部「アクションリサーチにおける科学、認識論、実践」
では、第2章から第5章まで、AR が、現在、学界で「社会科学」と呼ばれて
いるものよりも科学的基準をよりよく満たす科学的調査の形態であることを、
哲学的および方法論的に論じている。また、先進資本主義社会における学術機
関の歴史的な政治経済学を簡単に説明することで、学術界で AR 活動がいかに
疎外されているかを説明している。第3部「さまざまなアクションリサーチの
プラクシス ―― 人間の潜在能力を解き放つ試み」では、第6章から第10章ま
で、まず我々自身のアプローチから始めて、AR へのさまざまなアプローチに
ついて紹介する。最後に、第4部「アクションリサーチと民主主義」の第11
章では、アクションリサーチ、参加、民主主義の問題を論ずる。全体を通して、
我々は自分たちの意見を強く主張しているが、それは読者に検討を促すためで
あって、議論なしに受け入れるためではない。

この本の想定読者について

　本書の読者は、社会調査や社会変革に向けた活動の経験がある方を想定して
いる。目的としているのは、より適切で生産的な社会調査の方法を求めている
読者に AR を提示することである。これまでの経験を無視するのではなく、
AR のアプローチを学ぶ際の参考にしていただきたい。我々の授業や AR プロ
ジェクトと同様に、読者である参加者と著者である研究者の関係は、協働関係
にあると考えている。

原注
[1] プロのアクションリサーチャーは、AR のプロセスから派生するアクションに関与す
　　ることもあれば、そうでないこともある。これは、それぞれの状況とステークホルダー
　　のニーズによる。
[2] ピーター・リーズンとヒラリー・ブラッドベリーとが編集した *Handbook of Action
　　Research*（Reason & Bradbury, 2001）は、この問題を解決するのに役立ち、この文献は

多くの観点と広範な情報を提供している。2007 年には第 2 版が出版されている。

[3] 最近、*International Journal of Action Research*（当時の名称は *Concepts and Transformation*; Greenwood, 2002, 2004a）に、これに関する有益な議論が掲載されている。

訳注

[1] プラクシス praxis は、実践、実行、行動などと訳されることが多く、「理論」と対比して用いられることもあるが、本書では、理論と実践の融合、理論に基づいた実践という意味で使い、「プラクシス」と訳す。

[2] 本書では「プロのアクションリサーチャー」という言葉を、アクションリサーチのトレーニングを受けた人という意味で使う。

[3] 科学理論を観察可能な現象を組織化・予測するための形式的な道具・装置であると見なす立場。

[4] コーネル大学はアメリカのアイビーリーグの一校であるが、州政府から土地などの助成を受け、ニューヨーク州立大学としての機能も持つ半官半民大学でもある。

[5] 2015 年に退職。現在は名誉教授。

[6] ノルウェーのソーシャルパートナーは、政府、労働組合、雇用者で作る連盟で、毎年、経済および社会民主主義の発展に関する三者間協定を結んでいる。

[7] 知識や経験、ノウハウなどを共有できるようにまとめたもの。

[8] 各人に各人のものを配分すること、すなわち、各人がそれぞれ持つべきものを実際に持つように働きかけることである。

[9] 1968 年は、世界各地で若者による社会運動、デモ、暴動が展開された年。アメリカでは、ベトナム戦争に反対する抗議行動を学生たちが主導。黒人公民権運動家マーティン・ルーサー・キングが暗殺され、全米各地で人種暴動が発生した。フランスでも学生たちによる反体制デモ、ゼネスト（「5 月革命」と呼ばれる）が行われ、イタリア、ドイツ、トルコ、日本、ブラジル等にも波及。チェコスロバキアでは民主化運動「プラハの春」が起こった。

[10] intentional communities. コミュニティのメンバーが政治的、社会的、宗教的、精神的などのビジョンを共有し、一般社会とは異なる独自の様式の生活を送る。エコビレッジ、シェアハウスなどが例。

第 2 部

アクションリサーチにおける科学、認識論、実践

アクションリサーチ（AR）は、科学的知識生成と同定されるべき知識構築プロセスのクラスに属するものである。我々が主張したいのは、AR は従来の社会科学よりも強力な研究戦略だということである。AR は関連する社会科学の方法論をすべて利用するが、これらの方法論は現地の参加者が新しい知識を獲得し、その意味を交渉し、アクションでその妥当性を検証する上で重要な役割を果たすものであり、より大きな研究戦略の中で統合されているのである。研究課題は、現地の状況に応じて選択され、その課題を具体的にかつ直接的に解決し、その成果や分析的理解の妥当性を評価するための取り組みが行われる。

　AR は「ソフト」でも「質的」でもない研究である。マルチメソッドリサーチであり、その有効性はアクションで検証される。従来の社会科学とは異なり、アクションリサーチでは、研究者の専門的知識が現地のステークホルダーの実践的知識より優れていることを否定する。そして、両者の知識の価値を認め、両者を融合させる必要性を主張している。AR は「それを知っている」という特権的な立場を否定し、代わりに「どのように知っているか」を、有効で信頼できる知識と賢明なアクションへの道として特権化する。

　AR は人々が日常生活で直面する問題の多次元性と複雑性を尊重しなければならないため、必然的に学際的、多方面、文脈的、全体的なものとなる。この点で AR は、我々が自由に使える多様な知識体系を編むことで、たとえば専門家の知識を現地のステークホルダーの知識よりも優遇したり、現地のステークホルダーが体系的な調査を行うための訓練を受けずにアクションを起こす場合などを想定し、さまざまな人々の集団が、通常よりスマートな方法でアクションを起こすことができるようにすることを目的としている。AR はまた協働による知識の創造と、あらゆるプロジェクトや経験における重要な要素について、相互に理解しあうコミュニケーションのプロセスを開発することを重要視している。

　認識論的には、AR において、現実は相互に関連しダイナミックで多変量であり、我々が自由に使える理論や方法よりも常に複雑であるという前提に立っている。AR は抽象的な知識をアクション志向の知識より優遇するものではない。AR ではそれを知ることよりもどのように知るかが重要である。「それを知ること」は、「どのように知るか」を方向づける役割を果たすが、AR は、何かを理解する唯一の方法はそれを変えるための包括的で協働的な試みを通してであるとし、それはネオ実用主義者のアプローチに基づいている。

AR はあらゆる社会科学的アプローチの中で、最も科学的手法の実現に近い
ものである。AR では問題設定、運用、仮説立案、データ収集、データ分析、
アクションの設計、アクション、アクションの評価、仮説の再設計、解釈、ア
クションを継続的に繰り返す。この点で、その知識はアクションと文脈の中で
検証されるため、従来の社会科学のように図書館やデータベース上で行われ、
研究対象の状況とはまったく関係のない外部の専門家によって解釈される作業
よりも、より効果的に科学的方法の基準を満たすことができる。

　この立場を踏まえ、我々は AR を、応用という文脈に知識創造の特権を見る
社会科学の将来に関する議論と結びつける（Gibbons, Limoges, Nowotny,
Schwartzman, Scott, & Trow, 1994 のモデルにおけるモードⅡ）。モードⅡ[訳注1]
の思考は古くから AR の基本であり、関与する研究者が問題の所有者と関わり、
新しい洞察を生み出し、実際の問題に対する解決策を探索しようとするもので
ある。研究者は単独で行動するのではなく、現地の人々と一緒になってチーム
ワークで研究する。

　現地のステークホルダーと連帯することは、アクションリサーチャー自身が
現地の人々と「一体化」することを意味しない。アクションリサーチャーは、
ステークホルダーの集団にとって新参者であったり、経験やトレーニングに
よって集団の他のメンバーとは異なるアウトサイダーであったりと、ある種の
アウトサイダーとしてのステータスを持つことに明確な価値がある。AR では、
多様性から学ぶこと、そしてすべての参加者の多様な能力とニーズを、社会的、
政治的、倫理的に彼らのニーズと希望を尊重した結果に結びつけることに重き
を置いている。アクションリサーチャーは、現地のステークホルダーの福利に
共感し、コミットするが、同時に、彼らに疑問を投げかけ、彼らの論理と解釈
を後押しし、彼らが社会調査の実施方法、特定の方法の使用方法、現実の文脈
で自らの結論を守る方法などを自ら学ぶのを助ける義務がある。

　これらの問題を次のような順序で取り上げている。第 2 章では、AR の認識
論的基盤について述べ、続いて第 3 章では、社会科学の研究方法についてより
一般的な議論を展開し、特に AR との関連について述べる。第 4 章では、ロー
カルナレッジ local knowledge（現地の知識）の重要性、コラボレーション、そ
して AR におけるナラティブ（物語）形式の重要性について述べる。最後に、
第 5 章では、アウトサイダーとしてのアクションリサーチャーの立場と、ロー
カルな AR のプロセスへの参加者としての立場を探求する。

訳注

[1] モードⅠでは専門分野ごとに集団を形成して、その集団で専門知識を生産することになる。モードⅡでは、必ずしも専門家だけが知識生産に参加しているのではなく、さまざまなアクターが参加している。マイケル・ギボンズ『現代社会と知の創造』丸善，1997 年参照。

第2章
アクションリサーチの認識論的基盤

　社会調査が科学的であるというのはどういうことなのか？　本章では、アクションリサーチ（AR）が社会調査においてきわめて科学的なアプローチであると信じるに足る理由を示す。そのために、一般的な科学哲学の問題に触れ、実証主義の科学観と現代版の実用主義や解釈学的哲学を対比して考えていく。以下は、広範かつ挑戦的な一連の問題についてのささやかな案内図である。我々の目的は、これらの問題について十分な見通しを立て、我々のARアプローチの立ち位置を確認することである。

　まず、ARと一般システム理論の関係性を確認するところから始める。続いて、実用主義的哲学のARへの貢献について検証し、ウィトゲンシュタイン哲学（Monk, 1990）とも関連づける。最後に我々の主張を政治経済学の文脈で説明し、ARは最も科学的な社会調査の形態となる可能性があり、従来の社会調査は多くの重要な点で科学研究に似ていないという我々の当初の主張に立ち返る。

　我々の解説では、ARに関心を持つ読者の多くが実践の場としての科学について、実際の経験に基づく理解をしていない可能性があることを想定している。そのため、科学的探究の一形態としてのARの賛否両論を扱うことは困難である。社会が生んだこのジレンマに簡単な解決策はないが、ARに関心を持つ人々やAR実践者にとっては、科学と科学的実践について、突っ込んだ現実的な理解が不可欠となると我々は考えている。

科学研究の定義

　この議論を進める上で、**科学研究** scientific research を、世界が我々の先入

観から予想されるとおりに構成されている、あるいはされていないことを発見し、それを理解して行動するための根拠となる方法を提案する調査活動と定義する。科学研究とは、調査のプロセスとそこから得られた結論の両方について、他の利害関係者が提供された情報と解釈を評価し、一連の行動の結果を検討できるように詳細に文書化するものである。科学的知識は固定されたものではなく、世界を理解しようと奮闘する科学者の間で継続的に議論されているものだと理解されるべきである。科学的知識は特定の現象／プロセスに対する最も適切な理解とその取り扱い方を模索して、常に変遷している。

　ここからの議論では、我々は**論理実証主義** logical positivism と**解釈学** hermeneutics という言葉を使う。議論を明確にするために、この2つの概念の意味を明確にすることが重要である。

- 論理実証主義は、世界は客観的に構成されているという存在論的な議論に基づいている。認識論的な努力とは、真理を理解するために客観的な手法を適用することである。
- 解釈学は、世界は主観的に構成されているという存在論的な議論に基づいており、この主観的な世界に関する解釈を話し合うことが、認識論的な課題となる。

　この解説を行う上で、我々が直面している戦略的な問題の中心には、多くの分野（科学、社会科学、人文科学）の入門テキストにおいて、その分野のベストプラクティスや思慮に富んだ見解が正確に反映されていないということがある。入門者向けに議論を単純化しようとするあまり、教室でのプレゼンテーションが経験豊富なプロの実務家にとって、とても容認できないような形になってしまい、枠組みや実践のあり方が歪められてしまうことがよくあるのだ。このことは、実践志向の社会科学者の多くが、自分の専門分野の実践についての指針を得るために、入門用の教科書に目を向けることはないという事実からも明らかである。教科書があまりにも初歩的すぎるというのもあるが、それ以上に、ベストプラクティスがほとんど反映されていないことが要因である。

　この問題は、社会科学に限ったことではなく、基礎科学にも及んでいる。一般的に言って、科学の入門教育では、科学について、一連の真理として、あるいはむしろ問題のない方法として、理想化された非歴史的で非行動的な科学観

を学生に与える。科学の多様性と混乱、人間としての顔、社会的・歴史的側面、ひいては行動的・人間的興奮は、しばしば視界から消えてしまう。科学者は、見かけ混乱している世界の背後にある真実を追究する実体のない精神として描かれ、その仕事の複雑さと興奮の多くは洗い流されている。言い換えれば、研究のプラクシスや文脈が問われることはあまりない。

さらに、公式と原則は既成事実として提示される。実験室の演習と問題セットにはすべて、1つまたは2つの「正しい」答えがある。実際の科学的実践の世界とは異なり、教室で出されるすべての問いには明確な答えがある。教室では、科学者はその答えを知っていて、学生も科学者になるにはその答えを知る必要があると思わせている。もちろん、これはまったくナンセンスなことではない。原理原則に基づいた体系的な作業を尊重すること、材料の取り扱い方や報告の仕方、結果がある程度分かる法則の理解、これらはすべて科学の有意義な部分である。しかし、実践的な科学者は、一般にこのような狭い意味での科学だけを生きているわけではない。

科学的な仕事をするということは、教科書に書かれた方法論の青写真をコピーすることではなく、社会的世界 social world の複雑な問題設定の中で研究方法を適用していくことである（Latour, 1987）。科学者という者は社会的に複雑な世界に生きており、限られた不完全な機器と有限のエネルギーと予算で、ダイナミックな現象を追いかけているのである。

我々は「科学研究」とは世界が我々の先入観によって構成されていないことを発見し、それを理解するための別の方法を提案することができる調査活動であると定義している。科学研究では、他の利害関係者が提供された情報や解釈を評価できるように、調査のプロセスとそこから得られた結論の両方について、詳しく文書化する。今日、「科学」と呼ばれるものの制度的構造は、この科学研究の定義と必ずしも密接な関係を持っていないと言える。

一般システム理論

AR に関する科学的なアイディアや概念は、「一般システム理論 general systems theory」という緩やかに統合された分野から来ているが、この分野は理工系以外の大学生にはほとんど教えられていない。1920 年代の物理、化学、

生物学、工学にその原点を持ち、後に軍事用の自動修正型誘導システムの開発につながるなど、我々を取り巻く世界に大きな影響を与えてきた。にもかかわらず、一般システム理論は身近な言葉ではない。これは、AR と同じように、一般システム理論は特定の学問領域に固定された単一の専門分野ではないからである。さまざまな背景と政治的思想を持った幅広い科学者と社会改革者によって共有された考え方の枠組みである。

　一般システム理論の核となるのは、世界がどのように組織されているかについての一連の全体論的（ホリスティック）な概念である。一般システム理論は、世界（無機・有機・社会文化）を、原子や分子などの単体からなる粒子で構成される宇宙ではなく、宇宙の基本物質が異なるプロセスで統合され、我々が経験する膨大な種類のものを生み出す相互作用システムとして捉えている。一般システム理論は、無機的、有機的、社会文化的な違いは、これらのシステムがどのように組織化されているか、つまり、その中で起こるプロセスの種類、順序、パラメータの違いの産物として理解されるべきだと指摘する。

　一般システム理論は複雑な概念を含んでいるが、AR の実践者は、「クローズドシステム closed system」と「オープンシステム open system」の２つのシステムを根本的に区別する。これらの２つのシステムは、それぞれまったく異なる動作をする。クローズドシステムとオープンシステムでは、異なる種類のプロセスによって均衡が維持されており、これらのシステムは環境の変化に対して非常に異なった反応を示す。一般システム理論では、システムは大きく分けて、その開放性または閉鎖性の組み合わせで解釈され、さらにその内部で起こるプロセスや外部から影響を受けるプロセスの履歴によって解釈される。

　この考え方は、最近まで西洋思想の中心であった粒子からなる世界観とは根本的に異なっている。どのシステムも単独では作用せず、隣接する他のシステムと結びついた構造やプロセスによって生み出され、束縛されている。一般システム理論では、分析の単位はシステムであり、個ではない。システムは、個でなく、全体として作用する。個は、行動の結果に複雑な影響を与える思考プロセスを生み出す社会の中で活動している。世界は無機物から始まり、有機物を経て、社会文化的な力によって超越されるような、整然とした層序図ではない。むしろ、世界はいくつものシステムとそのシステムのプロセスが複雑に絡み合い、さまざまな形で相互にぶつかりあっている。社会的関係やプロセスは物理的世界に影響を与え、物理的世界は社会的活動によって変容する。ある特

定のものを理解する唯一の方法は、それを適切なシステムの文脈に置き、それが作用するプロセスを追うことである。これがセンゲ（Senge, 1990）が「第五のディシプリン fifth discipline」[訳注1] として議論を投げかけているもので、いくつもの要素や複数のサブシステム（システムの一部）がどのように相互作用し、全体的な状況を作っていることを理解する術である。

　一般システム理論は、無機物と有機物の関係や生命の進化を説明する古くからの謎解きに用いられてきた。ここでは、ルートヴィヒ・フォン・ベルタランフィ（von Bertalanffy, 1966, 1968）の研究が重要である。これらの考え方を社会システムに応用していく中で、国際紛争のさまざまな理論（Rapoport, 1974）や伝統的な組織行動の分析（Argyris, 1985; Argyris & Schön, 1996; Flood & Romm, 1996 参照）等が、一般システム理論の概念を中心に構築されてきたのである。心と自然の関係性についてのグレゴリー・ベイトソン（Bateson, 1979）の画期的な研究も、このアプローチに基づいている。ベイトソンは、自然－文化の関係を、自然界のあらゆる場所で見られるプロセスの表象として理解することで、自然と文化の問題が根本的に変容することを説得力を持って示している。ベイトソンにとって、心は自然の一部であり、自然界に見られる一連の組織的プロセスに従って必然的に働くが、精神活動においては特定の方法で組み合わされるものである。したがって、心は完全に自然の一部であると同時に、システムとしてユニークである。

　なぜ一般システム理論が AR にとって重要なのか。そもそも一般システム理論の世界観は、現在「社会科学」と呼ばれているものの多くと対立している。従来の社会科学は、社会的事実が自立しているイメージに基づいて、層序的な世界という概念で捉えられることがまだまだ多い。特に社会科学の「賢者の石」としての合理的選択理論の最近の急増は、社会科学の主流がいかに急進的な個人主義や自由市場イデオロギーに還元的であるかを示している（Elster, 1986; Scott, 1995）。だから、一般システム理論は、このような見方、したがって、それに連なる従来の社会研究者の科学的な気取りに対して、深い批判を行うものである。

　さらに重要なことは、システムアプローチはすべての AR の根底に必然的に存在するということである。そしてシステムアプローチも AR も両方ともに、相互に関連した全体論的な世界観に大きく依存している。人間は社会システムの中にのみ存在すると理解され、これらのシステムは、人間の行動を条件付け、

その行動によって条件付けられる特性とプロセスを持っている。社会システム
は単なる構造物でなく、絶えず動いているプロセスである。それらはダイナ
ミックで歴史的なものである。物質的な境界の中で活動し、物質的な生活環境
を変化させることができる。また、個々の社会構造とより大きなシステムの生
態系を複雑に相互作用するマクロシステムに絡め取り、相互にリンクしている。

　AR は社会をよりオープンなシステムに変えていこうとする試みである。ま
た一般システム理論は、システムの各部分間の関係をシステム全体の運用に重
要な要素としていることから、一般システム理論と AR の関連性を見出すこと
ができる。実際、AR の実践者の中には、開放性の向上と民主化を特に同一視
する者もいる（Flood & Romm, 1996）。つまり、AR の発展を方向づける、ある
いは支援する 1 つの糸が一般システム理論と言える。そして、もう 1 つは実
用主義とネオ実用主義という、かなり幅広い哲学的な動きである。

実用主義的哲学とアクションリサーチ

　科学者でない人々の間で科学に対するステレオタイプな見方が広まっている
ということは、我々がここで明確にした視点を世界が知らないかまたは気づい
ていないということではない。ジョン・デューイ（Dewey, 1976）、チャール
ズ・サンダース・パース（Peirce, 1950）、ウィリアム・ジェームズ（James,
1948, 1995）、クルト・レヴィン（Lewin, 1935, 1948）、そして最近ではスティー
ヴン・トゥールミンとビヨーン・グスタフセン（Toulmin & Gustavsen, 1996）
らが、実用主義の伝統に基づいた、より複雑で人間味のある科学観を示してい
る。つまり、AR の基礎的な部分は 20 世紀初頭からよく知られているのだ。

　ジョン・デューイは、我々の主張を理解する上で特に重要な存在である。彼
の実用主義的哲学は、人間の探究の一形態である科学へのアクションアプロー
チを打ち出したこと、我々の AR に関する見解と一致する形で、そのアプロー
チと民主主義との本質的なつながりを強調しているからである。

　デューイは 1859 年に生まれ、1952 年に死去した。彼の知的生産は 1880 年
代から始まり、それは晩年まで続いた。彼はアメリカの公教育に大きな影響を
与えた人物であり、西洋哲学における数少ないアメリカからの貢献者であった。
しかし、最近の伝記作家であるロバート・ウェストブルック（Westbrook,

1991）は、デューイのような考え方が常にかつ現在でも少数意見であることを指摘している。デューイを称賛して引用している人々が、彼の考えに基づいて行動したという証拠はほとんどなく、実際、彼らの多くがデューイの書いたものを実際に読んだことがあるとは考えにくいのである。

　では彼の思想とは一体どういったものなのか？　70年に及ぶ彼の知的活動（全集は30巻以上に及ぶ）をわずか数段落で表すことなど不可能である。ここでは、ARと社会調査、社会改革の関係に関連する彼のアプローチの重要なポイントの一部を述べる。

　デューイは民主主義を固く信じていて、それは社会のあらゆるレベルの人々が参加しなければならない継続的かつ集合的な社会改善のプロセスであると考えていた。これらの主張は *The Public and Its Problems*（『公衆とその諸問題』）（Dewey, 1991/1927）に示されている。彼の考えでは、公教育の役割というのは、社会のすべての人に十分な訓練を受けさせ、そして自分の意見や経験を集合的な民主主義のプロセスに貢献できるようにすることである。デューイは *The School and Society*（『学校と社会』）（Dewey, 1900）、*The Child and the Curriculum*（『子どもとカリキュラム』）（Dewey, 1902）において民主主義理論と教育思想との関連性を論じている。そこで示された重要なことは、民主主義というものは、人々が自分たちの世界を理解するために、積極的に関与することによって発展するもので、力のある外部の人間が押し付ける手段ではないということである。

　デューイのアプローチで最も特徴的なのは、思考とアクションを切り離すことを断固として拒否したことだろう。デューイにとって、すべてはアクションによって作り上げられるものであった。彼は、民主主義自体を社会的アクションの進行中の形態であり、制度的形態と倫理的なコミットメントの組み合わせとして理解した。そして社会のすべての構成員が、より洗練して全体を見渡せるよう自分の知性を貢献できるようになることが目的であるとした。彼は、机上の空論ではなく、アクションの中にこそ真の知識の源泉があると考えていた。彼にとり、知識の検証や証明はすべて、民主主義そのものと同様に、進行中の実験活動であった。この立場は、彼が探究の理論として扱った論理学に対する見解に明らかである（Dewey, 1991）。

　1つの結論は、科学や歴史、芸術を学ぶことでしか解決できない問題に、生徒が安心して立ち向かえる環境を学校が作るべきだということだった。学校は

空っぽの器である生徒たちに知識の断片を詰め込む場所であってはならない。これは、科学的判断は難解な知識の一形態ではないというデューイの考えと一致するものであった。デューイは、すべての人間に科学的な判断能力があり、このような能力を社会の構成員全員が高めることが、社会をより良くすることになると考えていた。そのため、公教育を職業訓練と教養に分けることは、不平等を助長し、ひいては民主主義の弱体化につながると考え、強く反対した。誰もが実験的な知識の生成に参加することができる。個人の学びを制限することは、結果的に社会全体を制限することになると考えたのである。

　これらは、デューイの学校は環境であり、学習はアクションのプロセスであり、生徒は受動的な聞き手ではなく、能動的な学び手でなければならないという考え方につながる。多くの人がこうした考えをデューイと結びつけているが、自分の教育経験の大部分をこうした言葉で表現できる学生はほとんどいない。デューイは、注目されると同時に無視される人物でもあった。改革を鈍らせる最良の方法は、これはいいと言って称賛しておきながら、実際には反対の行動をとる。これがデューイがいつもたどる道であった。

　デューイの思想の特徴のひとつは、民主主義社会に不可欠な要素として、多様性と対立を断固として重視したことである。民主主義を最終的な解決策ではなく、状況の改善に向けて、対立を乗り越えていくプロセスであると考えた。社会の中の対立をなくそうとするのではなく、人々の多様性とその経験を純粋に尊重したのである。彼が目指したのは、これらの相反する経験をまとめ、耐え難い状況を改善するために民主的に動くことで、民主的な社会改革の機運を高めることだった。コミュニティ（コミュニティ・スクールを含む）がこのプロセスの中心であると信じていたが、それはまさにコミュニティが分断され、多様であるからである。解決に向けた共通の利害関係を持つことで、一緒に問題を解決していくことができる。

　デューイの科学観は、彼の民主主義社会に対する考え方と密接に関係している。デューイにとって、科学研究は民主的な社会活動から切り離されたプロセスではなかった。科学的な知識は、他のあらゆる形態の知識と同様、アクションと省察（振り返り）の連続的なサイクルの産物であった（Dewey, 1991/1927）。重要なのは、学習者が手元にある材料を使ってパズルを解くような活動を通じて、積極的に理解を追求することにあった。解決策は、あくまでも手元にある材料で、その時点で可能な限りベストなものを選ぶ。それゆえ、彼の哲学は実

用主義 pragmatism と呼ばれるようになった。

　デューイは生涯を通じて、さまざまな民主主義運動に政治的に関与し続けた。彼は自分が直面している状況を現実的に捉えていた。既存の権力構造が望んでいるのは、支配階級と彼らのために働く民衆であった。その民衆とは義務的な職業教育を受けてはいるものの、何も考えることなく、何ら問題を起こすことのない人々である。そして、学問の場と自分が変えたいと願っている状況との間に、根本的な隔たりがあることも自覚していた。経験は有機的な全体であると主張していたが、教育を実践する際にそれが小さな専門的な小片に分割されてしまうこと、そうしたプロセスが民主主義を自らのものにしようとする市民の能力を弱めていること、とりわけ従来の社会科学が思考をアクションから切り離すようになったために、デューイが提唱するアクション志向と根本的に対立し、その結果、既存の権力体制に脅威を与えない社会研究者を生み出していることを知っていた。

　要約すれば、デューイが考えていたのは、人間はみな科学者であり、思考はアクションから切り離されてはならないし、人間社会の多様性は（民主的プロセスに活用されれば）、その最も強力な特徴のひとつであり、一般的な学術機関や従来の社会調査は科学や民主的な社会行動を促進することはほとんどないということである。

　社会の中の個人、環境の中の社会をダイナミックでオープンなシステムとして捉えた彼の研究は、ほぼ全体が一般システム理論の前提とも一致するものであると言える。また、結果よりもプロセスを重視し、内と外からの絶え間ない変化に対応できる社会のあり方を追求した点も一般システム理論と通じるものがある。デューイの実用主義は、知識とアクションを結びつけ、知識、アクション、コミュニティ、民主主義をつなぐものであり、AR にとって重要なものであることに変わりはない。

アクションリサーチの認識論的基盤

　一般システム理論と実証主義の見解は、そのまま AR につながる。AR は民主的な調査を通じて、与えられた文脈において、適切に問題を解決することを目的としている。その調査においては、プロの研究者が参加者と協力して、現

地の人々にとって意味のある問題の解決策を模索し、それを実現するために取り組む。その際、AR はシステムベースの実用主義的な社会科学となる。実際、AR は科学的実践の最良の部分と社会の民主的変革へのコミットメントを組み合わせて、最先端の科学を実践することに挑戦する。しかし、従来の社会科学者からは、AR は非系統的で理論的でないストーリーテリングだとして敬意を払われることがない。もちろん我々は、こうした批判は根拠がなく、独善的なものだと考えている。

　そもそも AR は、従来の社会科学よりもはるかに複雑な問題を扱うのが一般的である。AR は特定の文脈に焦点を当て、理論とアクションを切り離さないことを要求し、どんな理論も現実の状況下で問題を解決する能力があるかどうかが試されるという考え方に立っている。AR は複雑で、歴史的で、ダイナミックな経験の世界に焦点を当てているが、それは AR が摩擦のない完璧な情報、「他の条件は同じ」という仮定を持つ従来の社会研究の純化された世界とは距離を置くことを意味している。確かに、そうすることは、学問をすることを容易にしてくれるが、社会との関係がなくなってしまうという代償を払わなくてはならない。従来の社会研究者は、現実を扱いやすくするために、現実を切り刻むことに満足しているように思える。そうすることで、現実は扱いやすくなり、理論的操作に適したものとなり、学問的カルテルによる管理に適した形となり、それは社会科学者が管理しやすいものになっている。

　AR はこのような妥協を許さない。その結果として、一般システム理論と実用主義の観点から、研究形態としての AR は次のような特徴を持っていると言える。

- AR は、文脈に縛られ、現実社会の問題を全体論的に取り扱うものである。
- AR は、参加者と研究者が、協働を目的とするコミュニケーションのプロセスを大切にしながら、知識を共創する探究であり、すべての参加者の貢献を真摯に受け止める。
- AR は、ローカルのグループ内における経験や能力の多様性を、リサーチ－アクションのプロセスを豊かにするための機会として扱う。
- 調査のプロセスで構築された意味は、社会的アクションにつながり、あるいはアクションに対する省察（振り返り）は新しい意味の構築につながる。
- AR の知識の信頼性－妥当性は、アクションが問題を解決し（実行可能性）、

参加者自身の状況に対するコントロールを高めるかどうかによって測られる。

このようにARを概念化すると、いくつかの重要な問題が浮かび上がってくる。このように構築された問いの論理はどのようなものなのか？　ARにおける知識の信頼性を判断する合理的な基準は何か？　文脈に強く拘束された知識を、どのようにして学者やARの潜在的な理解者に効果的に伝達することができるのか？　以下の議論の目的は、ARの価値についての我々の議論を支える認識論的な立場を提示することである。

ローカルの重要な問題に関する文脈に基づいた探究

ARは現実の問題を解決することに重点を置いている。参加者が何を重要視しているか、何が彼らの日常生活に影響を与えているかによって、探究の焦点は決定される。このように、探究のプロセスは検討されている問題に対する解決策となるアクションと結びついている。もちろん、探究がアクションに先行することもある。この場合は当該問題を解決するアクションを設計するために必要な知識を習得する方法となる。探究はまた、先行するアクションから得られた経験をもとに、それを新たな方法で理解できるような省察を行う方法ともなる。もちろん、現実のほとんどの場面で、重要な問題を解決するためには先験的および事後的な意味づけが必要となる。

我々は探究のプロセスが実践的な問題解決につながることを重視している。しかし、アカデミックな理論家の驕りとは裏腹に、実際の問題は必ずしも単純なものではない。地域経済の発展、新しい組織の仕組みの開発、近隣の住民が集う家の建設、地域社会の暴力を減らすための集団的努力など、すべて現実的な問題であるが、対処するのがきわめて複雑な問題であることが多い。

社会組織的な問題であれ、物質的な問題であれ、ARの成果は自分たちが考えた解決策が、実際に自分たちが設定した問題を解決しているかどうかを参加者が把握できるという意味で、目に見えるものでなければならない。ここで、実用主義的哲学の話に戻ろう。ARプロセスの結果は、導き出された解決策の実行可能性という観点から判断されなければならない。「実行可能性workability」とは、当初の問題に対する解決策として特定できるか、もしくは

解釈の修正やアクションの再設計が必要かを意味する。これは二重盲検、階層化された無作為抽出標本、有意水準の問題とは違う。それは集団的な社会的行動の結果について、知識のある参加者による集団的な社会的判断の問題である。社会的判断は、それ自体、一種の民主的な会話の結果であり、その中でプロの研究者といえども一票しか持たない。

参加者と専門家をつなぐ民主的な探究のプロセス

　我々はARを新しい知識の創造をサポートする民主的なプロセスとフレーム（枠組み）であって、そのプロセスは潜在的に解放につながるものでもあると考える。そのため、探究プロセスは現地の参加者にとって重要な問題の解決を目指すものでなければならず、そのプロセスによって生み出される知識は、参加者が自らの状況をコントロールする力を高めるものでなければならないことは明らかである。このことは、フレイレ（Freire, 1970）の「意識化 conscientization」[訳注2]の概念と一致している。つまり、探究プロセスにおいては、参加者がアクションを起こす歴史的・政治的文脈をクリティカルに理解した上で、アクションに関連する知識を形成することを目的としている。参加者は新しく生み出された知識を使うことができなければならず、その知識は参加者の目標の達成をサポートするものでなければならない。

　探究のプロセスにおける民主的な要素とは、アウトサイダーである外部の研究者とインサイダーである内部の参加者の間に相互主義が存在しなければならないことを示す。ARは、その探究のプロセスを通じて、双方の長所を活かし、知識を共創するコミュニケーションのプロセスである。インサイダーのローカルナレッジ、歴史意識、日常経験などが、アウトサイダーの学習プロセスを促進するスキル、調査手順の技術的スキル、調査対象に関する比較・歴史的知識などを補完する。同時に、我々はデューイ（Dewey, 1976）の以下の意見に賛同する。

　　　これらすべてにおいて、科学の手法と平凡な［人間］の手法の間には、何
　　の違いもない。その違いは、科学が問題の記述や、感覚的・概念的な関連資
　　料をよりよく管理することである。（p.305）

アウトサイダーとインサイダーが共同の探究プロセスでつながることで、何が真実あるいは大切な知識と考えられるかについて、ある種の客観的な外部基準として、フレーゲ（Frege, 1918 [1956]）やラッセル（Russell, 1903）の論理を信じる可能性を排除することができるのだ。探究の論理は、アクションと省察が直接的に結びついたプロセスを通じて、不確定な状況をより積極的にコントロールできるものにしようとする葛藤となり、探究プロセスそのものと結びついているのである。外部の研究者は必然的に内部の者たちと共に参加することになるのだ。

　数年前、ノルウェーの研究者が修士論文に *Objectivity and the Study of Man*（『客観性と人間研究』）（Skjervheim, 1974）というタイトルをつけたことがあった。その論文は社会科学の基礎を扱ったものである。その研究者の見解によると、AR においては、研究者が探究プロセスの積極的な参加者であることは疑いようのない事実である。この立場を受け入れ、積極的かつ意識的に利用することで、AR は研究者の社会的役割を意図的に難解にする従来の社会科学とは対照的なものとなっている。AR では、社会科学者が研究のプロセスに参加することは当然であり、そのプロセスのリソースとして扱われる。新しい知識の構築は、この相互関与の前提の上に成り立っているのである。一方、積極的な研究者の関与は、誠実さと批判的な省察という重要な課題を提起する。AR は研究者が現地の行為者や権力者に取り込まれることを容認する研究形態でもない。積極的な関与と誠実さ、批判的な省察のバランスをとることは、AR のプロセスにおいて基本的なことである。

機会としての多様性

　研究プロセスに参加者たちが関わることで、個人の能力を発揮する真の機会が生まれる。我々は研究には問題に対する潜在的な解決策や説明を生み出す人間の創造性が必要であると論じてきた。多様な共同研究者のグループを持つことの利点は、参加者の経験や考え方が研究プロセスに広く反映され、より創造的な解決策を導き出すことができることである。創造性に関する研究の教訓がこの点を物語っている（たとえば、Amabile, 1996 を参照）。

　第二に、同様に重要な主張は、多様性を政治的権利として維持すること自体が重要であるという倫理的立場である。AR は参加者の多様性から創造的な力

を得るために構築されるのであって、いたずらに多様性を減らすような問題解決策を生み出すものではない。

アクションリサーチの探究プロセスは、必然的にアクションと結びついている

　知識はアクションによって、あるいはアクションの結果として出現し、評価される。発見のプロセスというものは、純粋に頭で考えているだけのものではない。頭だけで考えていると、人間のアクションからかけ離れた領域へと後退していく。我々はデューイが論じたように、探究を新しい知識を創造するために、省察とアクションを結びつける統一されたプロセスとして理解することを主張する。つまり、探究のプロセスの論理そのものが、人間の知識の根底にある真の基礎なのである（Burke, 1994）。

　AR は探究を与えられた文脈におけるアクションと結びつけることで、探究者を全体的な状況における行為主体として理解する。探究は断片化され分離されたものではなく、首尾一貫した社会的な場として扱われる。デューイ（Dewey, 1976）はこれを全体的な状況を構成する有機体環境システム an organism-environment system として位置づけた。この見解においては、探究者は常に新しい知識を獲得するプロセスの主体でもある。AR は探究者が研究対象の問題に対して擬似的な中立／擬似的な客観的スタンスをとることを想定する従来の立場を排除するものである。

　AR プロセスは文脈に依存しない知識を主張するものではない。従来の一般化可能性の概念は文脈に関係なく普遍的に真実であるものを一般と見なしていた。AR は意味のある探究はすべて文脈に左右されるという考えに基づいているため、これは一般的な知識という概念とはまったく異なるものだが、我々はより強力で、より有用なものだと考えている。我々は AR によって得られた知識は、それが得られた場所以外の文脈でも価値を持ちうることを主張するが、ある場所から別の場所への知識の伝達可能性が、その知識を抽象的に一般化することによって達成されるという考え方を否定する。ある文脈から別の文脈への知識の伝達は、探究が行われた状況における文脈的要因を理解し、その知識が適用されるはずの新しい文脈を判断し、2 つの文脈がそれらを結びつけるこ

とに価値を見出すのに十分なプロセスと構造を共有しているかどうかを批判的に評価することに依存する。この問題については後述する。

　ARではインサイダーとアウトサイダーが相互に学習するプロセスに参加する。それを可能にする仕組みがコミュニケーションである。新しい理解は探究のプロセスに従事する人々の間の言説を通して生み出される。そのためには、相互に理解しあえる言説が必要であり、それは時間をかけて共に生活し、経験を共有し、アクションを共にすることで達成される。このコミュニケーションを可能にする言説は、ウィトゲンシュタイン（Wittgenstein, 1953）の言う「実践 practice」によく似ている。言語が意味を生み出すのは、行為者にとって意味のある行動を特定するためである。アクションと省察のプロセスから生まれる新しい知識は、それに応じて、アクションとそこから生じる学習を記述するのに適した言語を形成する。このように、ARのプロセスでは、インサイダーとアウトサイダーの間で共有される言語が作られ、探究のプロセスを通じて構築された意味を特定する。

　この議論は、コミュニケーションのプロセスがアクションを支える意味を生み出すだけでなく、その逆のプロセスも理解することにつながる。状況によっては、アクションから生じる結果や経験をベースに、集団的な省察のプロセスが始まり、その結果として、新しい意味が生み出される。

アクションリサーチの探究における信頼性と妥当性

　従来の社会科学研究において、信頼性と妥当性は研究者のお守りのようなものである。情報が錯綜する世界において、従来の社会科学の実践者は、厄介な問題をきれいに解決することを目的とした精巧な方法論的（そして深く儀式化された）装置に安らぎを見出しているようである。ある特定の理解がそれに基づいて行動するのに十分信じるに値するかどうか。そうした問いに直面することの代用として、方法論的なルールに焦点を当てることで、従来の社会科学は実行可能性という課題を回避してきた。

　ARによって構築された意味を信じる人にとり、その前提条件が何であるかを理解することが重要である。我々は、研究成果を信頼してもらうために必要な論拠とプロセスを信頼性 credibility と定義する。信頼できる知識は2種類に

分けることができる。第一に、その知識を生み出したグループに対する**内的信頼性** internal credibility に基づく知識がある。この種の知識は研究プロセスが協働作業であるため、AR にとって基本的に重要である。社会的行動パターンの変化において、その直接的な結果は信頼性の有無を判断する明確な試金石となるが、それは多くの抽象的な社会科学の枠組みに欠けているものでもある。コミュニティや組織のメンバーが、アウトサイダーである研究者が持ち込む「客観的」な理論を信頼できるものとして受け入れることはまずない。というのは、彼らのローカルナレッジにとり、その理論の枠組みが抽象的すぎるか、特定の文脈に対して単に間違っているからで、ローカルナレッジに関連づけられないのである。

　第二の信頼性には外部からの判断が含まれる。**外的信頼性** external credibility とは調査に参加していない人にその結果が信頼に足るものであると納得させることができる知識のことである。これは複雑な問題である。AR は省察とアクションが結び合わさること、そして特定の文脈における新しい知識を共に創造すること、これら 2 つに規定され制約されるため、その知識の信頼性を外部の人に効果的に伝えることは困難な課題であると言える。しばしばAR の報告を「単なるストーリーテリング mere story telling」と呼び、AR の事例で得られた一般的な知識を否定するような侮辱的な言い方をすることがある。語りは確かに AR の中心である。個々の事例を理解することは重要であり、そこから得られる貴重なメッセージはたくさんある。物語を語ることは、社会科学を行うことと矛盾するものではない。それは社会科学の基本である。

　科学的推論の論理では、一般的な社会理論と矛盾する個々の AR ケースは、それによってその理論を無効とし、矛盾するケースを考慮に入れた新しい理論を作り出すことが要求されることを強調したい。有効な理論には例外がなく、例外も含めて首尾一貫した形で再定式化されなければならないのである。このように、多くの AR の文献で扱われている個々の事例や物語は理論を変える大きな力を持っており、理論がいかに複雑で、格調高い系譜を持っていても、矛盾する事例を乗り越えることはできないのである。

　これが AR の信頼性－妥当性の問題の核心である。従来の社会調査のコミュニティでは、普遍的仮説型、普遍的分離型、汎用型の命題を一般化・普遍化することで信頼性が生まれると考えられていたが、AR では実践で生成・検証された知識のみが信頼性を持つと考えられているのである。従来の社会研究では、

同じような訓練を受けた専門家のコミュニティのみが信頼性の問題を決定する能力があると考えるが、AR ではステークホルダーが集団で到達した結果を受け入れ、行動する意思を持つことが信頼性の定義として重視される。

実行可能性

　AR プロセスにおいて、最初の信頼性の課題はローカルで検討中の AR が取り組む問題の解決に関連するものである。ここでは実行可能性のテストが中心である。AR プロセスで行われたアクションが結果的に問題解決につながるかどうかを見極めなければならない。これは、環境に働きかけることで知識が創造され、意味が構築されるというデューイ（Dewey, 1976）の探究プロセスの考え方と一致している。ヨハンセン（Johannesen, 1996）は、AR の妥当性基準を取り上げる際に同様の考え方を展開している。このように、実用主義者の思想をそのまま借りて（Diggins, 1994）、我々は探究プロセスをアクションと省察の統合として、そして目に見える結果のテストを実行可能性として理解している。

意味をなすこと

　探究における第二の、そして補完的なプロセスは、これらの目に見える結果を意味あるものにすることである。新しい知識を生み出す意味構築のプロセスにおいて、どのようにすれば成果を統合することができるのだろうか。ここでは、熟議のプロセスを通じてどのように意味が構築されるかに注目する。バーガーとルックマン（Berger & Luckmann, 1966）は、すべての知識は社会的に構築されるという主張の初期段階を代表するものである。しかしながら、彼らの構築主義的な立場は、社会的に構築された知識の質について十分な考察を行っていない。なぜなら構築された結果の質を詳細に精査しようとしないからだ。彼らにとって、どのような構築物も他の可能なものと同じように正しいか間違っているかであり、それは AR とは相反する立場である[原注 1]。AR では論証の連鎖を何らかの形で検証するプロセスを用いる。このような熟議のプロセスとして考えられるのは、次の 2 つである。ハーバーマス（Habermas, 1984）の理想的発話状況 ideal speech situation[訳注 3]とガダマー（Gadamer, 1982）の

解釈学 hermeneutics であるが、この他にも多くの説が存在する。

　ハーバーマス（Habermas, 1984）の理想的発話状況は支配からの自由なプロセスを反実仮想的に特徴づけており、意味構築に関与する行為者が強制されることなく議論を交わすというものである。この理想化された状況では、各参加者は自分に提示された議論を真剣かつ誠実に判断し、自分ができる最善の判断を下して応答議論に戻ってくる。このプロセスでは、すでに述べられた議論を覆すことができる更なる議論がないとき、正当な真理として特徴づけられる理解につながる。

　この論証の信頼性は、この理想的な状況から他により良い説明が提供できないときに生まれる。これは一回で完結するものではなく、新しい経験や新しい議論が、すでに信頼できる知識として考えられているものに絶えず挑戦し続ける連続的なプロセスなのである。つまり、科学的知識とは、ある現象に対する最良の解釈を模索する継続的な言説であると理解することができる。ハーバーマス（Habermas, 1984）の理想的発話状況は、その厳密な論理的・合理的推論において魅力的ではあるが、すべてのコミュニケーションのプロセスにおいて、重要な決定要因となる感情、権力、不平等を考慮しておらず、広く批判されている（たとえば、Flood & Romm, 1996 を参照）。

　ガダマー（Gadamer, 1982）は代表作 *Truth and Method*（『真理と方法』）で、ハーバーマスに安易に合意することを拒んでいる。彼は、ハーバーマス（Habermas, 1984）の理想的発話状況を単純な理想主義として扱い、代わりに、対話、相互解釈、そして結果としての（しかし決して最終的ではないが）「地平の融合[訳注4]」というより複雑な組み合わせを提唱しているのだ。ガダマーは、参加者がもたらす知識、解釈、経験の歴史性を尊重する。解釈学を学問的な遊戯に変えようとする人々とは異なり、解釈学は単に思考のための方法ではなく、アクションのためのひとつの形態であると主張している。

文脈を超えた信頼性

　さらに広義なレベルでは、状況を超文脈的にモデル化する可能性が存在し、これは歴史的かつ因果的に説明することが可能である。このことはきわめて重要である。なぜなら、従来の社会科学者は通常、ここで一般化可能性の規範を持ち出し、社会調査を彼らが客観的と見なす方向へ、そして我々が科学研究と

理解する方向から遠ざける方向へ向かわせようとするのは、まさにここ（この
レベルにおいて）だからである。

　我々の見方はフランソワ・ジャコブ（Jacob, 1982）の可能世界と現実世
界^[訳注5]に関する見解と類似しており、あらゆる状況は行動されたものよりも
多くの可能性を含んでいると考えている。我々は、現在のすべての状況は異
なっていたかもしれないが、そうではなかったかもしれないと理解している。
ある特定の結果は、環境条件、人々の集団、そして参加者の行動を含むさまざ
まな歴史的事象が交差することによって実現したものなのだ^[原注2]。

　この考え方からすると、現在の状況に対するすべての説明は、実は歴史的瞬
間と具体的な文脈で特定の組織に作用する特定の原因についての説明なのであ
る。この考え方では、理論が特定の状況の結果を予測することはない。理論の
役割は、起こったことがなぜ起こったのか、そしてどのように起こったのかを
説明し、将来に起こりうるシナリオを並べ、次に起こる可能性が高いと思われ
るシナリオに正当な理由をつけることである。この後者の動きは、もちろん、
まさに他の事例や文脈から首尾一貫したやり方で結果を類推することに依存し
ている。

　このような実践は最良の科学であり、先の例は進化生物学から引き出されて
いる。社会科学にも例があるだろうか？　我々はそうした例はあるが、一般的
には無視されていると考えている。そのような例のひとつが、マックス・
ウェーバーの研究の基礎となっている思考構造である。彼は、官僚制、カリス
マ性、正当性、権威、宗教、都市化など研究対象の多様性と複雑性に対処する
ため、多種多様な理念型 ideal type を構築した^[原注3]。どの場合も、多くの歴
史的事例を丹念に研究し、文脈を超えた特性を抽象化したリストを作成した。
そして、これらの特徴を用いて、どう説明するのか戦略を練った。

　ウェーバー（Weber, 1958）の都市に関する研究はあまり知られていないが、
特に分かりやすい例である。彼は都市という現象について、世界中からできる
限りの証拠を集めた。それらをもとに、彼は各地の都市の主要な例に見出され
た特徴をまとめた。この特徴リストをもとに、世界の都市に見られるすべての
主要な特徴のリストができあがるまで、それらすべてを配列していった。この
主要な特徴のリストが、彼の都市の類型学の基礎となったのである。

　しかし、これはほんの始まりにすぎない。このリストを手に、ウェーバーは
世界の各地域、各文脈に戻り、それぞれの状況に、どのような特徴があるのか、

あるいはないのかを検証していった。そして、ある場所に特有の何か複雑なものが存在する、あるいは存在しないことを発見すると、彼はその地域の歴史を再検討し、その存在あるいは不在を説明したのである。そして、都市化という現象に関する一般的な知識を背景に、特定の状況に特定の特徴が存在する、あるいは存在しない理由を理解するために、彼が「歴史の因果的解釈」と呼ぶ方法を徐々に確立していったのである。

ウェーバーは、特定の状況や環境から特徴を細かく収集し、それをリストアップして分析し、また特定の状況に戻るという方法で、ある特徴がなぜ存在するのか、あるいは存在しないのかを理解した。このようにすれば、ある AR の場面で培った知識を、他の場面で転用することができるのである。AR は、歴史や文脈を無視して抽象化し一般化するものではない。ある文脈で生まれた意味は、文脈の特徴や歴史的要因の類似点と相違点を意識的に考察することで、別の状況での信頼性が検証される。その知識が適用されるかもしれない状況を協働で分析することによって、その意味は理解が作られた文脈から移される。歴史的、文脈的な分析に基づいて、ある状況での知識を別の状況で適用する可能性について AR の判断がなされる。これはまた、複数の文脈におけるさまざまな手法やプロセスの使用を詳細に分析することによって、AR のアプローチを開発する適切な方法である。

このように、科学全般の発展には、事例、文脈、歴史に細かく目を向けることが不可欠だと我々は考えている。それは、状況の多様性を尊重しつつ、多くの状況に見られるプロセスに対する理解を深め、それぞれの事例で何が起こったのかを説明できるような社会科学を発展させる上で、最も有意義な方法であると言える。

アクションリサーチプロセスの再整理

我々は目の前の問題を解決するための適切なアクションが AR のプロセスの最初の成果であると主張した。また、実践的な問題解決と連動した意味構築のプロセスが、AR における主要な知識生成要素であることも論じた。最後に、ある文脈から別の文脈へ学習を移行させる状況について、また、それぞれの特定の状況において何が起こったのかについて、歴史的かつ因果的な解釈を展開

する方法について論じた。

　なぜ、このようなことが平凡なほど明白でないのかを考えるには、背景とな
るより広義の認識論的議論に立ち戻る必要がある。これまでデューイに焦点を
当ててきたが、デューイの思想は、チャールズ・サンダース・パースやウィリ
アム・ジェームズなど、多くの研究仲間との議論の中で発展してきたことを理
解することが重要である。彼らはまた、実用主義的哲学の枠組みで研究した。
彼らは非常によく知られ、長く尊敬されてきたが、今では取り上げられること
もなくなってしまった。実用主義の失墜については、リチャード・ローティ
(Rorty, 1980) の *Philosophy and the Mirror of Nature*（『哲学と自然の鏡』）とい
う論争の的となった重要な著作がある。また、ジョン・ディギンズの *The
Promise of Pragmatism*（『プラグマティズムの約束』）(Diggins, 1994) には、これ
らの問題に対して、より広い意味での高次な解説がなされている。これらの著
作は、AR に関心を持つ者にとって注目に値する。なぜなら、彼らの分析は
AR が被った不都合な状況が当てはまる分析的かつ歴史的な構造を提供するも
のであるからだ。

　ローティ（Rorty, 1980）にとって、実用主義者、現代の解釈学者（たとえば、
Gadamer, 1982; Taylor, 1985）、ウィラード・クワインなどの言語哲学者、フラ
ンクフルト学派、ルートヴィヒ・ウィトゲンシュタイン、マルティン・ハイデ
ガー、実存主義者の一部、ローティの研究仲間の一部は、ローティが「認識論
的プロジェクト the epistemological project」と呼ぶものを否定しようとしてい
る。ローティは、このプロジェクトをさまざまに定義しているが、その基底に
は、哲学者が「正しい」知識と「正しくない」知識を区別できるような分析体
系を構築しようとする近代哲学の姿勢、すなわち哲学を誰もが服従しなければ
ならない自称知識最高裁判所のようなものと見なしていることへの批判がある。

　ローティは、哲学の専門家によって決定される絶対的な現実の探求としての
体系的な哲学 systematic philosophy と、人々をある種のコミュニケーション
の明晰性、つまり相互理解の状態に持っていこうとする方法と議論に関与する
継続的な会話としての**啓発的哲学** edifying philosophy とを区別することによっ
て、認識論プロジェクトに反論する。ローティは明らかに後者を提唱している
が、啓蒙主義の哲学者は現代哲学においては周縁にあることを指摘し、具体的
にデューイ、ウィトゲンシュタイン、ハイデガーを例に挙げている（Rorty,
1980, pp.367-368）。

ローティは、デューイ、ウィトゲンシュタイン、ハイデガーたちを称賛しつつ、彼らは、古典的な人間像、つまり終極の語彙 final vocabulary の中に体系的な哲学と普遍的通約性の探求を含む人間像を揶揄していると指摘している。彼は次のように力強く言っている。

　　言葉がその意味を引き出すのは、言葉の表象的性格によるのではなく他の言葉からであり、したがってその当然の帰結として、語彙がその特権性を得るのは、実在に対する透明性からではなく、その語彙を用いる人間からなのである。(Rorty, 1980, p.368)[訳注6]

　　啓発的哲学の要点が、客観的心理を発見することよりも、会話を継続させることにあるということであった。そうした真理は、私の提唱する見解によれば、通常的言説の通常の成果である。(Rorty, 1980, p.377)[訳注7]

　これらの議論は、我々が考える AR の構造の中心をなすものである。AR は、何よりもまず、「会話を続ける」ための方法である。AR の方法論というのは、議論の地平を開き、集団的な省察の場を作り、そこで重要な状況についての新たな記述や分析を行い、それが新たなアクションの基礎となることを目的としている。これこそが、我々が意味する**共創的な学習** cogenerative learning である。

　これは、ハンス・ゲオルク・ガダマー（Gadamer, 1982）が発表した知的・社会的プロジェクトにも直接関係することである。彼の解釈的、対話的、実践的な人間の知識の特徴には、物理学、生物学、社会科学、そしてもちろん人文科学や芸術など、すべての科学にこれらの側面が存在することという力強い議論が含まれている。彼は、解釈が継続的なものであり、常に暫定的な性格を持つことを強調し、ローティ（Rorty, 1980）の言葉を借りれば、解釈学はアクションの一形態であり、会話を継続させる方法であると指摘している。AR の実践者がガダマーや他の現代的な解釈学論者の仕事を注意深く検討しなかったことは理解し難く、学問的な壕に安住している従来の社会研究者たちからの不適切だが精力的な批判に対して脆弱であることの一因である。

　また、実用主義の要素や既存の社会的取り決めに対する民主的な政治批判も密接に関連している。ディギンズ（Diggins, 1994）の分析で最も興味深い点は、

ヘンリー・アダムズとジョン・デューイの教育に対する痛烈な批判を結びつけていることである。1875 年 8 月 31 日にアダムズが R・カンリフに宛てた手紙を引用して、ディギンズはハーバードの教授陣とその学生を評したアダムズの言葉を再現している。

> 彼らは受け売りの事実や理論を破裂するまで詰め込み、ハーバード大学で講義をし、自分たちが知性の貴族であり、若い世代に知識を与えることで、新たに単純で正直で無害なインテリたちを強制的に作り出すこと、そういったことを真に英雄的な仕事をしていると考えているのである。(ヘンリー・アダムズ、Diggins, 1994, p.307 に引用)

　現状の学術機関は、行動を伴わない知識、コミットメントを伴わない省察を促進するためのセンターと見なされている。これはアダムズやデューイの批判と直接的に対応しており、実用主義と AR の共通の基盤にリンクするものである。つまり、真理は獲得されるものではなく、むしろ協働で行う社会的探究の果てにあるものなのだ。

　また、ディギンズ (Diggins, 1994) は、実用主義、解釈学、言語哲学、フランクフルト学派、脱構築を説得的に結びつけている。これらは一見、異質な組み合わせのように見えるが、認識論的プロジェクトに対する批判を中心に据えるならば、いずれも重要な要素を提供している。さらに重要なことは、これらの学派は、AR の思考のかなりの部分にインスピレーションを与えているということである。だから、AR は脇道に逸れたものではないのだ。AR は社会調査におけるネオ実用主義であり、会話を続け、社会をさらに民主化するための試みなのである。実用主義と同様に、AR も認識論的プロジェクトや実証主義者の社会科学からの揺るぎない抵抗に遭ってきた。実用主義を真剣に受け止めることは、彼らが知る (そしてそこから利益を得る) 学問世界の終焉をもたらすことになるのだ。

政治経済学と科学の社会構造

　これまで述べてきたことの根底には、我々の社会における権力関係について

の一連の考え方がある。ARは権力関係をより民主的な方向へ変革するためのものである。しかし、我々がこの世界で経験してきたことのほとんどは、権威主義、指揮統制システム、官僚制、狭い専門化、省察とアクションの分離、こうしたシステムに反対する人々への制裁などである。ジョン・デューイは、生命、思考、行動は、すべて1つの大きな全体の一部であると断言し、この問題をうまく提起した。しかし、日常の経験では、世界は独立した利己的な原子の山で構成されており、絶えず互いにぶつかりあっているように見えるのだ。

　統合された全体システムが、独立した断片の集合であるかのように見えるのはなぜか。ARが出した答えは、その原因が力関係にあるというもので、したがって、力関係の分析なくしてARは不可能である。ARが克服しようとするジレンマを理解するためには、資本主義社会、活動としての科学、そして学術機関などにおける政治経済学、すべてが必要な要素である。あらゆる社会的領域でARの活動を疎外しようとするパワーエリートの継続的な働きかけもある。

　ARは、社会の民主化のために、既存の力関係を破壊することを明確に求めている。また社会の構成員が持つ多様な知識と経験を集団的な問題の解決に役立てようとするものである。ARは社会が権威主義のために重要な問題に直面したとき、その知識や能力のほんの一部しか使っていないと主張する。その理由は、少数の権力者が現在手中に収めているリソースをコントロールし続けたいと望んでいることと、またエリートたちは根本的に彼ら以外の人々を見下しているからである。利益やリソースが思い通りにできる状況で、これらのエリートは市民を無限にカテゴリー別（価値がある／ない、犯罪者／善良者、異性愛者／同性愛者、男／女、黒／白／黄／赤など）に分類することによって、社会がまわるように忠実な官僚機構を作り出し、維持してきた。この分類によれば、エリートが支配するリソースはそのカテゴリーに分配され、そのカテゴリーを受け入れることはエリートの覇権的な定義を受け入れることになる。このような福祉という偽名による官僚的な分配は、従属する個人と権力構造との間に二項対立の関係を生み出し、このような寛容を受け取る側の反抗や協調を阻んでいる。

　このような政治経済学は科学や学問に影響を与える。現在の科学は政府と大企業に大きく支援されていて、従来の社会科学は政府の助成金なしでは続けられない。資金提供者である彼らは研究のテーマや方法を決定し、生活保護受給者のように、科学者同士があまり協力的でないことが保証されるような査読の

プロセスを作り上げている。社会科学の分野では、このような資金提供によって、社会から切り離され、統計学に特化した「学問」が生み出されてきた。その結果、これらの学問分野は、主に官僚的な支配構造の仕組みを記録することに終始している。そして、自分たちは科学をしているのであって、社会活動や知識のささやかな応用は自分たちの責任ではないという身勝手な考えを肯定することで、自分たちの良心を慰めるのである。改革を進めようとする場合、彼らはしばしば非常に厳しい政治的代償を払うことになる（Price, 2004 を参照）。

　このように、社会調査と社会改革は、これらのメカニズムによって明確に分離され、自分と同じような人々と猛烈な競争をした後に大学にやってくる新しい学生たちは、この分離を受け入れるようにすぐに教え込まれる。膨大な数の官僚とその手先の学者を雇いながら、権力を権力者の手に保持するためのイデオロギーとして、これは顕著な成功を収めている。参加者は互いに規律を守り、一人の人間だけが力を持つこともない。

　その中で、AR は社会的・倫理的な関わりを持つことから「非科学的」の烙印を押され、資金や制度的な支援を奪われる。また、AR は本質的にシステム活動であり、基本的にその学際性から、学問やその他の官僚的な構造の中で切り刻まれてしまう。学問領域を分割し、他分野には関わらないという構造を作ることで、学校、大学、その他の官僚機構は、AR の核心である民主化という社会的プロジェクトを阻害している。最後に、社会調査を応用の文脈から切り離すことを要求することで、権力者は社会科学者が社会で著しく議論を呼ぶようなことは何も研究しないことを確かなものにする。結局のところ、AR がなぜこれほどまでにマージナルにあるのかという疑問に対する答えは、我々の社会や大学における民主的な社会変革へのコミットメントの欠如にあるのであって、AR の科学的探究の形態としての固有の弱点にあるのではない。

結論

　本書の第2部の章では、AR がどのような戦略で会話を成立させているのか、その詳細を明らかにすると共に、AR の位置づけを大まかにまとめている。我々の見解では、AR は人間生活の中心に位置するものである。それは、一連のコミュニケーション行為であって、新しい知識の共創、アクション計画の作

成と実行、社会の民主化などを目的として、コミュニティやその他の組織で生み出される対話的な環境の中で行われる。認識論的プロジェクトとは異なり、AR は社会的学習や社会変革に対する合理的なアプローチとして、疑いのない権威と現実主義−実証主義 realism-positivism の両方を否定している。ローカルなアクティビズム activism とは異なり、純粋な相対主義や一緒に活動するグループに対して無批判であることも否定される。それは、新しい、そしてしばしば痛みを伴う知識を生み出すための議論の形態であり、重要なコミュニケーションなのである。

　AR プロセスは、権威とコミュニティ、現実主義と相対主義がコミュニケーションの場面で出会う場を作り出す。そのコミュニケーションは、すべての立場を精査し、また積極的な貢献をするために開かれたものである。AR はすべての人に開かれており、会話を続けることを目的としているのだ。

原注

[1] 存在論的、認識論的、方法論的な立場の概要については、以下を参照。Guba and Lincoln (2005).
[2] より詳細な議論については、本書の第 5 章を参照されたい。
[3] 理念型という概念は、ほとんどの社会科学の文献で不適切に扱われている。従来の見解によれば、理念型は原始的なモデリングの一形態であり、変数が互いに動的な関係で定式化されていない。現在の社会科学の主要な貢献は、理念型を越えて、ダイナミックに結びついた変数のモデルを作成し、それを検証することで予測を得ることであるとされている。この方法の優位性を示す証拠がないばかりか、社会科学と文脈や歴史とのつながりを破壊することが、現代の社会科学分析の家畜化の一端を担っていると考えている。

訳注

[1] ピーター・センゲの『最強組織の法則：新時代のチームワークとは何か』徳間書店，1995 年を参照。
[2] 社会的・政治的な矛盾を認識し、暴露することに焦点を当てた学習形態を意味する。教育者と学習者の対話を通じて、世界は認識の対象として現れる。そして学習者は世界と距離をとり、世界に批判的にアプローチし、社会変革へと向かう行動を開始する。フレイレはこのようなプロセスを「意識化」と呼んだ。パウロ・フレイレの『自由のための文化行動』亜紀書房，1984 年，59 頁を参照。
[3] 「そこにおいてはコミュニケーションが外的な偶発的影響によって妨げられないだけでなく、コミュニケーション自身の構造から生ずる強制によっても妨げられない状況」のこと。ユルゲン・ハーバーマスとニコラス・ルーマンの『批判理論と社会システム理

　論：ハーバーマス＝ルーマン論争 上』木鐸社，1984 年，164 頁が分かりやすい。

［4］過去の「伝承」が現在の地平と融合するときに語り出す作品の「声」を聴き、伝承を
　　受け継いで、現在の地平で理解する（＝「適用」する）ことが、真の解釈であり理解で
　　あるとする（https://www.philosophyguides.org/decoding/decoding-of-gadamer-wahrheit-
　　und-methode/ の説明による、2022 年 11 月 1 日最終アクセス）。ハンス・ゲオルグ・ガ
　　ダマーの『真理と方法 2：哲学的解釈学の要綱』轡田收・巻田悦郎訳、法政大学出版局、
　　2008 年（新装版，2015 年），479-480 頁を参照のこと。

［5］フランソワ・ジャコブの『可能世界と現実世界：進化論をめぐって』みすず書房，
　　1994 年を参照。

［6］リチャード・ローティ『哲学と自然の鏡』野家啓一監訳，産業図書，1993 年，428 頁
　　より引用。

［7］リチャード・ローティ『哲学と自然の鏡』野家啓一監訳，産業図書，1993 年，437 頁
　　より引用。

第3章

アクションリサーチにおける社会科学の手法、作業形態、研究戦略

　我々は、アクションリサーチ（AR）を従来の社会科学の手法を多く用いながらも、研究プロセス全体を独特の方法で編成する研究戦略とするアプローチをとる。こうした立場を明確にするために、AR を一般的な社会科学の広範な実践の中に位置づけよう。もちろん、AR が完全にユニークな研究手法であると考えるアクションリサーチャーの方々には、著述でその見解を明らかにし、我々の問題設定に反論していただくようお願いしたい。

　AR が既存のあらゆる社会調査アプローチから切り離されているという考えは、経験的に正当化することはできない。なぜなら AR の文献を読むと、従来の社会科学の手法が数多く使用され、展開されていることが分かるからだ。また、AR が独立した研究実践であるという考え方は、歴史的にも誤りである。社会科学はそれ自体、社会の改善を目的とした政治経済学のひとつの形態として始まった。社会科学が既存のさまざまな学問分野に分割され、その社会的活動が富裕層や権力者の気に障るという理由で嫌がらせや粛清を受けるようになって初めて、社会科学がアクションから切り離されるようになったのである。このように AR は、現在のオートポイエーシス autopoiesis [訳注1] 的な従来の社会科学よりも、本来の社会科学の形態や方向性にはるかに近い。我々は、こうした従来の社会科学を方法論的・理論的には洗練されているとはいえ、本来の社会科学の貧弱な派生物だと考えており、AR はその正当な継承者だと考えている。

　AR を別種の研究と考えることのもうひとつの欠陥は、AR の独自性と孤立性を主張するアクションリサーチャーが、社会調査一般に見られる量的・質的方法の全範囲を使いこなせるようになる必要はない、と主張することを許してしまうことである。アクションリサーチャーは主要な社会調査の手法や理論だけでなく、特定の流派と強く結びついているいくつかの手法や作業形態（サー

チカンファレンス、ダイアローグカンファレンス、バリエーションマトリクスなど）についても能力を身につける必要があり、そのような主張は深刻な問題である。アクションリサーチャーは、従来の社会調査の研究者たちよりも幅広い訓練を受けなければならず、AR をユニークな研究手法として扱うことは、この要件を鈍らせることになる。

従来の社会調査とアクションリサーチ

　この議論を整理するために、まず我々の従来の社会科学の扱いと AR の扱いを並行して扱う。読者が従来の研究に精通していることを前提としているため、従来の研究についてはあまり触れないが、従来の社会科学と AR の類似点と相違点を強調するために、この対比を使用する。

　我々は研究の種類を特定の前提、手法、目的といったものに還元しようとするのではなく、研究戦略として語ることが有用であると考えている。すべての研究形態は、少なくとも、認識論的、理論的、方法論的な前提に基づいた個々の手法、作業形態、研究戦略を含んでいる。

　次に述べることは、他の本では、通常「方法」または「方法論」の見出しの下に収められている。「方法論」の一般的な定義は、シュワント（Schwandt, 1997a）に、以下のように示されている。

　　　［方法論とは］どのように調査を進めるべきかの理論である。それは特定の調査分野における原則と手続きを分析し、その結果、特定の方法の使用を規定するものである。方法論の研究には、社会科学の哲学（説明、理論、因果関係など）や哲学的人類学（人間の本性に関する研究）のトピックが含まれる。(p.93)

　しかし、このような方法論に対する広範な哲学的方向づけは、どうしようもなく曖昧であり、また、方法論と価値観を切り離してしまうものである。このような観点から、我々は方法と方法論の概念を捨て、別の形で議論を整理する。

　AR と従来の研究を比較し、その核となる特徴を明確にするために、3つの概念を導入し、その方向性を示していく。社会調査の具体的な実践を「手法

techniques」（たとえば、従来の方法論ハンドブックに掲載されている標準的な社会科学の手法）、これらの手法を学習領域の構築に結びつけることを「作業形態 work forms」、AR におけるこれらの手法と作業形態を研究プロジェクトに編成するプロセス全般を「研究戦略 research strategies」として位置づけることにする。したがって、「研究戦略」という言葉を、手法、認識論的立場、調査プロセスで提唱または体現される価値観など、全体的なアプローチを示すものとして使用する。以下では、従来の社会調査と AR における手法、作業形態、研究戦略の展開について簡単に比較する。

従来の社会調査の研究戦略

手法

　従来の社会調査は、何らかの形で、研究者と調査対象者の根本的な分離を前提とする認識論に基づく技法に依存している。この分離は可能であり、望まれているものであると主張されている。研究者は、理論的、方法論的な訓練と教育によって、研究対象者よりも優れた地位を与えられ、また、従来の研究者は現地の利害関係者が推定しうるよりもはるかに深いレベルで、現実で起こっていることを解釈することができるのである。このような研究者の解釈的自律性は、社会構築主義者にとっても、論理実証主義者にとっても、そうであることに変わりはない。

作業形態

　このような従来の社会調査に対する考え方は、専門の研究者による閉鎖的な共同体を作り、それ以外の世界を潜在的な調査対象とする。このような考え方は、この種の調査を代表する作業形態にはっきりと現れている。テーマの選択、手法、仮説の立案、データの収集、解釈、研究結果の発表物などに現地のステークホルダーが影響を与えることは想定されていない。従来の研究者は、個人またはチームで、「科学的」作業プロセスのあらゆる側面を指揮する。そして、認識論や作業形態から現地のステークホルダーを排除することによって、従来の研究者は結果を「所有」する。なぜなら、データは被験者から抽出されたものであり、研究の専門家が扱って初めて意味をなすものだからである。

研究戦略

従来の研究では、研究プロセスの進行に伴い、継続的な考察が行われる。これらのプロセスは、主にデータ収集と分析プロセスの効率、有効性、データの妥当性を最大化することを目的としている。研究の省察（振り返り）を共有する場合は、同じような訓練を受けた専門家の間で共有される。プロジェクトが終了すると、従来の社会科学者は、やはり同じような訓練を受けた専門家のコミュニティの中で、プロジェクトから引き出せると思われるより大きな意味や含意について考察する。彼らは、研究結果を研究対象者自身に伝える義務はなく、ほとんどの研究対象者は結果に関心を持たず、それを理解する能力もないだろうと一般的に考えている。この点、社会構築主義者でさえ、このような研究対象者に対する優越関係を当然視していることは、我々にとって特に興味深いことである。

アクションリサーチの研究戦略

手法

AR プロジェクトでは、参加型かつ民主的な知識構築の価値観に沿った文脈で設定される限り、既知の社会科学の手法はすべて適用可能である。この観点から、方法論に関するすべての社会科学の教科書は選択するツールのソースとなる。

作業形態

AR は社会科学的手法と共創的な学習の場の構築を可能にする作業形態の両方によって構成されている。アクションリサーチャーは、組織開発や変革に関する文献やプラクシス（Cummins & Worley, 2001 参照）、そして AR そのものが生み出す手法（たとえば、サーチカンファレンス、ダイアローグカンファレンス、バリエーションマトリクスなど）に注目している。レヴィンとクレヴ（Levin & Klev, 2000）は、これらのアプローチを、学習の場を構築するための作業形態として特定している[原注1]。AR では、AR プロジェクト全体を通して、作業形態と研究手法を意識的に相互関連させて、インサイダーである組織などの当事者とアウトサイダーである研究者が相互に学習する機会を作る。社会科学の技術的な手法は、学習の場の構築の際、どういう選択肢があるのかなどの情報を

提供するために用いられ、分析的な研究手法は具体的な変革を起こそうとする活動から生じる学び、そして意味構築のプロセスをサポートするために用いられる。この社会科学の方法論に基づく変化と省察（振り返り）の間の弁証法的なプロセスは、AR研究戦略の中核となるダイナミックなものである。

研究戦略

　ARプロジェクトを構築する際には、方法論の選択だけでなく、プロジェクトを通じて起こる社会変化や学習プロセスを総合的に計画する必要がある。ARのプロセスは、当事者である問題所有者と専門家である研究者の双方に学びをもたらすことを目的としている。この知識構築は双方に利益をもたらすことが期待されており、社会科学のあらゆる研究手法と、すべての関係者の知識や経験を適切に管理された共創的な学習のプロセスで用いることが基本となっている。この相互性はARにおける民主主義の中核的価値であり、特に参加者が声を上げ、参加者が知識生成プロセスに参加する自由、権利、義務を確立するものである。それは、一緒になって創造された知識とアクションの設計を共同所有するものである。

共創的なモデル

　ARは、少なくとも2つの分析段階からなるプロセスとして考えることができる。ひとつは最初のリサーチクエスチョンの明確化であり、もうひとつは社会的変化と意味の構築のプロセスを開始すること、そしてそれを継続することである。このことは、問題を定義するプロセスが最終的なものであることを意味しない。実際、ARのプロジェクトにおいて、学びが行われていることを示す良い兆候というのは、最初に立てた問いが新しく発見された観点を含んで、再形成されるときである。

　図3.1に示すように、共創的なモデルcogenerative modelを視覚化することができる。以下では、共創的なモデルを構成する要素について徹底的に議論する。

　このモデルでは、主要な行為者グループが2つ存在する。インサイダーは、すべてのARプロジェクトにおける中心的な存在である。彼らは問題の「所有

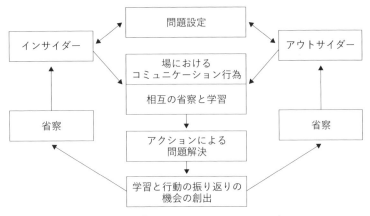

図 3.1　共創的なアクションリサーチのモデル

者」であるが、同質でも平等でも、あるいは理想的な集団でもない。彼らは単に問題を「所有」しているにすぎない。アウトサイダーというのは、ローカルな問題の解決を目指し、学び合いのプロセスをファシリテートし、学術的な議論に貢献しようとするプロの研究者である。インサイダーとアウトサイダーは同等であり、かつ異なるものである。なぜなら、ほとんどのインサイダーは、プロジェクトにおいて、あらゆる変革を起こそうと活動する際、その結果を直接受け入れなければならないのに対して、ほとんどのアウトサイダーはそのプロジェクトから離れることができる。もうひとつの違いは、インサイダーは、研究活動の焦点をどうするかについて、中核的な影響力を持っているということである。

問題設定

研究すべき問題は、参加者にとって重要でなければならない。さもなければ、そのプロセスは行き詰まってしまう。一度問題が設定されれば、その分野の関連する専門的な知識体系を利用することで、さらなる力を得ることができる。

AR のプロセスは、参加者にとっての適切な問題解決を扱うものであることを述べてきた。この点において、研究プロセス全体が学界の外部からの要請によって始まる。これは従来の社会科学とは対照的で、従来、研究する問題とい

54

うのは外部の社会的な圧力だけでなく、ディシプリン内での発展を目指して定義されるものであった。しかし、AR の専門家は現地参加者から出された問題提起をただ盲目的に受け入れることはしない。我々は問題を定義するプロセスをインサイダーとアウトサイダーの相互学習プロセスの最初のステップと見なしている。インサイダーの知識がアウトサイダーの専門的な知識との関係で明らかにされるプロセスをファシリテートするためには、コミュニケーションの手順によって、相互の合意に基づいて、問題の焦点を明確にしなくてはならない。この手続きには、民主的な対話のルールが含まれ、オープンであること、相互にサポートすること、そして「意見を自由に言う時間」の共有が含まれる。研究対象の問題に対する最初の暫定的な定義が生まれるのは、インサイダーとアウトサイダーが持つ知識が、互いのコミュニケーションを通じて新たな相互理解を生み出す会話からである。

コミュニケーションの場

AR における共創的なプロセスの中心は、参加者が受け入れることができる解釈とアクションの設計を行う学習プロセスの場を作り出すことである。そのためには、行為者同士のコミュニケーションのための「場 arena」を適切に設定する必要がある（図 3.1 参照）。これは AR を行うために関係する行為者が物理的に出会う場所である。その場では、2 人以上のミーティング、チームビルディングのセッション、サーチカンファレンス、タスクフォースのミーティング、リーダーシップグループのミーティング、パブリックコミュニティのミーティングなどが開催される。重要なのは、その場は共創的な学習と研究のために構築された環境で、コミュニケーション行為が行われることである。

AR プロジェクトの中心的な課題は、現地の参加者にとって重要な問題について、適切なコミュニケーションの場をデザインすることである。場は現地のニーズに合わせてデザインされなければならない。万能のアプローチはない。組織開発プロセスに組織全体を巻き込むことが課題である場合、一般的には大きな部屋に全員を集めて新しいプロジェクトの計画を練るのが賢明である。しかし、組織内の管理職同士の対立に対処するためには、リーダーシップグループという形式で対処した方がよいかもしれない。このように、適切な場を選択し構築することは、AR のファシリテーターの専門的なスキルと経験に依存し

ており、AR プロジェクトを成功させるためには、適切な選択をすることが重要である。

　場では、インサイダーとアウトサイダーの間のコミュニケーションによって、学びを生み出し、関係者の省察（振り返り）のプロセスを開くことを目的としている。このような議論と省察が、継続的な学習サイクルの原動力となるのだ。最初に問題に焦点を当てることで、会話のための場のデザインが提案される。このようなコミュニケーションは、問題解決に向けた理解が得られ、インサイダーとプロの研究者の双方が省察するという新たな経験をもたらす。

　このような場で行われる会話は本質的にアンバランスである。インサイダーは、その地域のコミュニティや組織に定住しない限り外部の人間が得ることのできないような、その地域の状況に対する地に足の着いた知識を持っている。同様に、アウトサイダーである研究者は、学習と省察のプロセスをどのように設計し運営するかについての知識を含め、多くの場合そのローカルの文脈には存在しないスキルや視点を持ち込む。

　スキルやローカルナレッジの非対称性は、新たな共創を生み出す重要な力となる。当事者同士が状況を理解するために関わりあうことで、理解が深まるからだ。AR 研究が掲げる民主的な理想は、アウトサイダーが徐々にコントロールを手放すことで、インサイダーが自らの成長プロセスをコントロールし導く方法を学ぶというプロセスを求める。これらの理想はまた、こうした一連の学習経験がなかった場合に比べて、より多様な参加者とのより複雑な内部対話を維持する能力の獲得をインサイダーに求めることになる。

　複雑な社会的交流の中心には、アウトサイダーとインサイダーの間の非対称的な状況（Markova & Foppa, 1991）がある。アウトサイダーは知識の伝達を可能にするトレーニングセッションを設計し、その影響力を利用して進行中のプロセスを方向づける。プロの研究者はこのプロセスにおいて必然的に権力を行使する。アウトサイダーは現地の組織のヒエラルキーの中で正式な地位は持たないが、変革のプロセスの設計と管理において主要な役割を果たすという参加者の期待を通じて、影響力を行使するのである。このような期待によって研究者に与えられる権力に正直かつオープンに対処することが、AR の変革プロセスにおける中心的な課題である。このことは、ローカルな学習プロセスの進展に大きな影響を与えるし、この権力は乱用されやすい。

　研究プロセスの初期段階では、アウトサイダーが意思決定を行い、両者が重

要視するテーマについて、ローカルの参加者を指導・訓練する。同時に、アウトサイダーはインサイダーが進行中のプロセスの主導権を握るように促す責任がある。プロの研究者が最後にグループを手放すという義務を果たすのは、時に難しいことだが、参加者が自分たちの利益に応じて、継続的な研究のプロセスをコントロールし、それを導く能力を開発することに比べれば、容易に達成できることが多い。

　参加者が変革のプロセスの能動的な担い手となるためには、権力を行使する必要がある。当初、インサイダーとアウトサイダーの非対称な状況は、プロの研究者から参加者へのスキルと知識の移転、ローカルの参加者から外部研究者への情報とスキルの移転によってのみバランスが保たれる。最終的に持続可能なものにするためには、そのプロセスをローカルの参加者が引き継がなければならない。AR のプロセスは、参加者が継続的な知識生産と行動をコントロールすることを主眼としなければ、その民主的な義務を果たすことはできないのである。従来の社会科学研究の標準的なトレーニングや学術的な報酬制度全体は、研究活動の設計と実行の両方において、研究をコントロールすることに強く焦点を当てている。このコントロールが専門家としての能力の証となるのだ。

　ローカルの重要な問題を解決するための奮闘は、新しい理解のための基盤を形成し、それゆえ、図 3.1 の二重のフィードバックループを形成する。つまり、共創的なプロセスの結果として行われるアクションを通じて、参加者は自分たちが直面している問題について新しいことを学び、しばしば根本的に理解を改めることさえある。このアクションと省察を集団で繰り返すプロセスの成果は、新たに共有される理解の創造をサポートする。この共有が大きければ大きいほど、コミュニケーションは実り多いものとなり、この共有知に基づく省察とアクションを通じて、さらなる洞察が得られる可能性が高くなる。その結果、AR の問題を解決するための新たな方法が定式化され、プロの研究者を含むすべての関係者のための継続的な学習となる。

フィードバック

　フィードバックのループはインサイダーとアウトサイダーの両方に共通しているが、彼らがコミュニケーションに抱く関心とそこから経験する効果はかなり異なることがある。インサイダーにとっては、自分のアクションを起こすこ

とができる知識能力 action-knowledge capability を向上させることが中心かもしれないが、アウトサイダーは省察のプロセスを通じて、研究コミュニティのために意味（出版物や見識）を生み出すことが中心となる。これらの両方の省察プロセスは、その後、コミュニケーションのプロセスにフィードバックされ、さらに最初の問題提起を再定義するとか、ローカルな問題解決能力を向上させることを目的とするような新たな対話の場を形成する。このようなサイクルは、プロジェクトの全期間を通じて継続される。

場を作る

　AR の大きな課題は、特に最初の段階で関係者の間で少なくとも部分的にでも共有される良い最初の問いを 1 つ見つけることである。だが克服すべきことはいくつかある。学術研究者は一般的に概念モデルを管理するために多くの経験を積んだ議論に慣れている。このことはコミュニケーションを支配する状況を生み出してしまい、共創的なプロセスを弱体化させる可能性がある。このような状況をブローセン（Bråthen, 1973）は「モデル・モノポリー model monopoly」と呼んでいる。彼は、コミュニケーションとある種の概念モデルを取り扱うスキルによって、一方の側が優位に立ち、常にインサイダーとアウトサイダーの距離を広げている状況を特定し分析している。さらに専門家の社会的名声と長年のフォーマルな訓練によって、人々が特定の視点を簡単に受け入れてしまうこともある。このようなことが起こると、AR プロセスの開始の時点で、重要なローカルな視点からの注意を逸らすことになり、AR プロセスにとって深刻な脅威となる。熟練したアクションリサーチャーは、ローカルモデルの明確化と意味づけをサポートする能力を開発し、コミュニケーションプロセスの中で、それらが十分に明確化されていることを確認する。
　このように、AR は差し迫った問題を検討し、その問題についての調査に基づいてアクション戦略を設計し、そして生まれた自由なアクション形態を実行に移し評価するという、意図的に設計された共創的な学習プロセスであり、さまざまな手法や変革を志向する作業形態を組織化する戦略なのである。従来の社会調査が専門的な啓蒙を中心としたものであるのに対し、AR は特定の社会的目標の達成を目的としており、単に好奇心を満たすためとか、特定の専門的な学術的ニーズを満たすための知識の生成にとどまるものではない。

アクションリサーチャーがしてはならないこと

　AR ではあらゆる社会調査の手法やプロセスが使用可能であると主張したが、アクションリサーチャーの活動には制約がある。ある種の「二重盲検法 double-blind methods」[訳注2] は、あるステークホルダーのグループから、彼らに重要な影響を与えるサポートや情報を意図的に奪うものであれば、用いるべきではない。専門的な社会科学を発展させるためだけ、あるいはアウトサイダーの人間の好奇心を満たすためだけの管理されたプロセスで、現地のステークホルダーに何の利益ももたらさないものは許されない。アクションリサーチャーは、自分たちが望まない要求をローカルのステークホルダーに対して行ってはならない。利益と目的の開示が場の構造の一部である場合、アクションリサーチャーは、その状況における利益と目的も開示しなければならない。アクションリサーチャーは、AR のプロセスで生まれた知的財産を抽出または流用したりすることはできない。すべての結果はこの共創的なプロセスにおいて共同所有され、結果の公表や出版などに関する複雑な交渉は、AR の不可欠の条件である。

アクションリサーチは単なる「質的研究」ではない

　本章の冒頭で、AR を「質的」研究と考えるのは間違いだと断言したが、従来の研究者の多くが、そしてアクションリサーチャーの多くが、この誤りを犯している。AR を質的な研究アプローチに限定することは、AR という事業そのものと矛盾しており、まったく容認できないことは明らかである。AR のプロセスでは、AR チームが扱う条件や対象が必要とする場合、いつでもどこでも質的、量的、または混合調査法の手法を使用しなければならない。もし目の前の作業が集計、サンプル抽出、要因分析、パス分析、回帰分析などを必要とするならば、これらの手法を使用することになる。もし、声、コミュニティの物語、論理的意味のある言説の世界、文化的に構築された人間の状況などの問題が AR プロジェクトの中心であれば、共同研究は適切な質的方法を利用する。テキストベースのデータベース分析（フォーマル、インフォーマル、IT アシス

ト）、ナラティブ分析、ライフヒストリー、自伝、フォーカスグループ、あらゆる種類のインタビュー、ドキュメンタリー分析、その他多くの手法が使用可能であり、その多くは AR チームの研究者でないメンバーが学び、実際に使用することになる。

　AR がどちらかの方法論陣営に属すると主張することには、何の論理性もない。どのような方法を組み合わせるかは、文脈によって決定されることを理解する限り、AR は決定的に混合調査法をとる研究戦略であると言える。原理としては魅力的に聞こえるかもしれないが、このことはアクションリサーチャーを困難な状況に追い込む。なぜなら混合調査法による研究の手順や認識論的な擁護については大きな改善が見られるものの、混合調査法による研究の認識論や方法論的な議論はまだ比較的未発達であるからだ（Miles & Huberman, 1994 参照）。

　このように、AR はプロの社会研究者に大きな要求を突きつけている。アクションリサーチャーがすべての社会調査手法に完全に精通していなければならないというのは無茶な話であるが、実はそれが理想的なのである。自分が知らないこと、自分に不足していて簡単に学ぶことができない能力は、場で使用するために、現地のステークホルダーに伝えることができないものだ。だから、現実的には、アクションリサーチャーは、あらゆる方法に対するオープンさを養い、それらを学ぶ努力をし、必要に応じて AR プロジェクトでの展開をサポートする姿勢を身につける必要がある。

　このように自分の限界を感じながら生きていくことが、プロのアクションリサーチャーの大きな特徴である。これは厄介なことかもしれないが、従来の社会科学における専門的知識の自己満足的な文化、つまり、ある特定の手法を狭く習得することで名声や職業的報酬を得るという文化よりは、はるかにましだろう。AR を行うことは、常に謙虚であることの訓練である。

　アクションリサーチは研究であり、単に「良いこと」をするのではない。我々がここで言いたいのは、参加型、民主型の有意義な変革プロセスに携わる人々は AR を行っていると主張するが、彼らのプロジェクトに「研究」の要素を見出すことができないことがあまりに多い。多くの場合、参加とコラボレーションがあるが、データ収集と動員の取り組み以外に明確な研究目的がない。AR の報告書やプロジェクトを見ている従来の社会研究者は、しばしばこのことに注意を促してきた（Sørensen, 1992 参照）。

当然のことながら、研究と呼ぶのであれば、それは実際に研究であるべきだと考えている。ARのプロセスを通じて生成される知識には、「議論を始める材料と、それらの材料が要約され、結論を信頼できるものにするために再整理されたローカルなプロセスを提示する素地」（Cronbach & Suppes, 1969）を持つことが期待される。これは、科学的知識生成の中核的な目的である信頼できる知識に最終的につながるような透明なデータ分析のプロセスを含んでいる。研究プロセスは、研究から得られる情報にアクセスする人々にとって納得のいくものでなければならない。つまり、良いことをしたからといって、プロジェクトがARの手本になるわけではない。ARの名にふさわしいプロジェクトは、アクションと研究が共創的な場で互いに密接な関係を持っている必要がある。

　そこには明らかに緊張感が漂っている。ARプロジェクトは、現地のステークホルダーとその問題に対して第一に忠誠を誓うものである。しかし、ARが継続的に発展し、ARの研究戦略や効果的なARに関する学習が発展するためには、そのプロセスや結果が信頼できる知識として、他の地域の実務家、研究者、ステークホルダーと効果的に共有される必要があるのだ。

　不可能と思われるかもしれないが、決してそうではない。これらの目的を調和させることが一見不可能に見えるのは、主に、従来の社会科学が何世代にもわたって追求してきたオートポイエーシス的で利己的な方法の産物であると言えるだろう。実際、ARプロジェクトの課題、複雑さ、手法、解釈、戦略は、定期的に議論される主要な認識論的、理論的、方法論的な問題を含む社会科学のすべての主要な問題に触れている。しかし、ARはこれらの問題を学問的な「温室」ではなく、知識豊富な現地のステークホルダーと共に応用する文脈の中で扱っている。我々は、まさに現在の社会科学の主要人物が21世紀の社会科学の新たな努力の必要な目標として主張しているような、社会的に強固な知識を創造するのだ（Nowotny, Scott, & Gibbons, 2001）。

実行可能性と説明

　ARで使用される多くの手法やARプロジェクトで行われるいくつかの作業は、経験豊富な社会研究者にとってなじみ深いものであるが、たとえば、ある解釈が適切かどうかは、その解釈がローカルな文脈の中でどれだけうまく機能

するかで判断するとなると、実行可能性に関しては類似性がなくなってしまう。従来の社会調査は実行可能性について、まったく関心はない。その代わり、結果の質を評価するために、外界とは遮断された環境で行われる専門的なテスト（統計的確率、再現性、相互批評）が行われる。ここに従来の研究と AR の間に大きな隔たりが生まれる。なぜなら、AR の中心にあるのは、信頼できる知識を創造し、それを使ってアクションを設計し、導き、結果を評価することだからだ。AR プロジェクトでは、特にローカルのステークホルダーの視点から、実行可能性を重視している。

　この実行可能性へのこだわりは、従来の研究者からすると反知性的と思われがちであるが、我々はその逆だと考えている。実行可能性のない壮大な理論を唱え、空想的な方法を磨くことは知的達成とはとても思えない。しかし、その一方で、文脈の中で何が有効なのかが十分に理解されているわけではない。逆に言えば、うまくいったからといって、なぜうまくいったのかが自動的に理解されるわけではなく、うまくいったことを示すだけなのだ。

　そのため、ある問題に対して成功した解決策（あるいは失敗に至った策）が得られたとしても、実行可能な結果を理解し、地元や他の地域の AR 実践者のために解決策を構築するために、解決すべき一連の解釈上のパズルが残っている可能性は十分にある。つまり、実行可能性は重要なデータポイントではあるが、AR プロセスの終着点ではない。しかし、特定の問題に対して実用主義的な解決策を提供したことを示すものである。実行可能性から、ローカルなプロジェクトの枠を超えて共有できる信頼性のある知識へと移行するには、実行可能な結果をさまざまな反実仮想分析[訳注3]にかける対象とし、同様の結果を生み出す他のアプローチを文献や既知の事例から探し出すことが必要となる。もし、他の事例を見つけることができれば —— それは AR の専門家の明確な責任であるが ——、なぜそのようなアクションをとったのか、なぜそのような効果があったのかというローカルな AR の解釈を、その結果を説明する可能性がある他の解釈と対比させることができるだろう。このように、事例間の相互作用が生まれることが、AR の専門的な研究面を発展させる上での核心的な特徴である。

　これは、アクションリサーチャーのみにメリットがあるように見えるかもしれないが、そうではない。現地のステークホルダーとプロの研究者が、この幅広い信頼性について相互に考察し、議論するとき、両者はそのプロセスに関与

しているのである。プロの研究者は、学んだことを理解し、それらを文脈を超えてどのように伝えるかを理解する必要がある。現地のステークホルダーは、自分たちが携わったプロセスを継続するために必要な支援、融資、理解をしてくれるプロジェクト外の人々に対して、自分たちの成果や理解を守ることができるようになる必要がある。両者とも、自分の理解を身近な文脈の外に広げる必要がある。

結論

　我々は、AR は単に方法ではなく、解放的な社会変革のプロセスを強化するために、社会調査のプロセスを協働的に編成する方法であると主張してきた。AR は、科学、社会科学、人文科学に見られるほぼすべての研究手法を、その手法が協働作業で編成された研究プロセスに文脈上適切である場合に使用することができると主張した。量的研究、質的研究、混合調査法、解釈学的対話など、すべてが AR プロジェクトの一部を構成することができる。AR で除外される研究手法は、AR プロジェクトに参加する現地のステークホルダーに役立たないか、積極的に危害を与えるものだけである。AR に必要な能力の習得には、幅広い研究手法、作業形態の学習、協働で行う研究プロセスをどう管理し、ファシリテートするか、いかに文書化のプロセスやアクションの結果や意味を組み合わせる手助けをするかの学習が含まれる。最後に本章では、AR プロセスの中心的な特徴として、実行可能性と文脈を超えた信頼性があることを指摘した。

原注
［1］ Levin & Klev（2000）は、この議論に 1 セクションを割いている。

訳注
［1］ ギリシャ語の「自己 auto」と「製作 poiesis」が語源で、自分で自分を再帰的、循環的に創り出すことを意味する。
［2］ 研究参加者が、自分がどちらのグループ（例えば、新薬を投薬されるグループと偽薬を投薬されるグループ）に入ったかを知ってしまうと、それが参加者の判断、行動、心理などに影響を与え、その結果、観察結果（例えば、薬が効果があるかどうか）にも影

響を与えるおそれがある。これを防ぐために、参加者がどちらのグループに入ったのかわからないようにすることを盲検法といい、結果を観察する研究者自身にもわからないようにすることを二重盲検法という（上記の説明は、https://jeaweb.jp/glossary/glossary009.html を参考にした。2023 年 5 月 5 日最終アクセス）。

[3] 反実仮想（事実と反対のことを想定する）という概念に基づき、介入がなければ受益者に何が起こったかを測定し、介入下で観察された成果と比較することにより、そのインパクトを分析する。

第4章

アクションリサーチにおける知識の生成
── ローカルナレッジと研究に基づいた知識の弁証法

　本章はアクションリサーチ（AR）における知識生成プロセスについて、より詳細な考察に着手する。本書第3章で紹介した共創的なモデルのプロセスで見たように、ARの知識生成プロセスの核心は、ローカルな洞察力とアウトサイダーである研究者がもたらす理解が出会うことであり、これらの知見を融合し、現実的な問題解決の基礎となる共通認識を得ることであると言える。この2種類の知識は親和性がありながら、お互いにまったく異なる。ローカルナレッジ（現地の知識）とアウトサイダーの知識の関係を理解するひとつの方法は、この関係を弁証法的なものだと考えることである。一方から肯定や提案（テーゼ）が持ち込まれ、これに対して厳しい質問や反論（アンチテーゼ）が出され、このような視点の切磋琢磨の中から、次第に理解（ジンテーゼ）が進んでいくのである。

　この弁証法的な知識生成プロセスを文脈から切り離せないもの、そして現実的な問題解決と強く結びついているものとして概念化することが重要である。ローカルな理解は研究に基づいた知識によって挑戦され、理論に基づいた理解は日常的な出来事をどれだけ正確に説明することができるかによって評価される。

　文脈に拘束された知識という観点から、ローカルナレッジは研究に基づく洞察と理論的な知識によって深められる。しかし、これらのアウトサイダーの視点は、ローカルな文脈に縛られた事象を、現地のステークホルダーが納得するように正確に説明することができなくてはならない。この弁証法的なプロセスは、学習のために構築された領域で行われるものであることは言うまでもない。これらのプロセスは、第3章における共創的なモデルに関する議論で説明されている。

　このような背景から、ARにおける知識生成の根拠についての考察をしてい

く。ARによる知識はコンセンサスを反映するものと思われがちだが、ARが現地の参加者と研究者のコンセンサスを反映した知識を生み出すというルールの根拠はどこにもない。それとはまったく違って、重要なのは、現地の参加者やアウトサイダーである研究者の知識や経験の多様性の上に、新たな知識を構築することである。まさにこれが、我々がこういった関係を弁証法的かつダイナミックだと考える理由である。共創的な学習プロセスは動的な言説、換言すれば、とどまることのない弁証法的なサイクルである。

　この観点から、「真実」とは協働作業の特定の時点で当事者が受け入れることのできる最も合理的な知識であると理解され、それは常に暫定的なもので、センスメイキング sense making[訳注1]（意味づけ）の努力の末に得た以前の結果を変更してしまう新しい経験によって、常に挑戦される。ある行為者または集団によってとられた新しい立場は、すでに存在する知識に異議を唱えることも、支持することもありえるのであって、この弁証法的プロセスにおけるさらなる動きを動機づけることができるのである。

　本章の最後では、ARプロジェクトにおいて生まれた知識をどう伝えるか、どう書くかについて説明する。我々が今まで目にしてきたARに関して書かれたものは、ローカルナレッジと科学コミュニティの間の、間違った深みに嵌まってしまっているものがあまりにも多い。理論に基づいておらず、研究コミュニティにも現地の人々の実践にもほとんど寄与しない事例説明や、科学的な専門用語が多用され、ARに関わる要素がなくなってしまっている文章が多いのである。ARの核となる要素を損なわない表現方法を見つけるのはかなり難しい。ナラティブを巧みに利用することは解決策の一部であり、体験学習サークルで書き上げることもそうである。

ローカルナレッジと専門的社会科学研究の知識

　ARにおいては、プロの社会研究者とインサイダーのコミュニティ、組織、ネットワークのメンバーが、研究のプロセスにおける共同研究者であり中核研究者である。双方はさまざまな種類の知識やアクションをこの共同プロジェクトに持ち込んで、貢献する。伝統的な社会科学の観点から見れば、プロの社会研究者が中核という考えは当たり前だが、社会科学の理論や方法論を知らない

現地の人が、社会科学的な研究プロセスの形式と内容の両面で価値ある貢献ができるという考え方を認める人は少ない。AR においては、すべての人間が自分たちの生活、環境、目標について詳細かつ複雑で価値ある知識を持っているという立場に立っている。この知識は学術的な知識とは異なり、それは日常的な知識は人々の行動、特定の立場での長い歴史、そしてそれに対する考察の仕方に具現化されているからである。この知識が多くの学術的な知識と異なるさらなる理由は、実践的な知恵、実践的な推論、および暗黙知がこの知識の中核的な要素だからである（Carr & Kemmis, 1985; Schwandt, 1997b）。

　AR は実践的な推論の世界と科学的に構築された知識の世界との共時的な出会いを中心に据えている。我々はどちらの知識が優れていると主張するわけではないが、複雑な問題を研究し解決するためには、これらの知識を組み合わせることが本質的に優れていると信じている。それがローカルナレッジと専門的な知識の間の「弁証法的関係」と呼ばれるものである。AR のプロセスは実務家と専門家を同じ知識生成プロセスに統合することで、これらの知識世界の橋渡しをするものであり、我々はこれを「共創的な調査 cogenerative research」と呼んでいる。このような協働作業を通じて、インサイダーは重要なローカルナレッジとその分析を研究に提供することができ、アウトサイダーの解釈の枠組みに対しても効果的にコメントできるため、研究の質を高めることができる。また日常的な問題に対処するために科学的知識にアクセスし、それを変換することで、インサイダーの行動を導く実践的な推論を強化し、再定式化することができる。

　ローカルナレッジと科学的な知識は、異なる「レジーム」の下で保証されてはいるが、どちらも社会的な構築物であるという意味で、根本的な違いはないと考えている。ローカルな理論は文脈に縛られ、長年にわたるローカルなプロセスの中で、解釈と具体的な経験を照らし合わせて意味をなす。こういったプロセスはバーガーとルックマンの *The Social Construction of Reality*（『現実の社会的構成』）（Berger & Luckmann, 1966）において詳述されている。著者らは社会的構築のプロセスが初歩的な日常的理論から正式な科学的理解まで、さまざまなレベルの理解を生み出すことを明らかにしている。これらの知識モデルは、それらが構築される条件を形成する社会的プロセスの構造と内容によって区別される。

　AR においては、この 2 つの「知の世界」の架け橋となる知識を生成するこ

とを主眼としている。これは、一般人が適切な問題を解決するために知っていることを応用して知識を生成する方法と、科学者が科学的な問題を解決する方法との間に大きな違いはないというデューイの主張と完全に一致する立場である。

　我々は、現地の人々が適切で有効な知識に基づいて巧みに行動することが多いこと、ローカルナレッジのシステムは複雑で分化しており、ダイナミックであること、そして正式な訓練を受けていなくても、人は優れた分析に基づいて、自分がとる行動の根拠を確認できると信じている。したがって、現地のステークホルダーは、どのような社会研究においても不可欠な存在である。言うまでもないが、有効な知識というものが、偏りや誤りを排除するとされる正式な方法で、「客観的」な外部の人間によってのみ生み出されるという考え方に、我々は否定的である。

　現地のステークホルダーがアクションを起こす場合、うまく彼らが望む結果を出したいのは指摘するまでもないだろう。訓練を受けた社会科学者以外をアマチュアの社会的行為者と考えるのは、学問的な驕りであり、あってはならないことである。現地のステークホルダーが自分たちの環境でアクションを起こすからこそ、その誤りは彼らにとっても重大であり、また多くの場合、すぐに明らかになる。リサーチとアクションを切断した従来型の社会研究者は、自分の発見がアクションに移されることはほとんどなく、研究による実践的な結果が研究者自身に直接影響を与えることもまずないため、自分が正しいかどうかを知ることはほとんどないのである。

　ローカルナレッジの重要性にもかかわらず、AR の文献にはそれについて明確な記述があまりない。アクションリサーチャーの中には、「ローカルナレッジ」という言葉を批判的に評価するのではなく、マントラのように繰り返している人もいる。こうしたアクションリサーチャーにとっては、ローカルナレッジは、覇権主義的な外部者によって押し付けられた偽りの知識、階級的な利益に基づく知識に対抗する「真の知識」である。また、ローカルナレッジには、役に立つものもあれば、そうでないものもあり、参考になるものもあれば、もしかしたら危険なほど間違っているものもある、さまざまな分析や情報が混在した袋として扱う研究者もいる。

　ローカルナレッジのことをどう捉えるかは、アクションリサーチャーの信念や人間観次第であって、これらは AR を始める前からすでに存在するものであ

る。さらに言えば、アクションリサーチャーが現場においてローカルナレッジに触れた経験、そして研究者が変革のプロセスにおいてローカルナレッジが運用されたら、その結果がどうなるのかを自分の目で見た経験があるかどうかである。

　アクションリサーチャーの中には、ローカルナレッジを単にインサイダーナレッジ、つまり地域や組織の人々が持っている知識という意味で捉えている人もいる。その一方、ローカルナレッジとは現地の状況に対する詳細で複雑に体系づけられた知識だと理解する研究者もいる。第二の視点として、ローカルナレッジは主にインサイダーのものではあるが、長期間にわたる交流や民族誌的な研究を通して、アウトサイダーもさまざまなローカルナレッジを創造することができるとするものもある。これらの見解は、イデオロギー的にも方法論上も、それぞれ非常に異なる帰結をもたらす。

　我々が考えるローカルナレッジとは、アクションにおける実践的な推論であり、参加者によるアクションに対するローカルな考察である。このような知識の概念は、アリストテレスのフロネシス（実践知）の概念に遡ることができる。それは「あらゆる状況において求められる行動を見出す能力」（Toulmin, 1996, p.207）という意味である。エイクランド（Eikeland, 1992）とシュワント（Schwandt, 1997b）が指摘するように、これは近年の社会科学の理論を発展させるための知識とは異なるタイプのものである。AR の目的のひとつは、実践的な推論と社会的に構築された意味のローカルな組み合わせを明らかにし、それを評価する研究プロセスを構築することである（Berger & Luckmann, 1966）。そして、AR は共創的な学習を通して、ローカルナレッジと科学的な知識の架け橋となって、新しいローカルナレッジと新しい科学的理解の両方を創造するプロセスとなる。

　アクションリサーチにおけるローカルナレッジに対する考え方がどのようなものであっても、AR におけるローカルナレッジは、従来の社会科学における知識とは一般的に異なると理解されていることは明らかである。近年、社会構築主義およびディスコース分析、質的研究の重視といった動きがあるものの、従来の社会科学の主流は、知識が位置づけられる構造を作り上げる権利と権力を研究者に留保している。従来の研究者の多くは、相互に関連し、形式的な操作や比較を行い、仮説を立て、統合し、ローカルな文脈の外で理論化することができる「客観的」な知識の単位を作り出す能力や権利に疑問を抱いていない。

この種の論理実証主義者でない場合でも、従来の社会科学者は一般に、対象者が何を考え、どのように考え、その考えがどのような意味を持つかを、関連するステークホルダーのローカルナレッジと照合せずに、定式化し表現する権利を留保している。何が有効で、何が興味深く、何が重要で、何が些細なことかは、プロの研究者の判断であり、素人がとやかく言うべきものではないのだと。

　このような社会調査の知識生成に関する考え方は、社会科学的な研究生産とローカルナレッジの生産を互いに対立させる。なぜなら、ローカルナレッジは文脈に縛られた多様な形式に組み込まれ伝達され、しばしば長々としたナラティブ構造で表現されるからである。民族誌的なフィールドワークやARの経験から、ローカルナレッジのナラティブ構造は、それがどう構築され、学習され、運用されるかにおいて、しばしば重要な要素であることが分かっている。ARはローカルナレッジを重視するため、調査のプロセスや結果を書き上げる上で、必然的に語りの役割と連動することになる。論理実証主義者やフォーマルな質的手法を用いる人々にとって、ナラティブが強く存在することは、ARが絶望的に「非科学的」であり、有効な知識を生み出すことができないことを示すと考えられている。

　妥当性の問題については、すでに本書第2章で述べたとおりである。ここで強調したいのは、妥当性の問題は、従来の社会研究者とアクションリサーチャー間で最も非生産的な議論のいくつかを生み出すということである。多くの従来の社会研究者は、ローカルナレッジを根拠のないもの、あるいは少なくとも主観的な情報と同一視している。彼らは研究者としての訓練を受けていない人は解釈のプロセスにおいて、偏見や自己利益を乗り越えるための方法や試練、コミットメントを欠いているので、有効な知識を生み出すことができないと信じたいのだ。これと対照的に、アクションリサーチャーの中には、ローカルナレッジを有効な情報と同一視し、資本主義に汚染されていない原住民のみが物事を明確に把握することができると信じている人もいる。どちらの立場も説得力がない。もし現地の人が常に正しい、あるいは決して正しくないと考えるのであれば、理論や研究、その他多くのものは不要である —— これは、社会調査への関心というより、むしろ極論好きの立場の明確な表れである。

　このような極論はさておき、我々はローカルナレッジが歴史的にどのように構築され、どのように動員され、信頼され、アクションを起こし、解釈されうるかに焦点を当てる。ローカルナレッジに基づいた研究成果を、それが生み出

されたローカルな状況を超えて、効果的に伝え、文脈化することができるかを学びたい。ローカルナレッジと学術的な知識の間の分断線について議論することによって、新しい知識が創り出される。

知識生成プロセス

ARは有効な知識と効果的な社会的アクションを生み出すだけでなく、その中核となる実践において、民主主義の理想を具現化するものでもあると我々は主張する。この民主化は、研究のプロセスにも研究の結果にも双方に関わる。ARでは研究のプロセスは、オープンで参加型であり、すべての参加者に対して公平であるという意味で、民主的でなければならない。さらにARの成果は参加者の利益をサポートし、生み出された知識が彼らの状況をコントロールする能力を高めるものでなければならない。我々はARを「共創的な調査」と呼び、この民主化の二重の意味を端的に説明することができる。

研究の民主化における核心は、研究される側と研究する側の役割を変えることである。調査の民主化は、現地の参加者がどのように選ばれようとも、意味構築のプロセスを担えるようにならない限り、促進されることはない。同時に、訓練された研究者が現地の社会生活を理解するためには、現地の参加者との確実なコミュニケーションがとれることが必要である。インサイダーとアウトサイダーの知識の間の動的緊張は、共創的なプロセスの基礎となるものである。

ARでは、コミュニケーションプロセスの全体は、その部分の総和よりも大きくなりうる。内部の人間との対話や行動を共にすることを通して、外部の研究者は気づかなかったことに気づかされたり、すぐに理解できないことを学ぶのに非常に大きな助けを得る。現地の人々は研究者からの問いかけに応えることによって、自分たちの知識を再定義し、価値を見直す。双方はその相互作用から理解を得る。そして、自分たちが関わっている構造やプロセスについて、複雑な意図や解釈の網を張っている。これらは、少なくとも部分的には、共創的なプロセスを通じて、互いに利用可能なものにすることができる。

差異を維持すること

　AR では、インサイダーもアウトサイダーも、それぞれのバックグラウンドと知識ベースに従って行動することが求められ、両者とも平等に意見を聞く権利があるため、同等のインテグリティを持つものとして扱われる。重要なのは、AR のプロがインサイダーのふりをしないことだ。プロの研究者は、常に組織的・専門的な環境に置かれたアウトサイダーである。そのため、専門的なプラクシスや倫理的な行動基準が特に要求される。

　このようなアンバランスな状況下での共同作業の難しさを克服するには、当事者間の差異を利用することである。インサイダーとアウトサイダーが一緒になれば、すべての参加者にとって新しい学びの場が生まれ、その違いは彼らがプロセスにもたらす大きな貢献のひとつとなる。違いを減らすことは、AR のプロセスにとっては望ましくない。違いを認め、異なるステークホルダー間の共通点を考慮した包括的なアクションを構築することを学ぶこと、それが AR の中心にあるプロセスである。したがって、この弁証法的なプロセスにおける統合は、参加者間の差異を減らすことではない。

AR には時間がかかる

　AR のプロセスは関係者間のコミュニケーションとアクションによって成り立っている。研究文献や日常の経験から、互いに興味深い対話をするには、互いについて学び、互いに通じる言葉を紡ぐ時間が必要であることは誰もが知っていることである。したがって、AR のプロセスでは、共通の理解基盤を形成するために、持続的なコミュニケーションと相互作用という形で時間を投資する必要がある。「その場しのぎ」や一発勝負は存在しないし、即効性を期待するような AR のアプローチには疑いを持つべきであろう。AR のプロジェクトは、いつ始まり、いつ終わるか分からないとよく言われる。AR プロジェクトは社会的関係から生まれ、社会的関係が解消されたときに終了するからである。

実践的で文脈から切り離せない問題解決

ここで重要なのは、AR のプロセスでは、知識は現実的な問題を意識的に解決しようとすることで生まれるということである。そして、その解決策の実行可能性が新しい知識を構築するための基盤となるのである。この点で、AR ほど知識生成プロセスに関与する行為者の日常的実践と知識生成を強く結びつける社会科学的研究戦略は他に存在しない。その一方で、工学における知識生成は AR とそれほど違わない。開発された技術が正確にある目的を果たさなければ、新しい工学の発見としては妥当だとは思われないからである。

手法と作業形態の選択

AR は 1 つのやり方ですべてをカバーできるわけではない。ローカルナレッジ、ナラティブ、共創的なアプローチは重要であるが、AR のプロセスに関するデザインで、これらをどうやって組み合わせればよいかというような青写真はない。AR で生み出される知識は作業の文脈と結びついている。手法や作業形態は具体的な文脈の問題に焦点が当たるように選ばれる。したがって、共創的なアプローチは、適切な手法や作業形態をどのように選択するかを考えるための枠組みであり、単純なレシピではない。それは、多種多様な研究手法や課題の展開と完全かつ必然的に対応している。

このようなコミュニケーションの場（本書第 3 章を参照）を設計し、特定のグループ内で起きているさまざまな出来事を例にとることは、常に特定の状況の評価から生じるものでなければならない。したがって、近隣住民に経済的・社会的な生存という共通の利益がある場合、合意形成に基づく手法が適切である。サーチカンファレンス（本書第 6 章を参照）の手法も使えるかもしれない。これと対照的に、天然リソースの利用のことで対立するグループが顕在的・潜在的な衝突を抱えているという状況なら、衝突を解消する戦略が使えるだろう。AR の実践者は、特定の状況を読み解き、その洞察をもとに AR のプロセスをデザインする方法を提案することができなければならない。それぞれのケースにおいて、ローカルナレッジ、社会科学の知識、行為者、プロセスの組み合わせは異なる。

我々は一律的な AR のアプローチを拒否することを強調している。AR を行うことは、相互のアクションと省察（振り返り）のプロセスに共同で関与することを意味するからである。熟練したプロの実践家は、現場での経験を継続的に省察し、変革のプロセスを継続させるために必要なこと、そして何が学ばれているかを追跡するために必要なことを追求する。どのような手法、作業形態、地域のステークホルダーの組み合わせが生まれるかは、アクションをしながらの省察 reflection-in-action とアクションについての省察 reflection-on-action の両方を含むプロセスにふさわしいものであるか、常に文脈依存であり（Schön, 1983, 1987; 本書第 10 章も参照されたい）、それは AR のプラクシスの中核をなす特徴である。

アクションリサーチを書く

　AR における知識生成を具体化する方法として弁証法という概念を適用することの副次的な効果は、その構図に知識生成のダイナミクスをもたらすことが挙げられる。知識は一度で構築されるものではなく、弁証法的な出会い（テーゼとアンチテーゼが出会い、新しいジンテーゼを生み出す）の連続から現れる。連鎖のそれぞれが、その時点で最も妥当な知識を創り出す。しかし、共創的なプロセスにいるインサイダーもアウトサイダーも、この知識が常に暫定的なもので、いつも新しい挑戦によって発展・改善される余地があることを理解している。したがって、知識生成プロセスは、行為者間の関与が持続する限り、弁証法的に発展していくのである。

　この知識生成プロセスの性質上、書くという作業において、従来の社会科学の形式を採用することはできない。知識が生まれた変化のプロセスを、内側からしっかりかつ明瞭に伝えなければならない。そのためには、そのプロセスへの参加や、さまざまなステークホルダーが持つプロジェクトやその進展への視点を行為者の立場から伝えなければならない。

　AR のダイナミックで発展的な特質を忠実に反映し、体験学習サイクルの核心的な要素を読者に再現するような文章ジャンルが必要である。読者はすべての学習の連鎖を理解する必要はないかもしれないが、プロジェクトにおける主要な学習履歴に明確にアクセスできる必要がある。こうした要求はナラティブ

のスタイルを体験学習サイクルに統合することによって可能となる。

ナラティブ

　このように、AR の経験を書き残すには、一般的にナラティブが最も有力な方法となる。もちろん、アクションリサーチャーが理論と実践を結びつけることのないストーリーを延々と書き続けるべきだということではない。実際、理論と実践の間に説得力のある結びつきを作ることが課題である。この問題に対する最も明白な解決策は、実務家にとっても研究者にとっても意味のあるテキストを作成することである。これは、学術ジャーナルから新聞に至るまで、異なる読者に向けて書く必要性を排除するものではない。重要なのは、これらのテキストは一般的に、実際のプロジェクトに関する透明性を生み出すために、ナラティブモードで構築されなければならないということである。もちろん、以下に説明するように、オーディエンスも重要である。これらすべてから、AR の文章はケーススタディの形式をとることが多く、伝達され行動される知識を生み出すためにグループが経験したプロセスを詳細に議論することになる。その結果、AR の多くはナラティブ文の修辞学的慣習に従うことになる。
　従来の社会科学者の多くは、構築主義やポストモダニズムに対して、理解している素振りをすることはあるものの、意味のある専門的な基準を構成するものに対する狭い視野しか持たない実証主義者である。彼らにとっては、ナラティブは理解不能で、手に負えず、些細なことであり、おそらく少しばかり恐ろしいものなのだ。現在、大変残念なことに、合理的選択モデルがますます流行し、新保守主義的な世界情勢に呼応して、かつての実証主義者が勢いを取り戻し、従来の社会科学におけるナラティブ分析の環境は、特に好まれるものではなくなってきていると我々は見ている。
　AR がナラティブを通してその力を得るのは、ナラティブが本質的に特定的であり、共創的な弁証法の中核である具体的な歴史・出来事、プロセス、コミットメント、闘い、敗北、勝利を明らかにするものだからである。ナラティブは大まかなタイプに分類されるかもしれないが、それぞれのナラティブは具体的な状況および要素（人、組織団体、出来事）の間の特定のつながりに言及するものである。しかしナラティブを書くことは学術的な貢献と相反しない。本書第 2 章で指摘したように、もしある AR のプロジェクトにおけるナラティ

ブの展開が社会科学の一般論と異なるストーリーを語るなら、一般論が間違っているか、あるいはその事例をカバーするために修正されなければならない。ナラティブは学術的に強力なのである。

たとえば、経済理論学者の間では、協同組合は非協同組合的な企業には太刀打ちできないという一般論が支配的である。ところが、スペインのモンドラゴンでの研究（Greenwood et al., 1992）は、協同組合が直接の競争相手よりも、はるかに成功していることを実証している。これは後の出来事でも十分に確認されている。したがって、モンドラゴンのナラティブは、協同組合の非競争性についての一般化は誤りであることを意味し、合理的選択論の研究者がそれを好まないとしても、彼らが展開する議論は有効ではない。

過去15年の間に、すべての人間の行動と同様に、社会調査も言説の構造から構築された社会的理解の集合であるという認識から、ナラティブ性narrativity に対する新たな評価が生まれた。これらの構造にはナラティブ的性質があり、言説の構造自体がどのようにローカルな意味を生み出し、ヘゲモニーとなり、あるいは説得しようとするのかを理解するためには、これらのナラティブ的性質自体を分析する必要がある。

少し前であれば、今書いたようなことは、とんでもないアプローチだと思われ、否定されただろう。しかし従来の社会科学は自ら招いたさまざまな危機を経験している。彼らはまだ研究助成金を得ているが、国民の多くが従来の社会科学に通じるものへの信頼を失い、理解できない、利己的である、理解できても平凡である、あるいは間違っていると感じていることは明らかである。ここ数年、アメリカ社会学会やアメリカ人類学会が、最近自分たちの学問分野に「公共的」な価値を主張しようと懸命に努力しているのは、この関連性の喪失に対する防衛的な反応なのである。

体験学習のナラティブ

ナラティブは、これまで述べてきたように、AR プロジェクトにおける活動からの経験を（体系的に深く）書き上げるための重要かつ強力なツールである。しかし、だからといって、AR におけるプロセスや発見を伝える優れたテキストにするとは言えない。さらに別の何かが必要なのだ。まず、AR の肝要な要素をおさらいしよう。AR の活動は、積極的な実験、成果に対する省察、そし

てその成果を生み出したものに対する意味づけのサイクルを中心に展開される。こうした意味の構築は、もちろん問題の所有者と外部の研究者を統合し、プロジェクトの目的をよりよく達成するための新しいアクションの可能性につながるものである。このように AR のプロセスは、実験し、その結果から学び、新しいアクションにつながる新しい洞察を生み出す一連のプロセスとして概念化できる。インサイダーとアウトサイダーの両方が、アクションにつながる知識を共創していくプロセスである。AR を書き上げる際には、このような学びの連続性を捉えることが重要である。連続性には、短くてシンプルなものもあれば、長くて複雑なものもある。プロジェクトにほとんど影響を与えなかったものもあれば、結果を決定するのに不可欠なものもある。

　AR を書き上げるには、このような観点から、どのような学びの連続がプロジェクトの現状を決定づけたのか、どれがそうでなかったかを意識して判断しなくてはならない。ナラティブの形態では、このような一連の流れは、プロジェクトの出来事を伝える仕方であり、透明性があり、その中に入り込んで批判的に読むことを可能にするのに十分な質感を持つものでなければならない。このような観点があれば、読者は研究のプロセス、実用主義的で具体的な結果、そしてそのテキストが主張する文献群への貢献について、自分自身で判断する機会を得ることができるだろう。

　この提言に従えば、AR のテキストが従来の研究ベースの出版物に見られる直線的な形式を実際に破っていることは明らかである。プロジェクトで生み出された知識は、実際のプロジェクトで使われたのと同じ基本的なロジックに従って読者に伝えられる。これにより、読者は文脈や政治経済学がプロジェクトの結果をどのように演出するかを知ることができる。以上の点から、このような螺旋状の文章は、直線的な文章よりも現実の出来事の進み具合に近く、したがって AR のプロセスに関して、はるかに豊かな理解と視点を形成することになる。

従来型の出版

　AR の研究成果として、現地の参加者にとってはあまり興味のないことでも、研究者にとってはこれまでの研究文献上の重要な問題を解決するようなものがあるとき、従来型の出版がされることがある。しかし、このような従来型の研

究成果であっても、AR ではインサイダーとの長期的な関わりと理解の共有が
あり、従来の社会科学の成果よりもはるかに確かな根拠に基づいて定式化され
ていると我々は考えている。

共同執筆

　学界への発表は、インサイダーである現地の研究参加者とアウトサイダーで
ある研究者が共同で行ってもよい（Levin, 1988; Levin et al., 1980a, 1980b を参
照）。このプロセスは複雑で、著作権や知的財産権などに関するさまざまな新
しい問題が生じるが、インサイダーとアウトサイダーが一緒になれば、学術コ
ミュニティと効果的にコミュニケーションをとることができることは否定しよ
うがない。
　そして、その中間には多くの選択肢がある。現地の関係者向けと AR 実践者
向けの 2 つの報告書が作成されることもあるし、現地の関係者向けの報告書だ
けが作成されることもある。その組み合わせは、プロジェクトの文脈とすべて
のステークホルダーの目的によって異なる。

インサイダーの省察（振り返り）

　外部の研究者と共同で報告書を作成することは、省察的な学習 reflective
learning の一形態として、一般の人にライティングというツールを紹介する方
法のひとつである。学術的省察のツール（データ、分析、結論を扱う）の多く
を含む執筆のプロセスは、ローカルナレッジの生産に新たな次元をもたらすこ
とができる。このような省察のプロセスを構成する方法は、日常の実践的な推
論に取って代わるものではないが、地域の組織やコミュニティが自由に使える
非常に便利なツールになりうる。また、インサイダーは、AR チームのメン
バーとしての経験を共有し、そのアクションから学ぶことによって、実践的な
推論を強化する。このようなプロセスは、外部研究者の努力とは無関係に進行
することが多いが、AR のプロセスの一部である。

どれほどであれば、良い AR と呼ぶに十分か？

　この本の執筆プロセスや授業での経験で、AR の理想を高く掲げると言い過ぎになり、超越的な高水準が要求されるように見えてしまうことを十分意識している。AR は、新古典派経済学のように、完全情報、ケテリス・パリブス [訳注2]、その他のばかげた存在もしない条件の下で起こる理想的なプロセスではない。AR は現実のプロセスであり、現実の人間とのリアルタイムの文脈の中で起こり、あらゆる人間のプロセスの偶発性、欠陥、興奮がある。弁証法は魅力的に聞こえるかもしれないが、しばしば、生きた経験として、それらは消耗し、気力をなくさせることさえある。

　AR のプロセスは、多くの場合、かなり限定された問題提起、控えめな協働作業の意図、そして関係者全員がそのテーブルにつくことなく始まる。良い AR の実践で重要なのは、コミュニケーションを通して重要な省察を導き出すことができ、できるだけ包括的で公平な方法で優れた実践的な問題解決がなされうるプロセスを設計し、維持することである。最初の成功があれば、実験科学で仮説が練り直され、洗練されるのと同じように、最初の問題を改良し、再定義できる。また、最初のグループの構成は、より幅広い問題を持つ人々をより適切に反映するように変更することができる。プロジェクトが理想的な AR プロセスの方向にどこまで進めるかは、リソース、エネルギー、スキルなど、そのプロジェクトが行われる状況によって異なる。

　この点を強調したいのは、アクションリサーチの実践者や AR を志す人が、自分のプロジェクトについて非常に申し訳なさそうにしているのをよく見かけるからである。私のプロジェクトは「"本物"の AR プロジェクトではありませんが・・・」という前置きでプロジェクトについて語られたことは数知れない。我々はこの考え方は非常に破壊的だと考える。AR プロジェクトは、長期的かつ複雑なプロセスであり、知識の共創と相互啓発のプロセスを忍耐強く積み重ねていくものである。また、ステークホルダーがほとんどコントロールできない、ローカルな文脈における多くの事象に依存するものである。完成度の高さから言えば、AR プロジェクトの大半は理想には届かない。我々は、このことを潔く認め、妥協や欠陥のない従来の社会調査プロジェクトを見たことがないことを指摘したい。よく言われるように、「罪のない者だけが最初の石を投げ

よ」と、いうことだ。

結論

　本章のテーマは、ARにおける知識生成プロセスを学習システムレベルで論じることであった。共創的なモデルを提示した本書第3章では、学習と知識の創造を社会・行為者レベルで論じたが、本章では知識の分析レベルに移行した。
　いずれも我々、アクションリサーチャーにとっては、特に脅威とは感じないはずだが、ではなぜ従来の社会科学者のARに対する反応は敵対的なのだろうか。従来の社会科学者は我々から何を恐れているのだろうか。我々は、ARが彼らの快適な職業生活に脅威を与えること、そしてARが支配的になった場合、知識のあるステークホルダーの前で、実世界の文脈で彼らの仕事の社会的価値を示すことが求められるという脅威に直感的に反応しているのだと思っている。

訳注
　[1]　人間が経験から意味を与える過程。
　[2]　ラテン語 ceteris paribus で「他の事情が同じならば」という意味。

第 5 章

フレンドリーアウトサイダー
── 研究戦略としてのアクションリサーチからアクショ
　　ンリサーチャーになるために必要なスキルまで

　前章では現地のステークホルダーに焦点を当てた。本章では、よりプロの研究者に焦点を当てる。しかしながらアクションリサーチにおいては、この二者は共創的な学習プロセスを通して常に密接な関係にある。

手に負えない世界を克服しようとしないこと

　すでに定義したように、アクションリサーチは、プロの研究者と現地の組織、地域コミュニティ、もしくは共同研究のために特別に立ち上げられた組織など、利害関係者が協働で研究し、理解を深め、そして共通の課題を解決する共創的なプロセスである。AR はまた、専門的知識、ローカルナレッジ、処理スキル、研究スキル、そして民主的な価値観が、知識共創と社会変革の基盤となる社会プロセスである。

　従来の研究者は、研究を開始する前に決定し、研究全体を（当初の計画からの逸脱に注意して）管理するよう努める研究計画と、主に研究活動完了後に報告、展開される研究結果の分析をはっきりと区別しようとする。従来の研究者はまた、社会的に適用可能な研究結果を生み出したり、彼らの研究の応用に関与したりする責任を負うことは滅多にない。彼らの中には、社会的知識の改善はすべて有益なので自らの研究は有益であると主張し、または、彼らが扱うテーマは社会的に重要であるから有益であるという者もいるだろう。

　このような振る舞いから見るに、従来の研究者にとって、世界は真実ではないものを信じさせようとする、彼らを騙す手に負えない場所のように見えているのだと思える。この手に負えない世界に対する彼らの対応は、データの生成と操作という、非人格的な技術への依存と自己規律を通じて、その手の負えな

さを管理するためにできる限りのことをすることである。研究手法は、同じように意欲のある他の研究者が、同じ手法を使い同じ結果を再生産できるよう、研究者に管理、距離、および客観性を与える限りにおいて重要なのである。

　アクションリサーチャーはさまざまな根拠からこの考えを否定する。アクションリサーチャーの多くは、世界について何であれ好ましいものを信じることがいかに容易かを認識しているが、我々は、研究プロセスをそのような人間的な要素から切り離せるとは考えないし、そのプロセスをその結果から切り離せるとも考えない。AR はプロセスと結果を可能な限り最も近い関係に持ち込むことを目指し、人間の能力に対する基本的な尊重と信頼において研究を構築する。AR はまた、民主的な価値観と、現地のステークホルダーが置かれた状況に対してコントロールを強化できるような、適用可能な知識の共創によるプロセスを重要視する。

制限を強化するより可能性を創り出す

　従来の社会研究における支配的なイメージは、その歴史的、政治経済学的な理由から、官僚的組織の言語から来ている。これらの組織は、官僚的で専制的な発想に必要不可欠な特徴である管理、客観性、分類、再生産性を絶えず模索している。しかし、議論を進める前に注意したいのは、この官僚主義は学問分野における流行の反官僚主義的イデオロギーにもかかわらず、とりわけ、社会正義という抽象的な概念に基づいて、意思決定の基準と公共構造を構築する試みを具体化しているということだ。官僚は、個人的理由で公的リソースの配分について決定を下すのではなく、むしろ、公的リソースの割り当ては個人の選択の範囲を超えるというやり方で、依頼人や問題を分類し、客観的基準を整備、構築することが求められる。「公平」な基準と方法を開発し採用することにより、官僚は、重要課題について公正で偏見のない意思決定を下し、社会リソースを適切に割り当てることになっていた。国際カルテル、戦争成金、利益誘導型政治などが蔓延する世界でこの試みが失敗した途方もなさは強調するまでもないが、それにもかかわらず、この試みは従来の社会科学に消すことのできない痕跡を残した。

　官僚主義の理念と実践の根底にあるのは、人間はきわめて自己欺瞞的になり

がちで、手に負えない世界は合理的な管理のもとに置かなければならないという考えである。官僚は自らを他者とは別格であり、他者が私的および感情的に反応するような問題について、理性を使い解決するものであると教えられる。彼らはまた、官僚はリソースと権限を持っている一方、彼らの依頼者は支援を求めて訴え続ける範囲においてのみ活動するという点で、社会的権力と知能の根本的相違を許容する。このような官僚主義的イデオロギーは、従来の社会研究の基本的な信念体系と専門的実践を反映している。

　アクションリサーチャーは、理論的、方法論的、政治的、道徳的見地からこの枠組みを否定する。理論的見地において、アクションリサーチャーは、問題に直面している当事者は、その問題を解決するための多くの情報と分析能力を持っていると断言する。アクションリサーチャーは、従来の研究者や官僚より、現地の人々の知識を重視する。アクションリサーチャーは、その他のすべての知識に対する専門的知識の優越に深く懐疑的である。「父や母が一番よく知っている」のである。

　方法論的見地において、アクションリサーチャーは、方法論、協働で行われる事例分析、研究パートナー集団への分析技術の指導についての共有された意思決定は、収集される情報量と質、綿密さ、分析の質において、より良い結果を生み出すと断言する。政治的見地において、アクションリサーチャーは、研究結果は現地のパートナーにとって、彼らが置かれた状況をよりコントロールしやすくする点で有益であるべきであり、リサーチクエスチョンの設定にはその研究に関わるすべての関係者が関わるべきだと主張する。道徳的には、アクションリサーチャーは、人間への研究の押し付けを拒否する。我々は、社会研究は専門家の権利であるとは思わない。我々は、プロではない研究者が、彼らの生活や社会的状況に対するコントロールを強化できる研究方法を推進する。

　AR はしたがって、利害関係者による共同管理のプロセスであり、プロの研究者が他の人々に対して適用する手法ではないということだ。これはアクションリサーチャーが、独自の方法で研究プロセスを可視化し、これらの可視化を利用して、上から全体的な方向性を押し付けることなく、一連の流れをより有益な方へと動かし続けることを意味する。そこで、AR の集合的経験を最もよく捉えたプロセスの可視化のひとつの事例として、フランスの生物学者、フランソワ・ジャコブの著書、*The Possible and the Actual*（『可能世界と現実世界』）（Jacob, 1982）を挙げる。

ジャコブは、現代の第一線で活躍する進化生物学者の一人であり、ARについての著書があるわけではない。彼は一般聴衆向けに、自由かつダイナミックで多様な進化のプロセスにおける特性を伝えようとし、進化をあらかじめ決められた、最適化へ収斂するプロセスと見なす、これまでの風潮を批判していた。このような目的で、彼は可能性と現実との絶え間ない対話によって構築されるプロセスとしての進化について著した。

　ジャコブ（Jacob, 1982）の物理化学と生命世界の分析は、歴史上の各瞬間において存在するものは常に、存在する可能性があったものよりもはるかに少ない物体や存在が含まれているという観点で構築された。これは奇妙に思えるかもしれないが、きわめて論理的だ。ジャコブは、物理化学的物質と有機物は、膨大な数の可能な組み合わせを生み出すことが可能だと気づいた。それは、かつて存在したものと現在存在しているすべてのものに加えて、可能性はあるが存在しなかった多くのものである。

　なぜある特定の組み合わせが存在する、もしくは存在しないかは、基本的には歴史に関することだ。歴史が介入するのは、地球の発展の各段階に特定の条件が存在するためだ。それらの瞬間およびそれらの条件のもと、ある特定の物理化学的物質や生命能力物質のみが作用し、進行中のプロセスにおいて、他の可能性は永遠に手付かずのままになる。言い換えると、起こったことは単純に起こったことであり、起こりうるすべてではない。時が経つにつれ、新たに生み出される可能性のほんの一部が、次の転機（生物学的に言うと自然淘汰）において作用する。

　この議論はラトゥール（Latour, 1987）の論と類似している。ラトゥールが行った重要な主張は、事実は行為者がそれを事実だと決めたとき事実になるということである。これはブラックボックスを閉じるという比喩を通して表される。いつどのように箱が閉じられるかは、参加するアクター、そしてその力関係と利害や関心、および箱が閉じられる文脈に依っている。箱が閉じられる際、事実は事実となる。しかし新たな参加者集団によって、そのブラックボックスは再び開けられ、新たな「事実」や可能性が生み出されえるだろう。

　この観点は、可能性と現実の関係は歴史的で偶発的な関係であり、また歴史のプロセス自体が偶然の産物であると論じている。ジャコブや進化生物学者によると、我々の世界は、楽観論者が描く可能世界の最善バージョンではなく、むしろ歴史的に実現された可能世界であり、他の世界は実現されていないとい

うことである。進化をすでに決められた目的論的なプロセスとして教え込もうとする何度もの試みにもかかわらず、これが進化の概念が正確に意味するところである（Greenwood, 1985 参照）。

　これまでのところ、いわゆる盲目的進化のプロセス、つまり自己認識する存在が介入していないプロセスについて議論してきた。人間を扱う際、状況はより複雑になる。なぜなら可能性と現実との対話は機能し続けているが、しかし、可能性がある別の過去と将来を思い描ける人間の能力は、より広範な可能性－現実間の関係を切り開くからである。したがって、人間に関する事象における過去と将来の関係は、生物化学的および生命的可能性、歴史的条件、そして人間がそのアクションをしようと決める際に抱く、潜在的将来と過去の多様なビジョンとの組み合わせから成るのである。

　他の目的論的、反進化論勢力と同様、官僚的管理システムや既得権者は、将来の方向性を決定できるよう、過去と将来の関係性が概念化される方法を明確に管理しようとする。これに反して、AR は、特に可能性と現実との対話を再開することを目指し、将来はあらかじめ決定づけられているように装う権力者や官僚的機構の試みに対抗する。したがって、AR の核となる信念は、そこには常に、最初に開かれているように見えるよりも多くの可能な将来があるということだ。そしてそれらすべての AR のプロセスには、過去を再分析し、他の可能な結果に対して何が起こったのかを提示し、その結果として将来を、もし自己認識的なアクションがなければ起こりうるであろう将来と、他の、可能なおそらくより望ましい将来に分ける、多大な努力がある。

　アクションリサーチャーになることは、現存しているより、より良い他の状況が可能だと信じることである。アクションリサーチャーは、変化のための可能性を再び開くことを目指し、将来の方向性についての責任感を高め、公平な管理システムではなく、社会変革の最も重要な要素である人間の作用に重点を置く。この観点の重要なところは、アクションリサーチャーは状況に対して手法を「適用」するのではないということである。むしろ、知識やスキルを自主管理型の社会変革のため、共に可能性を切り開く人々の集団にもたらすのである。この本で議論するほとんどすべての AR のアプローチは、何らかの形で、言語は非常に異なっていても、この基本的なビジョンを中心に展開している。

理論と現地の理解を結びつける
── 科学的、反直感的、そして技術的に有能であれ

　従来の社会研究において、専門知識は研究者の高い地位の基盤となるものであり、彼らの能力は研究の状況に対して管理と秩序を課すことができる。本書の第3章、第4章で述べたように、アクションリサーチャーは紛れもなく専門的知識を持っているが、この知識は一方通行的な力の源として扱われることはない。むしろ、社会的な状況への貢献であり、その中で我々は主体者として貢献するのだと考えている。

　アクションリサーチャーに対する知識の要求は高く、重く感じられる。特定の重要な社会問題を解決するにあたり、協働者集団をアシストするために、アクションリサーチャーは関わる特定問題に対する相当量の理解がなければならない。もし問題が公害産業であるならば、アクションリサーチャーは産業、汚染、そして考えられる解決策について知っているか、学ばなければならない。しかしながら、ローカルナレッジを信用しない従来の研究者と異なり、この文脈的な知識はプロフェッショナルな専門家の一方的な責任ではない。アクションリサーチャーは相当程度、ローカルナレッジに頼ることができ、もしくは頼らざるを得ない。

　現地の利害関係集団は、起こっていることについて相当な情報量（もしくはそのような情報へのアクセス）を持ち、その状況に対する経験もある。アクションリサーチャーはこの知識を研究のプロセスの要素として積極的に探り当てる。これは、従来の研究者が主張する、従来の研究方法や手法の普遍的な適用可能性に対して現地の実質的な知識は些末で、信用できず、取り込まれた情報源であるという考えと真っ向から対立する。

　しかしながら、ARプロジェクトの結果は、特定の人間社会の状況に適用される可能性が高いため、アクションリサーチャーは科学的方法論に習熟していなくてはならない。従来の社会研究では、研究結果を人間社会の状況に適用する責任を負うことは滅多にないため、おそらく、ARの方がより高い水準を満たさなければならないだろう。

　プロのアクションリサーチャーは、文化的実践や社会システムの中にある思

い込み、また他の要素によってしばしば視界から隠されている、予測不能で反直感的な説明を発見する体系的な試みを断固維持するよう、科学的方法論の使用に習熟していなければならない。これは、アクションリサーチャーが AR の状況に対して行う基本的な貢献のひとつである。反直感的な質問をする能力、課題への「外部」からのアプローチ力、定型的な説明を疑う能力は、アクションリサーチャーが十分に熟知しておくべき能力である。

アクションリサーチャーはまた、一連の分析的枠組みをそのプロセスに取り入れる必要がある。その中には、政治経済学、社会構造、論証戦略、変更プロセス、イデオロギーに関する見解が含まれる。これらの分析的枠組みは、過去と可能な将来の関係を概念化するために必要である。社会科学のいくつかの研究は、これらの構造を明らかにするための観点や方法を発展させてきた。そしてアクションリサーチャーは、これらについても知識がなくてはならない。

すべての人が、言及されたこれらの事柄についての見解を持っている。そのような見解は生きることにおいて必要な装備であり、現地の知識の一部を形成している。社会科学研究は、一般的に利用できないか、現地の知識システムの中にはあまり見られない、いくつかの分析的技術と相対的枠組みを加える。このような事柄は長い年月にわたり世界中で分析されてきたため、プロの研究者は、現地のシステムが広範なバリエーションのどこに適合するかの感覚を発達させてきた。この広い概念化は AR において有益である。なぜなら、深刻な課題に苦しむ多くの集団は、状況における特定の見解の中で身動きがとれず、代替的な一連の行動に対する感覚を発達させるのに苦労しているからである。現地の状況をより広い相対の文脈の中に置くことにより、プロのアクションリサーチャーは、現地の集団が状況に対する感覚を広げ、将来の選択肢を増やすための手助けをすることができる。

我々は政治経済学、社会構造やイデオロギーのシステムに対する、プロのアクションリサーチャーが現地の状況にもたらす見解の重要性を強く信じるが、それらの事柄に対する専門家による独占的な 1 つの正しいアプローチがあるとは思わない。我々著者は、これらに対するそれぞれの見解を持っているが、そこには多くの異なる分析があると認識している。たとえば、政治経済学ではマルクス主義、新マルクス主義、グラムシ主義、新古典主義、改革派、革新派、労働組合主義者などがあり、社会構造においては、構造機能主義、構築主義があり、観念的システムにおいては、構造主義、脱構築主義、構築主義などさま

ざまである。

　1つの正しい分析システムはないが、AR において意味ある貢献をしないアプローチもあるだろう。歴史の全体的に有益な方向性についての、経済的、社会的権力、または勝利主義者の働きを無視した枠組みに AR は居場所がない。権力関係、イデオロギーの役割、歴史の方向性の分析は、必然的にすべての AR プロジェクトを活気づけ、どの研究課題においても対処すべき問題のある現象であるに違いない。

アクションリサーチャーの実践とスキル

　これまでプロのアクションリサーチャーの状況について、かなり抽象的に描いてきた。ここからは、より具体的に述べる。

方法を知る、暗黙知、アクションをしながらの省察（振り返り）、アクションについての省察

　学問の世界は一般的に、狭い意味での能力と専門性を利用し、それは知的能力と教育を制限する。AR は、これに異議を唱え、スキル、能力、そして知ることについての哲学的言説の長い伝統に基づいている。ギルバート・ライル（Ryle, 1949）は何を知っているかとどのように知るかの重要な違いについて論じている。何を知っているかは、学問の世界における従来の知的生活の主な活動であり、なぜ特定の課題が存在するのか、そしてその定義は何かを知る能力に焦点が当たる。何を知っているかにおいて能力のある専門家とは、彼らの考えを口頭で主張できる者であり、とりわけ何かをする方法を知っている者のことではない。

　ライル（Ryle, 1949）は、知性は、我々が思考するより、行動する方により明確に現れると主張して、この枠組みを否定する。方法を知るということは、その者が持っている能力や知識を適用できる知的アクションにはっきりと現れ、また、与えられた文脈における知識の応用を通して現れる。能力や専門性の定義は、物事をどのように的確に行えるかということである。

　このように問題を組み立て、ライル（Ryle, 1949）は、能力という主題に対

する後の取り組みを予期し、基礎を築いた。たとえば、哲学者のマイケル・ポランニー（Polanyi, 1964, 1966）は、能力は人間の行動の暗黙の領域を通して得られると主張する。人間は、言葉にできる以上のものを知っているし、言葉にできない（暗黙の）知識は、能力のある人間行動の重要な要素である。

　ポランニー（Polanyi, 1964, 1966）のより有力な実例は、子どもたちが話すことを学ぶ方法に焦点を当てる。もし我々が、知識の見方を言語に表現できるもののみに限定すれば、定義上、子どもたちは話すことを学ぶことができないだろう。ポランニーはこの問題を、言語は我々が知覚し知っているもののほんの一部を伝え、我々の知識の大部分は、行動によって表現されると主張することによって解決する。したがって、子どもたちは、最初は言葉にできない知識（暗黙知）から学び、最終的に言語話者のコミュニティに参加することができるが、暗黙知も常に保持している。

　この枠組みに基づいて、我々は、知的行動の根底にある複雑な活動を、人間のスキルや、方法を知ることの複雑なコンビネーション、そして暗黙知、また他の知識（何を知っているかや、言語など）として概念化する。我々はAR についての従来の学術的知識（何を知っているか）は、将来の実践者にとって重要であると信じるが、そのような知識はAR 実践者を教育するには決して十分ではないと断言する。

　この枠組みから、我々は、スキルはAR にとって根本的に必要な要素であり、それらは単に抽象的で受け身な知性化ではなく、知的行動を通してのみ現れると主張する。同時に、我々は、スキルは発達させることができ、また、させるべきであることを強調する。なぜなら、そのようなスキルは人間の性質として本来的に備わっているものではないと思うためだ。生涯を通して、すべての人間は新たな、高められたスキルを開発する。この本の主要な目的は、AR 実践者のスキル開発を支援することである。AR のスキルは、確かに概念の知的習得（これを「理論」と呼ぶ者もいる）に基づいているが、スキルはAR のプロセスを進めるためのアクションによって表現され、プロセスとスキルはAR について学ぶ上で不可欠な要素である。

　この点から、我々はドナルド・ショーン（Schön, 1983, 1987, 1991）によって提唱された省察的実践の観点を強く支持する。ショーンは彼の研究で、プロフェッショナルな能力がどのように開発されるのかを分析した省察的実践の概念を導入している。教師と生徒の多くの相互作用の分析に焦点を当て、彼は専

門的スキルの開発における、関連づけられた省察とプラクシスの役割を強調する概念装置を発展させた。知識は単に教師から生徒への、概念の伝達を通して伝えられるのではなく、むしろ、特定の問題を互いの協力のもと解決しようとする行動を通じて伝えられる。

　ショーン（Schön, 1983, 1987, 1991）の議論は、ライル（Ryle, 1949）の「方法を知る」こと、そしてポランニー（Polanyi, 1964, 1966）の「暗黙知」の概念と合致しているが、彼は省察的な実践家を教育する方法に関心があるため、課題をさらに発展させた。彼の関心は、ジョン・デューイや精神分析理論の文献、長年の組織カウンセリングの経験の両方から刺激を受けた。そして彼は、2つの省察的プロセスを特定した。1つ目は、「アクションをしながらの省察 reflection-in-action」である。これは、プロセス中にアクションを評価する方法で、アクション自体の省察的プロセスを反映する能力である。2つ目は、「アクションについての省察 reflection-on-action」で、アクションの事後に、アクションから得られた経験を振り返ることから成る。これら2つのプロセスは、専門家が理解を深めるのに利用する省察の相互作用の中で、他者と関わる際に大いに高められる。ショーンは、アクションについての省察よりも、アクションをしながらの省察の議論をより徹底的に展開している。

　結果的にショーンは、枠組みを提示し発展させる際に、専門家のスキルを改善する主要な手段として、師匠－弟子の関係を特別視する。経験を積んだ師匠と共に仕事をし、彼らの日々の作業プロセスに習い、そして省察のプロセスに一緒に関わることにより、弟子は、師匠のアクションの中に展開され体現されるスキルにアクセスする。

　ここから引き出されることのひとつは、習熟したアクションは、孤立の中では発達させることができないということである。我々は、スキル習得の論理的な第一歩は、大学生に通常開かれた道であるテキストを読み授業を受けることによる知識の習得だということに合意する。しかし、これは長いプロセスの中のほんの最初の段階である。専門的な AR のスキルの発達は、多くの段階を踏むプロセスである。

　何年もの間、レヴィンは AR を行う大学院生を教育する博士課程のプログラムをいくつか受け持ってきた。そして、教育の主な目的は、理論的な知識と実践的なスキルを結びつけることだった。これを達成するための方法は、学生を経験のある研究者と一緒に働かせることである。プロジェクトは教授と協働す

る学生と共に実行される。彼らはプロジェクトの責任を共有し、研究課題に共に携わる。この教授と学生の関係は、共に学びスキルを発達させるアクションリサーチャーのコミュニティを作る、集団関係へとさらに結びつく。

　これらの関係性は師匠－弟子の関係よりもっと複雑である。ドレフュスとドレフュス（Dreyfus & Dreyfus, 1986）は、専門的なスキルの発達に5段階を挙げている。初心者 novice、初級者 advanced beginner、中級者 competent、上級者 proficient、専門家 expert である。スキルのある人間の活動は徐々に異なるレベルに達する。そして実践者はそれぞれのレベルで異なる働きをする。初心者は文脈をあまり認識せずに適用された分析ルールに従い、従来の研究者と同様に、プロセスから切り離されていると感じる。徐々に、文脈を読み、アクションのもたらしうる影響を理解する能力が身につき、初心者から初級のレベルになる。自分自身の経験を足場にすることが、この期の発達のカギになる。とったアクションの履歴が、学問の世界で重要視される明示的で分析的なコミュニケーションの形式よりも、学習のソースとして重要である。

　中級実践者は、特定の介入状況において、（たとえば分析的な）文脈自由と文脈要素の間でシフトできる能力を持っているが、活動への彼らの関与は、結果に影響を与えようとすることに限定されている。最後に、専門家は現地の状況に完全に関与するプロフェッショナルな活動に基づき、前回の経験から導かれた合理的な選択肢について、経験的に理解された直感に基づいて多くの提案をする。それは、「我々が直感やノウハウとして理解するものであり、見当外れな推測や超自然的なインスピレーションとは異なるものだが、しかし、我々が日常の仕事をするときにいつも使うような能力」（Dreyfus & Dreyfus, 1986, p.29）である。ドレフュスとドレフュス（Dreyfus & Dreyfus, 1986）の発達段階を表5.1にまとめた。

　ショーン（Schön, 1983, 1987, 1991）やドレフュスとドレフュス（Dreyfus & Dreyfus, 1986）が示すような、スキルの発達段階に関する特定のモデルを受け入れるか否かにかかわらず、我々は、そのようなスキルは、優れた AR 実践者になるために必要な能力の、主要な構成要素であることを明確にしておきたい。プロフェッショナルな実践には、学術的な環境で抽象的に与えられた、明示的なルール以上のものが含まれる。知識は文脈と結びつき、直感や暗黙知は重要な役割を持つ。そしてスキルの習得は、主にアクションと共にある、もしくは事後に行う省察を通して達成される。自身の経験から学ぶということは、AR

表 5.1　スキル習得の段階

レベル	構成要素	視点	決定	コミットメント
初心者	文脈自由	なし	分析的	独立した
初級者	文脈自由＆状況に応じた	なし	分析的	独立した
中級者	文脈自由＆状況に応じた	選択的	分析的	独立した理解と決定、成果への関与
上級者	文脈自由＆状況に応じた	経験的	分析的	関与した理解と独立した決定
専門家	文脈自由＆状況に応じた	経験的	直感的	関与

出典：「マインドオーバーマシーン」からサイモン＆シュスターの一部門、Free Press の 許 可 を 得 て 転 載：*Mind Over Machine: The Power of Human Intuition and Expertise in the Era of the Computer* by Hubert L. Dreyfus and Stuart E. Dreyfus. Copyright © 1986 by Hubert L. Dreyfus and Stuart E. Dreyfus.

実践者のスキルの発達の核となる要素であり、それに代わるものはない。

フレンドリーアウトサイダー

　これまではっきり述べてきたスキルに対する一般的な方向性に加えて、AR 実践者が効果を発揮するために習得しなければならない特定のスキルを簡単に指摘する。プロのアクションリサーチャーは「フレンドリーアウトサイダー the friendly outsider」になる方法を知っていなければならない。この役割は AR にとって必要不可欠である。なぜなら外部の視点は現地の集団のプロセスを変化に開く上で重要な要素だからだ。しかし、このアウトサイダーは特定の意味でフレンドリーということである。フレンドリーアウトサイダーは、現地の集団に、彼らの見方や習慣についての批判を含め、否定的で横暴なやり方ではなく、協力的な方法で省察できなければならない。優れたプロのアクションリサーチャーは、直接的なフィードバック、書面による省察、類似事例の提示、および専門文献からの似たような問題や機会、プロセスが発生した事例の引用を含めて、さまざまなアクションを通して批判と協力のバランスを実現する。
　フレンドリーアウトサイダーはまた、一種の優れたソクラテス問答式の教師のような、議論の道筋を広げる専門家でなければならない。多くの場合、現地の組織や集団は固定された立場で身動きがとれずにいたり、変化の可能性につ

いて悲観的になっていたりする。第3部で議論するさまざまな方法は、変化の可能性を再び開くために使われる。心の支えという形での励まし、また、課題に対する変化の可能性があった他の事例からの情報という形での励ましと共に、柔軟性や変化の機会が現地の人々に指摘される。

　フレンドリーアウトサイダーのもうひとつの重要な役割は、現地のやり方を導く暗黙知を明らかにすることである。これは、現地の能力の程度についての、批判的省察もしくは協力的なコメントの形をとるだろう。現地の状況や集団に慣れていないアウトサイダーは、内部者には見えない暗黙知に気づくのに理想的な立場にある。これはよく、現地の人々が抱える問題を解決するのに関係のある貴重な知識の蓄積を自らが持っていることを、彼らに気づかせる形をとる。時々、集団が機能停止に陥ったり、問題を解決することなく非生産的な循環に陥ったりする原因となる、特定の考え方に対する批判の形をとることもある。

　これに関連するのは、現地の人では話せないことを話す役割である。現地の人々は、彼らがこれまで共にした歴史のため、また現地の社会構造や経済関係、もしくは単なる礼儀作法のため、彼らが明らかに気づいている不満を互いに伝えることができないことがよくある。人間集団はどこでもこのような感じである（Argyris & Schön, 1996）。人間集団は、すべての人が他者に対して完全に正直なフィードバックを行うということはない。しかし、社会変革のプロセスは、特定の社会領域に対するアクションの可能性を高める、より開かれたフィードバックを進める必要がある。

　この文脈において、フレンドリーアウトサイダーは、話すことができないすべての事柄について声を上げるということではない。この努力は、特定の事柄を議論しないような、また、すぐそこにある問題への前向きな変化を妨げている現地の沈黙について、暗黙の合意を探し出し、調査することだ。これは、アクションリサーチャーが慎重に行わなければならない判断である。多すぎるフィードバックは集団の邪魔をすることになり、少なすぎると彼らが先に進むのを妨げることになる。

　フレンドリーアウトサイダーのもうひとつの役割は、現地の人々が変化のための計画に利用できる現地のリソースを棚卸しし、評価するのを手伝うことである。現地の人々は、現地の状況についてアウトサイダー以上に専門家ではあるが、彼らが共にした歴史のため、変化のための重要なリソースを見過ごすことがある。これは単純に、どこかに知識が蓄積されているが、利用できるとは

考えていないということに彼らが気づいていないだけかもしれない。また、これは、たとえ互いの関係が悪く信頼がないとしても、特定の現地の人や集団をプロセスに含めるべきだとしつこく言うだけのことかもしれない。これは時折アウトサイダーが、敵対する政党や異なるイデオロギー集団などの代表を出席させるよう要求する形をとる。もしくはアウトサイダーが、ワーキンググループにおいて、ジェンダー、階級、エスニックグループのバランスにこだわり続けることが必要かもしれない。

　これらすべてを行うためのアウトサイダーの主要なリソースのひとつは、その名のとおりアウトサイダーであることだ。アウトサイダーの外部の世界とのつながり、たとえば大学、地方・中央・国際機関、組合、慈善団体、専門コンサルタントなどは、現地のプロジェクトにとってかなり実用的で貴重なものかもしれない。この点から、アウトサイダーもまた、現地のプロジェクトにとってのリソースであり、これらの関係を効果的に実現できなければならない。これら外部のつながりはまた、フレンドリーアウトサイダーの見解に一定の正当性を与えるが、この正当性は、現地の変化の可能性を高めるために、慎重に管理されなければならない。

フレンドリーアウトサイダーの処理スキル

　フレンドリーアウトサイダーはコーチ（指導者）であり、ディレクター（監督者）やボス（上役）ではない。困難な状況で立ち往生している現地の集団が最も望まないことは、他者が何をすべきか教えることである。コーチは、現地の人々が才能あるプレイヤーであると信頼し、彼らのスキルや戦略を改善する手助けをする。ボスは、従属する現地集団の方向性、マネジメント、そしてコントロールを引き取り、彼らのために働くが、大体の場合彼らを無力化し、どんな変化が生み出されようと、長期にわたって現地で開始された変化を生み出し続けないことは確かである。

自信と誠実さ
　アウトサイダーは、社会状況の中で自信を持ち、行動と省察において誠実さを示さなければならない。アウトサイダーは、何をすべきか、どのように行うかについて疑問を呈することができるし、そうする必要があったりするかもし

れないが、自分自身や協働者については、基本的に一種の楽観主義でなければならない。この自信は傲慢な形でなく、寛容さや、現地の人々よりも優越的立場を維持するための儀式を維持することへの無関心さ、現地の人々の行動や能力を称賛する意欲、そして現地に存在する変化の可能性への積極的な評価に表れる。これはまた、他者のスキルを評価し、それをそつなく表現する能力も含む。アウトサイダーの現地のプロジェクトやコミュニティに対する関心は、真正なものでなければならない。現地の人々は、外部から来る者の誠意に対して、大変敏感である。

　アウトサイダーである研究者は「現地化する」ことを望んではいない。共創的な学習プロセスを構築することは、プロフェッショナルな視点や道徳的な価値観を喪失することではない。それとは真逆に、共創的な学習プロセスにおいては、誠実であることの必要性に気づくことが重要なのである。なぜなら、誠実さは真の協力関係が構築される基盤になるからだ。自分自身を「消す」ことは、多様性や、共に学び行動する協力能力に基づき構築される協力関係にとって、実現可能な戦略ではない。誠実さは当然、現地の内部者にとっても同様に重要である。共創的な学習は、参加者の誠実さとその連帯プロセスに基づいたときにのみ起こる。

リスクをとる

　アウトサイダーは、リスクをとる者でなくてはならない。アウトサイダーは、成功するかもしれないし、しないかもしれない現地の集団を支援することによる、個人的な失敗のリスクをとることができない限り、同様にリスクをとるよう説得している人々に対し、必要な精神的支えや自信を与えることができないだろう。学者や官僚のほとんどは、何が起ころうとリスクを避け、見栄えを良くするよう教育されてきた。フレンドリーアウトサイダーは、プロフェッショナルとして、そして他者の生活に何らかの責任を負っている人間として、現地のプロジェクトの成功または失敗に積極的に関与しなければならない。

アイロニー

　最後に、ある種の遊び心とアイロニーは、プロのアクションリサーチャーにとって必要不可欠なツールである。いつも真面目で気難しく、世界の重荷をその肩に背負っている人は、誰にも元気を与えない。ユーモアと遊び心は、社会

変革のプロセスにおいて重要な役割を持っている。なぜなら AR プロジェクトは、通常業務を一時中断し、思いもよらない前向きな成果を生み出そうとするからだ。この文脈では、アイロニー、バカげたこと、ユーモアの力は、通常の思考を一時停止させ、変化のための娯楽と開放性の両方を同時に作り出すため、まさに注目に値する。

　厳密に言うと、アイロニーの比喩は、聞き手が理解していることとはまったく反対の発言、事実、または状況を肯定することに焦点を当てている。アイロニーはある種の置き換えであり、世界を逆に見ることである。それは多くの場合、ユーモアを引き起こし、また思考のパターンを新しい可能性に向かって開くこともできる。

　ユーモアもまた、暗黙知を引き出し、人々が反応し活動的になるようにする。それはまた、決定的な判断をプロフェッショナルなアウトサイダーや、力を持った内部者に預けるというより、むしろ、現地で多くの参加者を発言者に変化させ、それが地位の平等化につながる。

　アイロニー、ユーモア、そしてジャコブ（Jacob, 1982）の可能世界と現実世界の感覚を実現することの間には密接なつながりがある。アイロニーとユーモアは可能性の観点から世界を見て、現実を可能性のあるひとつの結果にすぎないものにする。アウトサイダーが使うアイロニーや、ユーモアと解説を置き換える他の形式は、現地の人々に同じことをさせ、集団が、新たな将来を予見するために必要な要素である、ブレインストーミングやアイディア出しをできるようにする。

　安心感
　相当に多様な社会研究の方法を学ぶ複雑さに直面する意欲に加え、アクションリサーチャーは、特定のマインドセットとパーソナリティを持っていなければならない。それは、現地のステークホルダー集団の文脈に自分自身を置く能力である。アクションリサーチャーは、無知と不確実性を認めるのを恐れないことが必要であり、それでもなお、自身の理解や希望を主張することができなければならない。これは、慎重に行わなければならず、共感、誠実さ、そして関与の能力が必要である。

　そうするためには、オープンマインドで、他者の知識と経験に関心を持ち、尊重することが必要であり、また、一連のプロセスがプレッシャーを感じずに

発展することができるよう、ある程度の遊び心も持っていなければならない。それはまた、多くの学者が難しいと感じる、他者に対して真にオープンな能力が求められる。

忍耐力

忍耐強く安全なやり方で不確実性にうまく対処することは、アクションリサーチャーにとって最も重要な特性のひとつである。きわめて緊張感のある状況で、多様なステークホルダーが関与する複雑なプロジェクトは、早期解決や特効薬を見込むのは難しい。ARプロジェクトの大部分は、プロジェクトがどこへ向かうのか不確実であり、それが成功するかどうかも分からない。アクションリサーチャーは、この不確実性に対して忍耐強いだけではなく、この不確実性やそれに伴って生じる士気低下や危機感に現地のステークホルダーが耐えられるよう、支援しなければならない。

つまり、アクションリサーチャーに求められる水準はかなり高い。アクションリサーチャーは、広範囲な社会研究の教育、自信、デモクラシーへのコミットメント、不確実性と共存する意思、自身の専門性の限界へのはっきりとした認識、特定のプロジェクトにおいて現地のステークホルダーと関わる個人的に正当な理由、これらを持っていなければならない。「真の」人間がいなければ、現地の人々と信頼関係を構築することはできない。

アクションリサーチャーになる

ソーシャルスキル

従来の社会科学において、研究者のソーシャルスキルについてはほとんど注意が払われていない。これは、データは研究者から独立しているという、支配的な実証主義の概念と一致する。多くの実証主義的研究は、調査の回答者と、それを行う研究者の間の社会関係がなくとも可能だ。研究者に求められるのは、機器の準備、その配布や管理、データの収集、必要な分析を行うための統計的または形式的な技術、そして論文を書くことができる技術的スキルのみである。

学生は、これらのスキルを、現地との関係とまったく切り離して教育されう

る。実際、教授が自ら集めたデータセットで新入生に取り組ませ、自分の興味関心の方向へと彼らを導くことは、しばしば起こりうることだ。これは非文脈化された研究と非文脈化された教育である。

　質的研究の分野では、インタビューをこなしたり、より深い民族誌的（エスノグラフィックな）調査に従事したりするよう学生を教育するには、生活の中で人々に関係することに注意を払うことが求められる。優秀な質的インタビュワーになるには、共感するスキル、耳を傾ける能力、そしてインタビューされる者を省察（振り返り）のプロセスに参加させる能力なくして不可能である。ARにおけるような民族誌的研究において、現地の人々と関わり、共に生きるためのソーシャルスキルの必要性はさらに高い。

計画と自発性

　ARでは、介入の計画は非常に重要であり、可能な限り詳細である必要がある。これにより、研究者は、研究プロセスの発展に備えることができる。一連のプロセスを十分練り上げて計画しないことに弁解の余地はない。

　しかし、計画はほとんど実際のプロセスの進行と一致しない。プロジェクトは、常に思いもよらない方向へと向かい、研究者は、その場の判断で適宜是正しなければならない。参加者が途中でプロジェクトを降りた場合、参加者と研究者の間に対立が起こった場合、資金提供が変更された場合、もしくは公的な規制が望ましい方向性を妨げた場合、プロセスは時としてわずかに、時に大部分が再調整される。研究者にとっての課題は、何が争点になっているか、また集団が適切な次の行動をとるにはどのような支援ができるかを理解するため、実際の状況を読む（解明する）ことだ。

　多くの決定はその場で行わなければならないだろう。なぜならアクションはリアルタイムで行わなければならないからだ。優れた対応と感覚は、主に暗黙知と巧みな即興から成り立っている。とった行動に対しては徹底的に省察できなければならず、またそうしなければならないが、その場で完全に考えることはできない。性格や教育によって、この種の状況に耐えられない人は、絶対にARに従事すべきではない。

結論

　アクションリサーチャーに求められる水準は高く、必要となる実質的な知識とスキルの多様性はかなりのものだが、同様に人間の能力に対する楽観的な見方は、人は有能なアクションリサーチャーになるよう教育できるということを明らかにしている。彼らは総体的に教育されるべきであり、従来の社会科学の指導の典型であるような、細分化され、機械的な、銀行モデルのような教育をされるべきではない。AR には多くの実質的な知識と、さまざまな種類の処理スキルが必要だ。そして正式な教育と実習の組み合わせが必要であり、我々はそれが機能することを知っている。

訳注
　［1］アイロニーは思慮深い行動の主要な要素として、ますます認識されている。ローティ（Rorty, 1980）およびフラッドとロム（Flood & Romm, 1996）を参照。

さまざまなアクションリサーチの
プラクシス
── 人間の潜在能力を解き放つ試み

ここでは、AR に対する我々独自のアプローチ（実用主義的アクションリサーチ）について、より詳細な説明を述べた後に、一連の他の主要な AR の事例を配置し、それらの文脈の中に位置づけることにする。いうまでもなく、この作業は AR 実践の全体的なマッピングであり、我々は自らのアプローチを、各 AR 実践の比較と対照のための参照点として使用する。しかしながら、第 3 部で強調されるのは、AR という概念自体が、関連する広い範囲におけるさまざまな実践とイデオロギー的な立場を覆う傘のようなものだということである。第 6 章で我々自身のアプローチについて議論した後、第 7 章では人々の解放を目指す、解放主義的な AR のアプローチを扱う。第 8 章では教育 AR を扱い、第 9 章では参加型評価のための AR、第 10 章ではアクションサイエンス、組織学習について扱う。例によって、これらはアクションリサーチの全領域を覆うものではない。ここでは扱いきれない多くの他のアプローチも存在する。紙面と本書の入門書的性格という制限があればこそ、ここで取り上げたアプローチは、読者が最も興味のあるアプローチを見出すための紹介以上のものとなっている。

第6章
実用主義的アクションリサーチ

　本章では我々自身のアプローチ、**実用主義的アクションリサーチ** pragmatic action research をより体系的に説明する。我々がどのようにして自分たちの AR へのアプローチを思いついたかを説明し、読者が本書の第7章から10章で詳しく紹介される他のアプローチと比較・対照できるよう述べていく。我々はこの実践が完全だなどと思ってはいない。我々の事例には成功の要素も失敗の要素も含まれている。AR が実践されたその仕方のゆえに、すべての問題に関わる包括的な解決策が得られなくとも、価値ある知識が共創されている。

　我々のそれぞれの事例は、非常に異なるテクニックと作業形態がとられたが、それぞれの文脈で、特有の問題の焦点に沿って、我々は AR のプロセスを異なる形で構築していった。すべての事例において、はじめの青写真と、プロジェクトの発展形態に完全な一致を見出すことはなかった。このことは、AR に限らず、こうした研究と介入の状況においてある程度言えることである。しかしながら、実用主義的 AR においては、プロセスの渦中にありながら共創的な学習を高めるために進行形で目的に沿ってプロジェクトをデザインし直すことは、実践の核心原則でもある。我々の実践を先導するイメージとは、「外から来た仲良しのお友達」のそれであり、ローカルな問題を抱えるさまざまかつ複雑な集団と多面的に会話しながら、アイディア、選択肢、アクションを共創し明確化することに行き着く。これらのプロジェクトが、みんなが従う単一の、妥協の余地のない合意をもたらすことはない。むしろ、ネオ実用主義者のローティ（Rorty, 1980）の視点に従って、関係者の間で「会話を続けてゆく」ことを目指しているのである。

　我々が記述してきた、あるいはこれまで関わってきた多くの状況において、研究者と現地の参加者たちはどこへ向かい、どういったアクションをとるべきかに関して共通の理解を育んできた。アクションリサーチャーとして、我々は

意図的に、初期の定式化を厳格な計画とすることに抵抗する。ARのプロセス全体が、我々の見方からすると、問題が現地の参加者たちにとって少なくとも満足のゆくよう解決するまで、予算や気力が尽きるまで、あるいは他の何かが起こってプロセスを方向転換させたり中止に追いやってしまうまで、ずっと創発的なものなのである。

　これは、ARのプロセスには論理性や厳密さが欠けると言おうとしているわけではない。我々がこれまで述べてきたように、ARはアクションの中で望ましい目標を達成しテストする構造的で論理的な一連の活動群を形成しており、計画的な学習の場の構築であり、包括的なARの調査戦略に導かれた手法の体系的な選択なのである。ARプロジェクトの方向性は、プロセスを通して獲得された学習に導かれるのであり、その場の状況や参加者に押し付けられた既定の規範や期待によってではない。我々自ら経験してきた事例の数々を見渡すと、この実用主義的[原注1]アプローチはほとんどの状況に共通してみられる総体的な特徴があると思われる。それには下記の要点が含まれる。

- 作業形態としての対話と相互学習のための場の構築。我々の実践では、参加者と研究者が互いに対話関係に参加できる場を構築することに努める。このような場が、相互学習が起こる空間を生み出す。
- 共創的な調査。この調査プロセスは、共同の経験から、そして現地の参加と研究者の間で共有されたこれらの経験について相互に省察することから創発し、これが新しい知識の創造につながる。
- 多様な手法と実践形態の活用。先述したように、我々はARが何か特殊な理論を意味したり、特殊な技術群であるという見方を否定する。参加者が適切であると決定し、共にそれらを展開するために要求されるスキルを獲得しさえすれば、そしてそのとき、社会科学や人文科学の領域でこれまで発展してきた膨大な理論、手法、そして実践形態をARのプロセスに援用することが可能なのである。

　上記の3要素は、我々が実践している実用主義的ARの中核部分を構成している。計画、手法、実践形態、そして共創的な学習プロセスは、それぞれの具体的なARの状況の中での参加者の判断に依存する。このことは、我々が実用主義的哲学から引き出したARに対する認識論的主張（本書第2部で議論した）

と首尾一貫している。それゆえ、我々はARを、社会科学的なリサーチにおける実用主義者あるいはネオ実用主義者の哲学的立場を使用するものとして理解し実践することで、最もよく理解できると信じている。

このアプローチは、我々の実践を単一の章の中で語らねばならないとなると、いろいろと問題に直面することになる。なぜなら、これは意図して個々のローカルな状況に適合されているので、処方箋のように記述することができないからである。それでも、読者には我々が考慮する諸要素、使用している諸手法、我々が好ましいと思っている作業形態、そしてそれらから起こる全体的なAR戦略に関する案内が必要である。したがって、以下に述べられているのは、実用主義的ARのプロセスで適用できる、そしてよく適用される主要な概念、ツール、そして作業様式の概要である。すでに共創的な学習と手法の選択に対する実用主義的アプローチについては、本書の第3章から第5章にかけて詳しく議論したので、ここでは主として、対話の場を構築するための我々のアプローチに集中することにする。

対話のための場を構築する

我々にとって、実用主義的ARの中核の要素は、議論と協働の調査が共創的な学習を促進する場の創造にある。現地のステークホルダーとプロの研究者との出会いが、相互学習が展開される土台となる。我々は、前もって決められた手法から始めることはなく、アプローチを現地の状況や関係者に合わせようと試みるので、我々のARのプロセスは一般的にゆっくりとした、会話に深く入る開幕場面を持っている。このような仕方で始め、忍耐強く探索的に議論を続けることが、我々のアプローチを他の大半のARのアプローチと異なったものにしている。

我々は、プロの研究者としての義務は、彼らが問題としているプロセスにとって適切な手法と理論を、何であれ選択し学習する手助けをすることであると信じている。我々は、いつも従うべき特定の「処方箋」に頼るのではない。そのような処方箋は、主としてプロの研究者が自ら何をすべきか判断をするときに、不確定要素を取り除くのには役に立つが、現地のステークホルダー集団の成長と能力開発にとっては一般的に妨げにしかならない。

我々は、備え持つすべてのスキルと知識を持って現地の問題に対峙する。我々が何かを知らないことやスキルを持っていないことが、特定の計画において大いに妨げとなりうるので、我々は常により賢く、スキルに上達し、よく鍛錬された状態でありたいものである。しかし、プロのアクションリサーチャーとして直接的にこのような存在論的、認識論的な不確実性に直面することは、個人的には必要性を弱めるであろう特定の処方箋にしがみつくよりずっとよいのである。このことは、我々プロの研究者としての誠実さにとって欠かせないことである。

　それと同時に、我々は、盲目的に作業のやり方を探し回る姿勢は擁護しない。我々はAR において、社会的、物的文脈を理解し解釈する能力、議論のための適切な場を決定し設定する能力、相互作用のプロセスを導く能力、そして参加者が自らの知識をアクションにおいてテストし、その結果を省察することを手助けする能力、これらが中核であると信じている。このように、アクションリサーチャーは、結果として得られた知識を実践において試すことを含む、共創的な学習プロセスの管理について解釈し、理由付けできる能力を備えていなければならない。

　AR の中心的な倫理的、政治的な到達点とは、さまざまな束縛から解放される結果を達成することである。束縛から解放される結果がどのようなものかを正確に述べることは簡単ではない。しかし、これを単なるレシピに引き落とすことも擁護するつもりはない。我々のAR の実践において、束縛からの解放となる結果がいかなるものかを決定することが、共創的な学習プロセスで明示される部分である。

　議論の出発点として、束縛からの解放となる結果について議論するために、さしあたり導入的な定義として「現地の参加者たちが、自らの状況に対してより大きな集団的なコントロールを獲得する結果のこと」と定義できる。我々は個人の解放や、グループの構成員の個人の能力を引き出すことを言っているのではない。現地の参加者たちが彼ら自身の置かれた集合的状況を把握し、操作する能力を高めることである。

　この種の解放は、抽象的に計量できる産物ではない。高度に抑圧的な状況の中においては、小さな進歩も飛躍的な解放として感じられるかもしれないし、一方でより開かれた状況では、大きな変化があったとしても、参加者にはさほど重大に経験されないかもしれない。我々は変化が現実のもので、現地の参加

者にとり集団として意味のあるものであるべきだと考えている。人々が束縛からの解放という結果を経験したかどうかは、決して AR の専門家が一方的に決めるものではない。それは、AR 集団にこの課題を課す我々にかかっているのであり、それについての会話を続けることにかかっているのである。

サーチング（探索）

　我々は、実用主義的かつ多様なテクニックと作業様式を重視していることを論じ、実にさまざまな手法と作業様式を実践において適用してきたが、共創的な学習へのひとつの大きな、よく定義されたアプローチが、我々の AR への実用主義的アプローチにとってきわめてふさわしい。それは**サーチング** searching である。以下にそれについて「詳細に」説明することとする。それは、いかなる AR 的状況においても用いられるべきだからではなく、それが重要な結果をもたらすことができることが証明されており、それを詳述することによって、我々が AR についてどのように考えているか、より具体的な見方を読者に示すことができるからである。
　サーチングはある特殊な共創的な学習プロセスを指す。サーチングの核心は、体系的な実験に基づいて、一般の人々が構造化された知識生成（計画策定から実施に至るまで）に取り組むことにある。参加者は、行動しながら、継続的にサーチし試し続けることによって、新しい考え方や行動様式を学習するよう支援される（Emery, 1993, p.192）。

サーチカンファレンス

　サーチカンファレンス search conference は、参加型計画とデザインのための作業様式である。サーチカンファレンス手法の目的は、関係者に直接関わる問題の解決を目的とするアクションを集団的に計画し、デザインできるようにすることである。これは探究の集合的プロセスであって、参加者全員にとっての学習の選択肢を生み出し、計画から具体的な行動へと移っていく。
　サーチカンファレンスは、多くの場合、閑静な場所で、比較的多数（15〜40 人）の構成員による数日間の会議の形をとる。開催に先立ち、サーチカン

ファレンスの計画立案は、立案グループによる問題設定のプロセスと、参加者の自主的な選抜と準備で始められる。ひとたび会議が開催されると、参加者は自分たちが置かれた状況のいきさつに関する情報を分かち合いながら進んでいく。次に彼らは創造的なプロセスを通して集団的に対処する問題群を取り出し、問題を解決するためのいろいろなアクションプランに行き着く。サーチの最後の段階では、参加者たちは数あるアクションプランの中から、どれに取り組むかを集団として決める。このように、サーチカンファレンスは計画策定、創造的問題解決、そして具体的行動を1つのプロセスに統合している。この統合がサーチカンファレンスの最も際立った特徴であり、ARを行う上できわめて適切な方法論なのである。

　サーチカンファレンスは対話 dialogue のためのさまざまな場を創造する。サーチカンファレンスが進んでいく間に起こるさまざまなイベントの構造は、大まかに事前に決められている。数人のサーチカンファレンス管理者 search manager による導きのもとにあるが、そのプロセスは内部の論理に従って進行する。サーチカンファレンスはほとんどの場合、ファシリテーションが巧みである限り、参加者のエネルギーを自分たちの問題把握と解決のために首尾よく引き出せる。人々をひとつにまとめ、考え抜き、自分たちの将来を考える機会を与えることによって、自ずから創造的なエネルギーが生み出され、サーチカンファレンスのプロセスに建設的に注ぎ込まれる。我々は今まで、失敗したサーチカンファレンスに参加したり運営したりしたことはない。とはいえ、続いてとられた行動がサーチカンファレンスで設定された高い期待に応えられない状況をしばしば見てきた。

　サーチカンファレンスは5つのプロセスを統合している。まず、ステークホルダーたちの異なるいきさつの解釈を共有することを目的としたディスコースを生み出す。第二に、将来(目標)について、そして、もし将来に創造的に対処しなかったなら何が起こるだろうかについての共通のビジョンを発達させる。第三に、参加者を創発的な活動に引き込み、望ましい目標を達成するためのアクションプランを探索する。第四に、行動に関する集団による優先づけを促進する。第五に、計画を行動するグループと特定の行動に結びつける。成功したサーチカンファレンスの結果は、参加者が集団として取り組みたい一連の行動方策と計画である。

サーチングの歴史的源泉

サーチカンファレンスは、大英帝国、スカンジナビア半島諸国、そしてオーストラリアにおける産業民主主義の伝統から生まれた。サーチングの理論的、方法論的発展は、ロンドンのタヴィストック人間関係研究所のフレッド・エメリーとフィリップ・ハーブストの２人の主要な研究者に遡る。２人ともとてもよく似た専門的背景を持ち、臨床も経験した社会心理学者で、同じ国際研究ネットワークで仕事をしていた。一方は南半球に、他方は北半球にいた。そして、互いに並行して、サーチングの考えと実践を形作った。オーストラリアの方では、メリリン・エメリーがサーチプロセスを概念化し理論を発展させる上で不可欠な役割を果たした（Emery, 1982, 1993）。

サーチングがどのように発展したかを記述する他の方法は、これが産業民主主義運動を中心とする国際的なネットワークから生じてきたことを見ることである。産業民主主義のために働いていた人々の間の大きな関心事は、変革のための集団行動の中にどのようにして参加型計画作りを統合させるかということであった。当時のほとんどの AR のモデルで主たる障害となっていたのは、専門家によるプロセスの占有であった。変化のプロセスはしばしばアクションリサーチャーにより計画・実行され、本当の意味での参加者の関与は限られていた。

当時起こりつつあった２番目の問題は、社会的イノベーションがより広い範囲に普及しないことへの懸念であった。多くの地元ベースの社会変化の実験は成功したものの、その成果はその当初の場面に閉じ込められたままであることがほとんどだった。単に有望な結果が達成されたというだけでは、自動的に広がることはない。このことは、参加型プロセスをより広い社会層に広げてゆく方法を見出すことへの関心につながっていった。

この後者の問題に最初に言及したのは、エメリーとエーサー（Emery & Oeser, 1958）による、オーストラリアにおける農業改良の普及に関する研究においてであった。それよりずっと後に、これらの問題が２つの書物により取り上げられ、その中でサーチカンファレンスがテーマとして現れたのである。『ヒューマン・フューチャー』誌上のハーブストによる 1980 年の論文において、サーチカンファレンス手法の概念化が提示され、ノルウェーにおける最初

のサーチカンファレンスの様子が伝えられた。これはノルウェー北部、スキャルヴォイ島で行われた（Engelstad & Haugen, 1972; Herbst, 1980）。このサーチはのちにとても重要なものとなった。オスロの労働研究所の多くの研究者グループにこの方法についての経験を提供し、地元のコミュニティに良い結果を残したからである。

　オーストラリアでは、フレッドとメリリン・エメリーのサーチングに関する研究が、オーストラリア国立大学からワーキングペーパーとして 1974 年に最初に出版された。ハーブストとエメリーの出版は、サーチカンファレンスの発展の転換点となり、今日の広く普及し評価されている一連のサーチカンファレンスの展開を開く契機となった（Emery, 1998; Martin, Hemlock, & Rich, 1994; Martin & Rich, 1994; Weisbord, 1992）。

ノルウェーの経験

　サーチカンファレンスの根底にある一般的な発想は、1970 年代初めのノルウェーの文脈からきている。社会民主主義における労働者の参加に関する世論が沸き起こっていた。産業民主主義に関する注目を集めた AR が、社会変化をもたらすための参加型アプローチの肥沃な土壌となった。この文脈の中に、サーチカンファレンスの根底にある発想と、参加型計画、および変化のプロセスの普及の問題とがぴったり呼応している。

　たとえば、この時期までに、オスロの労働研究所のアクションリサーチャーたちは、社会技術的変化をもたらすための専門家モデルをすでに放棄しており（Elden, 1979）、サーチカンファレンスモデルを使って、複数の会社において変化をもたらす取り組みの模索を同時進行で行っていた。サーチカンファレンスはこのような状況にうまく適合し、スキャルヴォイ町役場の計画策定において、この手法が最初に本格的に導入されることとなった。ノルウェーと国際学会をつなぐ代表的な研究者、フィリップ・ハーブストはこの最初の研究に大きく影響された。このサーチは同町の経済的行政的開発に焦点を当てたもので、ノルウェーの文脈においてはかなり急進的なものと見られた。というのも、この開発政策事業は幅広い市民参加に基づいていたからである。

　サーチカンファレンスを地域コミュニティの開発事業に適用することが、ノルウェーにおいて主要な社会開発手法のひとつとなった。そして、サーチング

はノルウェー政府が後押しするいくつかの地域開発事業における、主要な要素となった。一時、60以上の地方自治体が地域コミュニティ開発事業に関わり、しばしばサーチカンファレンスが事業立ち上げのために実施された。その結果は十分に成功し、内務省はサーチカンファレンスをどのように運営すべきかのマニュアルを委託した（Brokhaug, Levin, & Nilssen, 1986）。すべての人々が推薦される青写真に則って行動したわけではないものの、サーチカンファレンスの手法の要素は広く知られるようになり、サーチカンファレンスがひとつの有効な手法であることを多くの実務家に知らしめた。

　地域コミュニティの環境でサーチングを実施する試みが展開され続けた一方で、産業界でも同様の試みが進められた。サーチカンファレンスは産業界でも変化のプロセスをもたらすツールとして適用されていったのである。この方法はいくつかの異なる産業団体に成功裏に適用された。特にオスロの労働調査研究所に関係した研究者やコンサルタントは、変革プロセスを開始する方法としてサーチングに大いに注目した（Hanssen Bauer, & Aslaksen, 1991, p.202）。これらノルウェーの経験は、アメリカ合衆国に拠点を置くコンサルタント、マーヴィン・ワイスボードに大きな刺激を与えた。彼は、1987年の一時期、ノルウェーの実務家たちからこのサーチカンファレンス手法を学んだ。のちに彼は、この知識を得て独自のスタイルで用い、アメリカ合衆国のビジネス業界や公共政策の改善に用いた。

　オスロの労働研究所は、サーチカンファレンスに基づいた研究作業様式を開発した。そこでは、サーチカンファレンスの固定的な構造の多くを緩め、ファシリテーターの役割も変えた。ハーバーマス（Habermas, 1984）の理想的発話思考の「操作化 operationalization」[訳注1]に基づいて、民主的な対話から外れないようにする促進的な実践を形成した（Gustavsen, 1985; Pålshaugen, 2000, 2002）。このような型の会議は「対話会議 dialogue conferences」と名づけられた。その名が示すように、きわめて重要な要素は、参加者の間で開かれたコミュニケーションを促すよう努力することにある。このモデルはノルウェーの産業において重用され、労働者層と経営陣が相互の企業開発活動に加わっている。

オーストラリアの経験

　フレッドとメリリン・エメリーがオーストラリアにおけるサーチカンファレ

ンスの展開の中心人物で、オーストラリアでもサーチカンファレンスが広く活
用されている。フレッド・エメリーは、産業民主化運動の発展における役割と
共に、サーチカンファレンス手法の発展においても国際的な中心人物であった。
オーストラリアの文脈においては、彼の妻、メリリンも同じく重要な役割を果
たした。また彼女も、何年にもわたって、サーチカンファレンスについて夫以
上に書き続けてきた。

　オーストラリアで直面したさまざまな挑戦課題の多くは、ノルウェーにおけ
るそれと軌を一にしている。社会変化のプロセスを発展させ、それからその変
化を広げていくことは、それほど効果的ではなかった。それらが開発されたと
き、新しい民主的な作業形態は、多かれ少なかれそれが創造されたところにと
どまる傾向にあった。メリリン・エメリーはサーチングに関する重要な論文
(Emery, 1982) を出版し、参加者の学習プロセスに関する詳細な議論を展開し
た。彼女はまた、参加型計画策定により広い公共的な弾みを持たせる方法とし
て、多面的サーチについても論じた。この戦略は重要で、のちに「オーストラ
リアをサーチングする Searching Australia」という、サーチングを社会変化を
もたらすためのオーストラリアをあげた努力にする野心的な計画に取り入れら
れた。

　1989 年、オーストラリアの労働生活分野の研究者は、「オーストラリアの職
場 Work Place Australia」と題した国際会議を開いた。その主要な催し物のひ
とつに、参加者が 1 週間、サーチカンファレンスに加わるという企画があった。
多面的なサーチカンファレンスが組織され（20 回開催された）、外国人や地元
の人々が共に参加した。我々はこの多面的サーチプログラムの有効性を判定す
ることはできないが、この努力は、参加型デザインの方法論としてのサーチン
グを国際的に認識させることとなった。実際、この会議が成功したことはその
後のオーストラリアの研究者たちの活動に見られ、定期的に外国に出て、他国
の研究者たちにサーチカンファレンス手法を訓練している。たとえば、メリリ
ン・エメリーはアメリカ合衆国で、サーチカンファレンスの仕方を教える仕組
みを構築した。

アメリカ合衆国におけるサーチカンファレンスの活用

　アメリカ合衆国に最初にサーチングをもたらしたのは、タヴィストック研究

所の研究者たちであった。1980年代の初めころに、フレッド・エメリーとエリック・トリストがペンシルバニア大学ウォートンビジネススクールに客員研究員として赴任した。この期間に、トリストはニューヨーク州ジェームズタウンで大きなARプロジェクトに積極的に関わり、エメリーはニューヨーク州北部のネイティヴ・アメリカンたちと働くために招かれた。この後者の活動は、セネカ・インディアンの将来に焦点を当てたサーチとなって結実した。

　さらにアメリカ合衆国に大きく影響を与えたのは、マーヴィン・ワイスボードによるコンサルティング事業である。彼の著書のひとつ *Productive Workplaces*（『生産的職場』）(Weisbord, 1987) において、彼はサーチカンファレンスのいくつかの実践例をさまざまな職場環境と異なる文化的背景から集めている。ワイスボードは、サーチカンファレンスを行うコンサルタントの育成に集中して、大きなコンサルティング・ビジネスを創り上げた。彼はトレーニングと執筆活動を通して、アメリカにおけるサーチ手法の導入に多大な影響を与えた。

　この普及は歓迎されなければならないが、それは一方で、アメリカにおいてかなり特異なサーチングの見方が広く行き渡ったことを意味している。ワイスボード (Weisbord, 1992) のサーチカンファレンスのやり方は、アメリカビジネス界の所与の権力構造に適合するよう仕立てられた、サーチングの変形である。ワイスボードのアプローチと我々がこれまで説明してきたアプローチとの根本的な違いのひとつは、彼が前もって一定のパラメターを導入し、参加者の間で合意形成されていない部分を背景に追いやることを認めていることにある。こうして、彼は主としてサーチを、共有ビジョンの形成と一部の参加者の創造力を引き出すことに用いている。また彼のアプローチでは、サーチプロセスを通して始まったアクションの展開をいかに持続させるかということにほとんど重点を置いていない。このようなやり方が出てきた背景には、ワイスボードの個人的な経験がある。また、アン・マーティンによる博士論文 (Martin, 2000) において、権力とサーチングに関する議論が提示されているものの、一般的にアメリカにおいては、組織のデザインや権力構造に立ち向かうような議論はサーチから除外されがちである。

　活動的にサーチングを重視するもうひとつの潮流が、コーネル大学を中心に展開している。コーネル大学大学院産業労働関係研究科の、「雇用と職場システムのためのプログラム群 Programs for Employment and Workplace

Systems」[原注2]である。このプログラムはもともとウィリアム・フット・ホワイトが着想し、モルテン・レヴィンとトロンドハイムにあるノルウェー工業科学大学との連繋を用いてサーチングを探求してきた（Whyte, 1994, p.307）。直接連携していることもあり、コーネル大のアプローチはノルウェーのそれときわめて近く、ワイスボードのものより、ノルウェーの伝統とアメリカ学術界との強いつながりを体現している。

構造化された変化のプロセスとしてのサーチカンファレンス

　我々は確かに自身の好みはあるが、サーチングはただ1つの手法と見なされるべきではないことを強調しなければならない。すなわち、サーチカンファレンスの唯一正しいやり方があるわけではない。実務家は、それぞれのアプローチとスキルを持っている。加えて、良い実務家は絶え間なく自らのアプローチを開拓し、変化させている。関わったプロセスからさらに学び、より多くのスキルを身に着けていくからである。それゆえ、この手法を最初に開発した誰かに「正しい」アプローチの保有者という栄誉を与える理由はない。我々は、サーチカンファレンスの手法は1つしかないとするメリリン・エメリー（Emery, 1993）に同意しない。

権力による懐柔 [訳注2]

　サーチングにおいて、権力による懐柔 co-optation は本当に問題である。サーチングは、レヴィン流の AR やそれ以前の社会技術システムの作業のように、流行になっている。今では、あまりにも多くのプロセスがサーチカンファレンスと名づけられ、参加型で社会変化を解き放つという不可欠の焦点がないがしろになっている。こうなったことの一端には、不十分な計画や、サーチカンファレンスに対する理解の欠如がある。しかしまた、実は内部の変化への圧力を緩和することを意図して参加者に本物の変化に向けたプロセスに参加しているという幻想を与える、参加者にとっての「神秘的な瞬間」を引き出そうと、頻繁にサーチカンファレンスが実施されるようになったためでもある。アクションリサーチャーたちがこうした問題に立ち向かうのを支援し、読者にサーチプロセスについてより詳細なガイドラインを示すために、以下では、我々自

身の実践から生み出されたサーチカンファレンスの主要な要素を議論していく。

プロセスがサーチとなるのはいつか？

　我々の見方では、グループ活動のプロセスがサーチの特徴を持つためには、以下の6つの要素がなければならない。

1. 共有される歴史を生み出し、参加者の他のグループによれば世界がどう見えているかを、参加者全員が理解すること。
2. グループにとって焦点となっている問題に対する望ましい将来や解決について、共有された展望を生み出すこと。
3. もし何もしなければどんな将来が待っているかという視座が作られること。この視点は、時に望ましい将来についての議論の中に統合される。
4. 焦点となっている問題に対応するためのアクションプランが認識されていること。
5. 集団的な優先順位をつけるプロセスを生み出し、参加者たちが複数のアクションプランの中から選ぶこと。
6. 具体的な変化のための活動を能動的に開始し、達成したことと学習したことを共有するためのフォローアップのプロセスが構築されること。

　これらの6つの要素の内容と構造は異なる。歴史を築き上げていく作業は、新しいアクションプランの構想を練るのに不可欠な創造性を発揮することとはまったく異なる。加えて、サーチを通して、全員によるセッションと小グループでの作業の間に常に相互作用が起こり、新しい社会構造が形成される。サーチの他の重要な点としては、きっちりとした構造やルールが、対話のための価値ある空間を形成する助けとなる儀式的プロセスをいかに生み出すかである。
　ハーブスト（Herbst, 1980）はサーチプロセスを二重トラックとして描いている。図6.1は生産的、創造的プロセスとしてのサーチの全体的な概念図である（共通の歴史と展望を作り、創造的アクションの可能性を生み出し、アクションの可能性の実行性について省察し、可能なアクション群に優先順位をつける）。
　サーチカンファレンスにおける作業のプロセスには、全体でのプレゼンテーションと議論、そして小グループでの作業の両方が含まれる。小グループは、

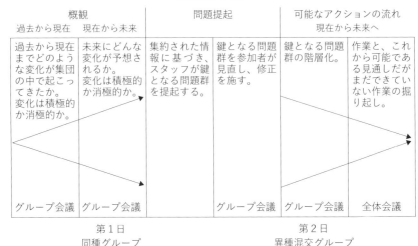

会議のデザイン

| 概観 | | 問題提起 | 可能なアクションの流れ | |
過去から現在	現在から未来		現在から未来へ	
過去から現在までのどのような変化が集団の中で起こってきたか。変化は積極的か消極的か。	未来にどんな変化が予想されるか。変化は積極的か消極的か。	集約された情報に基づき、スタッフが鍵となる問題群を提起する。	鍵となる問題群を参加者が見直し、修正を施す。	鍵となる問題群の階層化。	作業と、これから可能である見通しだがまだできていない作業の掘り起し。
グループ会議	グループ会議	グループ会議	グループ会議	全体会議
第1日 同種グループ			第2日 異種混交グループ	

図6.1　ハーブストの二重トラックのサーチプロセス

背景や利害が共通している場合も混交している場合もあるが、全体での議論に備えて意見や材料を準備する。このようにして、できるだけ多くの参加者が声を上げられるようにするのである。

サーチのための準備

　サーチカンファレンスへの道筋は多様である。ある場合には、地元の参加者がサーチカンファレンスに慣れていて、何をしたいのかを知っている。このような状況の場合、発起人の仕事は、引き受けてくれるファシリテーターを見つけることである。標準的な行政手法ではプロのサーチカンファレンスのファシリテーターに呼びかけて、提案を出させることである。しかし、ARとしてのサーチングは、従来のコンサルタントのワークスタイルを超えたスキルと関与が必要だと考えている。それゆえ、サーチカンファレンスの契約を結ぶこと自体が複雑な事案となる。

　もうひとつのサーチカンファレンスへの道筋は、アウトサイダーが地元の開発事業に関わり、地元関係者にサーチが適切なやり方であることを分かっても

らう場合である。このような状況においては、地元の関係者たちがサーチとは
何か分かっていない場合が多い。アウトサイダーにとっては、サーチのプロセ
スが何かを理解してもらい、地元の人々にとって役立つ可能性を持っているこ
とを示すことが課題となる。そうは言っても、サーチプロセスを始めるのは相
互の信頼関係に依拠している。というのも通常、サーチのプロセスを一度経験
するか、他の集団の成功例でも見ない限り、人々がサーチのイメージを正しく
理解することは難しいからである。

サーチを計画し実施する

サーチカンファレンスを依頼する

　サーチングのはじめの一歩は、サーチを依頼したいと思っている地元の人々
と一緒に問題に取り組むことである。この議論が重要である理由はさまざまで
ある。地元の人々を動機づけた最初の問題は、その集団にとって必ずしも最も
基本的なものであるとは限らないし、生産的なサーチにつながるような形で述
べられていないかもしれない。サーチングは共創的な学習であるから、全員が、
このプロセスがどんなものであるかを明確に理解するまで、サーチを依頼した
人々と議論する時間を十二分に確保することが必要である。
　このプロセスは相互学習の機会を生み出すことを目的としているので、ファ
シリテーターは最初の問題の焦点づけに挑戦し、次に目の前の問題のローカル
な定義から挑戦を受ける必要がある。このような対話を通して、相互理解が得
られ、サーチカンファレンスを計画するために用いられるサーチ対象となる問
題を定義することができる。共同ファシリテーターもしくはサーチカンファレ
ンス管理者として、2人を置くことが強く推奨される。

参加者を選定する

　次のステップは、潜在的な参加者を選定することである。サーチする人々に
とって、理想的な人数規模は20人から40人である。しかし、70人まで増や
して成功したサーチカンファレンス事例があり、最近ではさらに同じ問題を抱

えた複数のグループをリンクさせたサーチが、何百という参加者が関与して行われている（Robert Rich, 1998, 私信；Pelletier, Kraak, McCullum, Uusitalo, & Rich, 1999; Pelletier, McCullum, Kraak, & Asher, 2003; Peters, Hittleman, & Pelletier, 2005）。

　適格なステークホルダーの適切な選定はとても重要である。彼らは、サーチの焦点に応じて選定される。検討中の事柄に正当な関心や発言を持つ個人および集団を探し出すために、あらゆる努力を払わなければならない。これは複雑な手続きであり、通常、サーチを依頼する人々の視点から始まる。しかし、このグループが関係するステークホルダーを十全に代表していることはまずない。ファシリテーターは、利害を持つ関係するステークホルダーができるだけ多く加わるよう、慎重にプロセスを進めていく必要がある。

　このプロセスはサーチを依頼した人々との討論から始められるが、すぐに、適格な参加者を見つけ討論に招くプロセスはネットワーク分析の形態となる。設立グループが挙げた個人や集団から始まり、接触した新たな潜在的な参加者に、サーチに招かれるべき他の個人や集団を推薦してもらう。このように続けて、立ち現れた参加者の選択がなされる。しばしば、どの程度含めるかは、許容可能なバランスが得られるまで、何度か拡大されたり縮小されたりする。

参加者を招待する

　ファシリテーターが、適切な人々の集団が参加者として選定されたと判断し、地元のステークホルダーたちも賛成したら、彼らを招かねばならない。我々の考えでは、これを行う最良の方法は、インタビューにからめて招待することである。ファシリテーターが招待したら、インタビューを通して、参加者とその背景や組織上の立場についてより多くの知識を獲得することができ、サーチファシリテーターはずっと効果的に行動することができる。インタビューによってファシリテーターは参加者たちの人物や状況についてより深い理解を得、サーチカンファレンスの間、サーチの構造やプロセスに関して十分な知識に基づいた判断をすることができる。同時にこの招待を兼ねたインタビューは、参加者たちにサーチカンファレンスが何を意味しているのかを伝える効果的なプロセスともなる。これは潜在的な参加者に対して、情報提供の機会とも動機づけの機会ともなる。ときには、制約があって計画グループにこの招待作業を代

理してもらう必要があるかもしれない。その場合、少なくとも参加者は知り合いから招待され、快適な環境の中でプロセスについて質問する機会を得られなければならない。何事もそうであるように、ファシリテーターと参加者が良く準備をしていればしているほど、サーチは成功する可能性が大きくなる。

ロジスティクス面での支援

物資面の支援構造についてここで詳しく述べることは避けるが、良い環境設定とロジスティクス面での支援が得られることはとても重要である。サーチは、グループが自分たち自身のことを学習することに多くを依っている。それゆえ場所は少なくとも、閑静な、参加者にとって日常から少しの間でも離れた環境を提供し、お互いや手許の問題に強く集中できる環境である必要がある。これにより、サーチ自体をしていない間に互いに打ち解けて知り合う機会が与えられ、日常との距離が生まれて、サーチ課題を省察し、それに集中する機会を強化する。

全体での議論ができる規模の大部屋が備わっている場所を見つけることが重要である。大部屋は、参加者が自由に動き回れる程度に大きい必要もある。さらに壁にはフリップチャートが備わり、進行中の議事が一目で分かるようになっていることが必要である。場所には小さなグループ活動ができる十分な区画もある必要がある。必要な器具用具を集め保管できるスペースも、同じく重要である。

サーチを準備するにあたっては、地元の参加者との緊密な協働が前提条件となる。それによって、参加者を招待する良い基盤ができ、企画グループの者が、共同ファシリテーターを担う助けともなる。これは、地元の人々が将来サーチカンファレンスを自分たちで行えるよう訓練する効果があるが、しかしまた、地元の人々がサーチカンファレンスのデザインや運営について発言するという重要な民主主義的な効果も持っている。

サーチカンファレンスの諸段階

サーチプロセスは典型的にはおよそ2日間を要するが、長さは柔軟に考える必要がある。このプロセスに多くの時間を費やすべきであるとする意見は、

サーチが集団的な学習プロセスに依拠している事実によっている。このプロセスは早くは進まない。サーチがもっと短いと、一時しのぎになってしまい、持続的な学習プロセスを生み出すという基本的な目的を壊してしまう危険がある。

　サーチは、取り組んでいる問題について共有された歴史に関する全体討議から始まり、理想的あるいは可能な将来に関わるセッションが続く。通常これで1日目が終わる。2日目は、アクション戦略の開発が始められる。タスクフォースが組織され、以降の会合の予定なども話し合われて、サーチが終了する。

共有される歴史を生み出す

　サーチングの最初のステップは、共有される歴史を生み出すことである。これは、グループの歴史的経緯に関して共通の理解があるべきだということではない。むしろ、関連する歴史に関して、すべての参加者が互いの考え方を把握する必要があるということである。核心となるアイディアは、歴史がいかに多面的であり、異なる要素を含むものであるかを示すことにある。このことは、参加者のすべての視点を聞いた後では明らかなことであろう。サーチに臨むグループの多くは、共有された歴史を持っているものだが、サーチを経て生み出される歴史は違っていて、普段は見逃されたり、日常生活では意図的に排除されていたりする人々の経験や視点が掘り起こされるからである。

　サーチを開始する共通のやり方のひとつは、まず意見が尊重されているメンバーに大局的な史観を描いてもらうことである。それから、参加者の各グループはそれぞれの視点から独自の歴史を生み出す機会が与えられる。これらは全体討議で引き合わされて、全体として納得のゆく、異なる要素をいっそう含む立場を一緒に築いてゆく。

　共有される歴史を築くもうひとつのやり方に、図を描いたり文字化したりを創造的に用いるものがある。全体討議の部屋の壁を紙で覆い、自由に図や文字を記入することができる。いくつもの紙を一列に並べたり、継ぎ合わせた長い紙でもよい（Martin & Rich, 1994）。この表面に、非常に大まかなタイムラインが記され、左の開始点から出発して現在まで続く。そして参加者は、自分が貢献できる事項があったら、いつでもそれに図や出来事を追加してゆく機会を与えられる。その後、グループ全体が、何か加えた人のそれぞれの説明を聞く。

このアプローチを通じて、参加者は他者の歴史の解釈を学び、それらを織り込むことができ、その全体のプロセスが新しい共創された歴史を生み出す。

共有された展望を生み出す

サーチプロセスのこの部分における一般的な目的は、望ましい、実現可能な将来に関する共有された位置づけを生み出すことである。これは望ましい将来と可能な将来を対照する中で構築される。望ましい将来は、地元のコミュニティや組織が次の10年を経てどのように見えるべきかの展望であるかもしれない。ここでの核心となる課題は、参加者が互いの考えを表に出し、望ましい将来についての意識を共有することである。これもまた集団的プロセスであり、参加者はグループに分かれ、あるいは全体討議に参加して、一種のコンセンサスを得るまで話し合う。そこからしばしば立ち現れるのは、個人の解釈やアクションの余地を残す、全体的な合意である。

完全なコンセンサスは必要でも望ましいわけでもないものの、許容できるレベルでの相互理解や合意形成が必要である。サーチカンファレンスは目標についての最低限の共通の理解とコンセンサスがあって初めて、有意義な結果を導き出すことができる。マーティン（Martin, 1995）はより厳格な見方を示しており、理想の将来に関してあまりにも異なる視点があった場合は、サーチカンファレンスは実質的な結果をもたらさないと主張している。

理想的な将来を見定めるためのプロセスを実行するひとつの方法は、比較的小さくまとまったいくつかの同質的なグループから始め、それぞれのグループに5〜10のサーチ対象となる重要な達成目標を挙げるよう求めることである。それからそれぞれのグループが全体討議でその視点を提示し、これがすべての参加者にとっての討論の土台になる。サーチファシリテーターは、全体での討論が次第に参加者が合意できる課題に焦点が絞られるようにしなければならない。このコンセンサスを作る作業が重要で、と言うのも後のアクションチームの行動指標となるからである。

可能性のある将来も、同じ手法を用いて導かれる。グループはもし将来をよくするために何も行動を起こさなかったらどうなるかを想像するよう求められる。プロセスのこの部分は非常に繊細なところであって、将来についての消極的な見方が顕在化しやすく、参加者を最悪の恐怖に突き落としかねないからで

ある。我々は参加者がこうした恐怖と正面から向き合うべきだと考えている。恐怖を正しく捉えて明確化すれば、真の変化が必要であることを感知する助けとなるからである。

　サーチグループが一度可能性のある将来を捉えることができれば、歴史や理想の将来にしばしばまとわりついている、ある種の泡のように吹き出してくるエネルギーは消失するだろう。この現状認識もこのプロセスの一部であって、ファシリテーターはそれを緩和したり受け入れやすくしたりする必要はさらさらない。実際、各参加者が、何もしないことの意味を直接経験することが重要だと確信している。これが、それに続くアクションへの関与をする基礎なのである。このことを強化するために、通常サーチカンファレンスの一日をここで終え、参加者たちは理想的な将来、可能な将来について反芻し続けることになる。他の終わり方も可能である。使える時間、課題の種類、そしてグループダイナミクスに応じて、しばしば時間配分の変更が必要である。

アクションプランを特定する

　望ましい目標とアクションを起こさないことによる結果について全体的に理解したら、価値ある目標に達するためのアクションに向けたアイディアと戦略を作ることが課題となる。このプロセスは参加者の創造的能力の上に築かれる。参加者に、創造的な能力を自由に発揮するように促すことが大切となる。日常生活の中で我々が本当に創造性を発揮する機会などほとんどない。サーチにおいては、このような創造性を促すために時間を使うことは良き投資となる。

　これを実行するには、いくつかのルールを守る必要がある。他の参加者のアイディアへの批判は許されない。参加者はそれぞれの考えを明確にするよう要求してもよいが、どの考えも等しく考慮に値するものとして尊重されるべきである。参加者の誰であっても、時間を占領したり、他の参加者をこき下ろしたりすることは許されない。ファシリテーターは参加者のジェンダー、年齢、人種、イデオロギーの違いに注意しながら、対話をできるだけ開かれたものにする必要がある。この時点で創造力を発揮するよう促す良い方法は、地元のコミュニティや組織における経験や職位の異なる参加者たちのいくつかの小グループを立ち上げることである。メンバーたちはそうして戦略開発とアクションプランを作り上げ、全体セッションで披露する。全体討議では、より明確に

理解するための質問は許されるが、披露されたさまざまなアイディアを批判しないよう奨励される。

アイディアに優先順位をつける

　この創造的プロセスが機能するなら、この時点までに集まったグループは選択するさまざまなアクションを生み出している。これらのすべてが、理想的な将来に至ることを目的としている。しかしながら、これらに至った創造的なプロセスの性質から、これらの考えには特に決まった順番はない。大きなグループで作業する場合は、何らかの方法で順序づけなければならない。我々は、これはサーチファシリテーターに委ねられていると考える。

　多くのサーチで、初日はこの時点で終わりになるが、一方で参加者が最悪の恐怖に直面して終わる場合もある。もしアクション項目が示されたなら、ファシリテーターたちは夕刻を使って、一緒にまとめることのできるアクションのカテゴリーを作ることもできる。これはとても重要な作業である。なぜなら、この作業は優先順位を決める土台となるからである。これはファシリテーターたちがプロセスに持ち込むカギとなるスキルのひとつである。ファシリテーターたちは地元の文化を理解し、項目間の相違を見分けることができ、類似も理解する知識を持ち合わせている必要がある。ファシリテーターたちによるこのような取りまとめが最終的な結果となるわけではないが、翌日の優先順位を決めるプロセスの基盤となる。

　翌日は、ファシリテーターたちによるアクションの項目のプレゼンテーションから始まる。より明確化したり修正するための質問を受けつけた後全体での開かれた議論で、参加者たちの見方がいかに多様であるかのある程度の理解が生まれる。もし共通する核心となる問題群が容易に現れてくれば、すぐ優先順位を決める作業に取り掛かることができる。全体討議で明確で統合的な見方が出てこなければ、再度参加者たちを小グループに分けて検討してもらうことが効果的である。たとえばそれぞれのグループに、３つから５つの最も望ましいアクションの項目をリストアップする作業を課す。その結果が再び全体討議で提示され、グループ全体が、集団的な意思決定を行うための道筋がついてきたかどうかを見極めることができる。

ボランティアのアクションチームによる具体的な変化への活動

　サーチの最終段階は、合意が達成されたアクションを実行するアクションチームを組織することである。これは優先順位づけプロセスの辛辣なテストでもある。参加者たちはここで、カギとなるアクション項目が記載されたシートに署名して、自分の意思を示す。通常、参加者たちが重要だとした課題の中には、まったく申込みがないものも出てくる。これらについて省察することは大事ではあるが、サーチの目的は、理想のアクションの世界を明確にすることではなく、人々が問題を解決するための具体的なアクションをとろうと思う世界をはっきりさせることである。常に、人々のエネルギーや努力以上の計画があるものである。

　サーチカンファレンスを取りまとめるために、新しく組織されたアクションチームは、簡単な計画会議を招集する。それぞれのチームが、作業の最初にやるべきことを計画する。この計画には、グループの目標と、会議日を含めた細かいスケジュール、暫定的な運営者を決めることが含まれる。参加者たちはグループとして特定課題についての全体フォローアップのための会議にも参加しなければならない。理想的には、サーチカンファレンスも含めて、1年間続けることが望ましい。2〜3か月おきに開催される全体フォローアップ会議は、他の作業チームの行動結果を参加者たちの間で共有できるようにして、参加者全員がプロセスの展開を追跡できるようにする。これにより、すべての人がより学習機会に恵まれることになり、変化への努力への自分たちの取り組みであるという集団的な意識と統制が形成される。

　再びここで強調したいことは、調査のプロセスは著しく多様であるということである。それぞれの局面の期間、ファシリテーターと参加者の人数、小グループの編成、議論に必要なルールをどの程度強調するかなど、すべてが異なる。というのも、ファシリテーターが異なったり、あるいは同じファシリテーターでも特定のグループのダイナミクスが展開するのに合わせて巧みにアプローチを変えていくからである。このように、サーチングはレシピではなく、高度なスキルを要する共創される AR のプロセスなのである。これをレシピのように扱おうとするなら、効果のないアクションやプロセスに陥ってしまい、それを参加型だと誤って思い込むことになる。

結論

　サーチカンファレンスは、実用主義的 AR のプロセスで用いられる手法のうちのほんのひとつにすぎないが、サーチカンファレンスについて詳細に述べ、我々のアプローチのカギとなる特徴を強調した。これは地元のステークホルダーたちとの対話を徐々に多面的に展開し、問題の焦点を次第に精緻化し、インクルージョンを促すプロセスからなる。そうしてより構造化された共創的な学習の場が形成され、そこでは思考とアクションの関係が、多面的チームワークの文脈の中で強調される。

　我々のアプローチの他の側面についてはすでに本書の第 2 章から第 5 章までで紹介している。もちろん、コミュニティや組織が共同で社会調査手法を必要とするのであれば、その全ツールキットを使うことができる。量的テクニック、質的テクニック、混合研究法、その他の特定のテクニック（T グループ、グループダイナミクスの実践、シミュレーション、フォースフィールド分析 [訳注3]、分散行列分析、参加型デザインワークショップ、ロールプレイ、スクリプト記述、ナレーション）は効果的でありえるが、それらが適切なのは、協働的に定義された目的群がある文脈で、かつ地元の参加者がそれらを使用し批判的に結果を検証できる条件がある場合に限られる。

　実用主義的 AR 戦略の核心は、複合型調査、アクション、そして民主的にもたらされる AR の諸目標を尊重し、常に参加者との会話が継続されることにある。これはまた、さまざまな事例の検討から生まれた教訓でもある。サーチングは強力で価値があり、特定の文脈で他のツールと同じように有用であるのは確かであるが、参加者の一部が他のステークホルダーたちを貶めるような状況の調停に実用主義的 AR を使えるかは疑問である。実用主義だけでは、権威主義に対する武器として十分ではない。

原注

[1] 我々は「実用主義的 pragmatic」の語を 2 通りに用いている。まず、第 2 部で論じた実用主義的とネオ実用主義の哲学的伝統を指している。しかし同時に我々は、「便利な」、もしくは「実用性に優れている」という「実用的」の日常の言葉の意味をも喚起するこ

とを意図している。

訳注

［1］ ユルゲン・ハーバーマス『コミュニケイション的行為の理論』未來社，河上倫逸ほか訳，1985 年を参照。

［2］ 懐柔 co-optation とは、その研究のプロセスにおいて、研究者が既存の構造や規範を変えようとする人や集団を懐柔し、支配的な集団とそのプログラムに参加することが彼らの目的を最もよく満たすと信じ込ませることを意味する。

［3］ フォースフィールド分析 Force Field Analysis とは、クルト・レヴィンによって考案された意思決定ツールのこと。あるアイディアについて、推進すべき理由や論点（推進する力）と反対する理由や懸念の論点（抵抗する力）の両方を洗い出し、それぞれの強さを評価した上で、アイディア展開の是非や展開方法について考える。http://lifenavi-coach.com/ARchives/72691734.html 参照（2022 年 11 月 1 日最終アクセス）。

第7章

権力と社会改革
—— サザン PAR、教育、フェミニズム、アクションリサーチ

　複雑で多様な分野を簡潔にそして大まかに紹介することは、どうしても戯画になるのを免れない。このことは、権力問題、社会改革、地域開発、抑圧との対決に焦点を当てたアクションリサーチ（AR）の膨大なアプローチを扱う我々にとって明白なことである。フェミニスト、解放の神学者、労働運動家、コミュニティオーガナイザー、非政府組織（NGO）のリーダー、政府高官、エスニックグループのリーダー、そして学界の少数の社会科学者が、アクションリサーチという標題の下に居場所を見出している。権力と根本的な社会改革への関心という点では一致しているが、方法、イデオロギー、関心のある問題の焦点の違いにより、千差万別の様相を呈している。権力関係や抑圧に対する普遍的な関心事項から、これらのアプローチをすべて「サザン PAR Southern PAR」の標題の下に置く人もいるだろうし、それは間違いではないだろう。しかし、我々は、サザン PAR の中のさまざまな流れを認識することを通して、それぞれのアプローチ間における大きな多様性と社会改革に対するまったく異なる理想的なデザインを見失わないように努める。我々は、それらの流れを紹介すると共に、それらが生み出す文献への案内も提供し、一緒に取り上げる。

　我々がそうするのはまた、これらの実践者と、社会の構造改革にはあまり関心がなく、むしろ社会的学習や組織デザイン、一般的な個人の幸福の向上に重点を置く他のアクションリサーチャーとの間の大きな違いを描くためでもある。アクションリサーチにおけるこれら２つの大きな傾向は大きな溝を生み出しており、その架け橋となってきたのはごく少数の実践家にすぎない。両者は、互いの仕事について無知であり、AR に関する幅広いイデオロギーの違いに対して不寛容である傾向がある。最悪の場合、権力志向のアクションリサーチャーは、学界、産業界、公共部門、地方自治体で働くアクションリサーチャーを、権力エリートのために倫理を妥協することもいとわないと見ている。その

対極にいる者たちはしばしば、権力志向の研究者を権威主義的で、自分たちの見解の正しさを確信しすぎている一方で、自分たちが周辺的な地位にあることが名誉の象徴であるとしがみついて、常にマージナルであることを余儀なくされていると見なしている。

　幸いなことに、このような強硬な姿勢は稀であるが、それでもこの2つのグループの実践の間には、思想的、またしばしば方法論的な大きな違いがある。我々は、ARを実践している人々には、それぞれの立場でARに取り組む権利があると信じているが、互いに学びあい、誠実であろうとすることで、大きな収穫が得られるとも信じている。これは結局のところ、彼らがARを実践する上で主張していることであり、他人の知識を尊重することを主張しながら、AR実践者のグループ全体の知識を否定するのは矛盾しているのである。

　本章で取り上げた実践者たちが共通して持っているのは、ARプロジェクトが対処しなければならない中心的な問題として、権力と権力関係を捉えている点である。最大の悪は権力の不均衡から生じており、権力関係を公正に、あるいはより平等主義的にバランスをとることを抜きにしては、真の社会変革はありえない。その一方で、それとは対極の立場にいるアクションリサーチャーは、権力差の存在を否定するわけではないが、組織の生活の質や機能を向上させるために多くのことができると考え、これらの改善は解放にもつながると考えている。先進工業社会の中核的な制度にこうした変化がなければ、参加と民主化という目標に到達することはないと、多くの人は考えている。

　本章では、サザン[原注1]PAR、成人教育、現代フェミニズムの議論を同時に扱っている。なぜなら、これらのアプローチには多くの共通した問題があるからである。しかし、それらは同じではないし、対立する見解なしに共存しているわけでもない。たとえば、一部のフェミニストは、サザンPARの男性中心主義 androcentrism を適切に批判してきた（Maguire, 1996）。最近では、ブラジルの参加型リサーチ運動のカリスマ的リーダーであり、やがて世界中に広がったパウロ・フレイレの研究が、まさにこの南の伝統の中から厳しい批判にさらされている（Bowers & Apffel-Marglin, 2004; 本書第8章「教育アクションリサーチ」も参照されたい）。

　しかし、これらのアプローチは、政治経済学とプラクシスの分析を中心とした多くの主要な基本的特徴を共有しているため、ひとまとめにすることは有効であると考える。現代のフェミニズムは、特にサザンPARとAR全般に対す

る関心を復活させることに主な役割を担ったため（Greenwood, 2004b）、とりわけフェミニズムが重要と考えている。我々は、現代社会科学に対する一致した、反正統派、反実証主義のフェミニストの批判が、AR 全般に関する議論を再開させるきっかけとなったと信じている。フェミニズムはサザン PAR に関連するポリティクスを再活性化させ、この努力は AR の一般的な再検討へと発展していった。

　AR を自分たちの努力に寄生するものと見なし、AR の議論を自分たちの努力の流用、もっとひどい場合は懐柔と見なすフェミニストもいるのだから、そうした視点から見ればこれは良いニュースばかりではないことを付け加えておく。このような反応は、2 つの理由から理解できる。第一に、フェミニズムが受けてきた一般的な懐柔がある（Messer-Davidow, 2002）。加えて、AR の実践者がフェミニズムに由来するアイディアや課題を、それが他者の長い闘争の中に源泉があることに気づくことなく、または認識しないまま公表することに対して、フェミニストはしばしば苛立ちを覚えている。さらに問題を複雑にするのは、サザン PAR 実践者の中には、フェミニズムを主に「北の」白人女性の運動と見なし、それは、貧困層の連帯を必然的に必要とする社会変革をごまかし、弱める動きだと考えるものもいることである。

　AR のポリティクスもフェミニズムのそれも、民主的な社会変革という共通の目標から注意を逸らすような実践者間の争いになってはうまく機能しない。両者とも他の種類の AR 実践者の方法や実践にもっと持続的に付き合うことで、利益を得ることができると我々は信じている。そして、ほとんどの富裕国の政治構造が深く保守化していることを考えると、より大きな正義、公正、公平に関心を持つ変化の担い手たち change agents の重要なグループが、共通の敵とではなく、互いに争いあうことは自滅的な行為である。

参加型リサーチとサザン PAR

　まず参加型リサーチ participatory research（PR）と参加型アクションリサーチ participatory action research（PAR）の分析から始める。この一連のアプローチは、不平等に対する批判と、階級闘争のモデルの枠組みの中で起こった解放の実践として生まれたものである。このような実践や闘いは裕福な国にも

存在するが、これらのアプローチは特に貧しい国々で実践されている。

　ここで言及した思想家や学派は、何らかの一貫したまとまりを形成している
わけではない。これらのアプローチは、権力、社会階層、貧困に関する見解に
おいて大きく異なっている。しかし、彼らは開発および組織構造の合理化に対
する従来の覇権的なアプローチに対する根本的な違和感を共有している。彼ら
はみな、権力関係に対する鋭い政治的・経済的分析、そして権力の所有者が変
わり、不平等を軽減した場合に限って、大きな社会変化が起こるという確信の
上に立っている。これらの実践家にとって、単に仲良くしたり、和解させたり
するだけでは、持続可能な社会変化を構成するのに十分ではない。

　ここでは、用語をうまく扱っていくことは難しい。**サザン Southern** という
のは曖昧な用語で、地理的な意味合いよりももっと明確に道徳的な意味合いを
持っている。**南 South** を引き合いに出すことで、このグループの実践者たち
は、世界のどこにいようと貧しい人々や虐げられた人々と手を組むことを象徴
している（北と南は地理的な参照語ではなく、持てる者と持たざる者を意味し、
そのため、北にもかなりの南が存在する）。また、**参加型アクションリサーチ**と
参加型リサーチには、用語上の問題がある。ある人にとっては、これらの用語
は異なるものである。またある人にとっては、同じ一般的な種類の実践のため
の 2 つの名称である。さらに他の人は、残念ながら、北で「参加型アクション
リサーチ」と呼ばれてきたもの、つまり多くの人々が権力者に懐柔された共謀
者と信じている実践形態と区別するために、その実践に**サザン**という言葉を追
加する必要があると考える[原注2]。本章で**サザン**という形容詞を用いたのは、
主にこうした実践形態における明確な政治的意図を強調し、こうした政治的意
図に敬意を示すためである。

解放としての民主化

　先進国の多くの思想家にとって、民主化とは自己決定的な政治プロセスに集
団を組み込むことを促進する継続的なプロセスである（つまり、それは標準的
なリベラル派の見解である）。しかし、北の他の人々や貧困国の多くの人々は、
抑圧された人々の解放を民主化にとって不可欠の条件と見なしている。このよ
うな行動的思想家たちは、貧困を包摂の欠如や不十分な教育、不十分なインフ
ラの結果として捉えるのではなく、裕福で権力のある国内外のエリートによる

多くの人々への抑圧というシステム的なものと捉えている。このような世界観は、不平等や不公正は、ある集団がより良いものを求めると決めたり、善意のアウトサイダーが変化を促すために入り込むだけではなくならないという信念に基づいている。

　サザンの視点から考えると、国際的な開発プロジェクトは、それが貧しい国や貧困地域にわずかな変化をもたらすにせよ、意味ある社会変革への道筋とはならない。貧困と抑圧に対する唯一のまともな答えは、権力と金の配分を根本的に変えることである。この鋭く揺るぎない政治的な焦点は、サザン PAR のアプローチを特徴づけており、究極的にはラディカル・フェミニズムと密接に結びついている。

　これらのアプローチは、階級闘争、生産様式の役割、労働の商品化、国際資本主義の弊害を強調する新マルクス主義的世界観の諸形態を基盤としている。これらは、ラテンアメリカやアフリカのほとんどの国、アジアの一部の国、そして豊かな資本主義国にある悲惨なほど貧しい地域における貧困を説明し、維持している重要な要素である。これらはまた、豊かな国々で貧富の差が拡大している現状を説明するものでもある。

　こうした考え方の論理的帰結として、サザン PAR のアプローチは通常、富の分配とそれに伴うリスクへの暴露の分布に関する研究から始まる。既存の公的機関に対しては不信感があり、詳細な分析によってそうでないことが判明しない限り、一般に不当な秩序を守る機関と見なされる。人々から不信感を持たれている機関としては、学校や大学、教会、政府や政府機関、政府が関わっているほとんどの国際開発プログラムやビジネスなどが挙げられる。

　したがって、このアプローチにおける取り組みは、貧困と抑圧の状況の外部から推進される分析から、現地の状況への介入をデザインすることになる。このローカルな介入は、しばしば（常にではないが）一種の動員努力として始まり、アウトサイダーは意識改革者とローカルな議論の触媒（カタリスト）の役割を果たす。時には、アウトサイダーは、すでにこのようなステップを踏み始めているインサイダーをサポートするためにやってくるという形をとる。また、アウトサイダーが、変化を促し、組織化することを目的にやってくることもある。

　この作業では、外部エージェントが現地の状況の原因について事前に分析を行い、それを現地の人々にフィードバックすることで、彼ら自身が状況の原因

について分析するための余地と意欲を作り出す。この分析から、アクションプランが導き出される。状況によっては、サザン PAR は成人教育や識字プログラムの形式をとり、地域の貧困や抑圧につながる状況について議論し、分析することを中心に指導が行われる。その他にも、非政府組織や教会、さまざまな地元のアクターとの協働など、さまざまな道がある。

　標準化された革命的プラクシスや従来の労働者組織化戦略とは異なり、サザン PAR は現地の人々の知識、分析、努力に価値を置き、より多くを依存する。現地の人を犠牲者としてのみ扱うのではなく（犠牲者であることは否定しないが）、むしろ現地の人と彼らの文化の誠実さとレジリエンスを尊重した上で、サザン PAR の実践者たちは活動を展開している。彼らの前提は、ローカルナレッジは本物で、詳細であり、価値があるということで、それは、自分たちが「人々」にとって何が良いかを知っていると確信している外部の多くのオーガナイザーが決まって無視している考え方である。サザン PAR のプロセスは、まず、地元の人々のグループを集め、自分たちの状況を議論し、分析することによって、課題に取り組むことから始まる。これらの分析から、研究と社会変革のための課題が生まれるが、これらの課題は、アウトサイダーと現地の人々の共同作業によるものである。

　このようにローカルナレッジに焦点を当てることは、サザン PAR にとって不可欠である。このアプローチでは、ローカルナレッジは時にロマンチックに扱われるが、その根底にあるのは知識への敬意を促し、それを通じて外部のエージェントと現地の人々との関係を開かれた協働作業へと向けることである。知識はローカルなものであり、強烈な個人的体験から生まれたものであるため、尊重に値するものであり、アウトサイダーはその話に耳を傾け、その知識をもとに発展させようとするのである。別の言い方をすれば、ローカルナレッジに対するこのアプローチは、貧しい人々や抑圧された人々が、一般には無視されている知性と分析能力を備えていることを認めるものである。したがって必然的に、彼らの貧困を彼らの無知や怠惰という観点からではなく、抑圧の観点から説明することになる。この点で、このアプローチは、本書で議論されている AR に対する他の多くのアプローチと非常によく一致しており、どこでもすべての人々が、自分たちの住む世界について複雑だが整理された理解を持っているという、従来の人類学の前提とも一致している。

　このようなローカルナレッジ、そしてアウトサイダーの知識と現地の人々の

知識のやり取りによって、両者の見解を変えることができる共創的な対話 cogenerative dialogue が始まる。アウトサイダーの視点はどうしても抽象的なものであり、ローカルな活動を妨げる具体的な要因の多くについて間違っていることが多い。一方、インサイダーの視点は、あまりに具体的であるため（時には現地の活動家によって均質化されることもある）、貧困を説明するだけで、アクションを起こす余地がないように思われがちである。この2つの視点を持つ者が対話することで、実践的な介入が可能なところについて共通の感覚を生み出すことができる。

　この地点に到達したとき、分析はしばしば調査へと焦点が移行する。アウトサイダーと現地の人々は、直面している問題について何らかの参照枠を共有し、その問題に立ち向かうためのリソースを評価し、動員することができる。（貧しさに裏打ちされた）無知は抑圧的なシステムにおいて最も強力な武器のひとつとなるため、この段階ではしばしば、現地の人々に特定の調査方法を訓練し、彼らが問題の原因を一緒に調査する能力に自信を持てるようにすることが必要となる。彼らはしばしば、強力なビジネスや政治的利害関係者の意向に反して、自分たちの主張を裏付ける証拠を集め、分析し、提示しなければならない。調査はこの闘争の武器であり、この調査は時に、密かに行われなければならないほど危険なものである。

　調査のトレーニングは、決して文脈から抽象化されることはない。成人教育の流れを汲み、人々が直面する具体的かつ直接的な問題に焦点を当てたトレーニングが行われる。識字率向上トレーニングもそのひとつである。また、ボイスレコーダーやビデオを使って自分たちの状況を記録することで、現地の人々が社会研究者となる場合もある。どのような形であっても、メッセージは同じである。現地の人々は知的であり、自分たちの状況を合理的に分析することができる。また、自分たちの状況を改善するための調査を行うことができ、さらにその状況をより良く変えるための基本的な権利を持っている。調査によって、彼らの闘争のために使える新しい声を手に入れることができるのだ。

　このプロセスを通じて、外部のアクションリサーチャーは、扇動者、プロセスマネージャー、まだ完全に調査プロセスに組み込まれていないグループの代弁者、調査手法のトレーナー、そして多くの場合、活動記録者といったさまざまな役割を担っている。これは、複雑で注目度の高い役割であり、多くの葛藤が内在している。自由に動き回れる富を持つ教養ある人物として、この人物は

必然的に、地元では一般的に否定的で抑圧的な経験を持つアウトサイダーの代表と見なされるのである。この障壁がある程度克服されたとしても、教養あるアウトサイダーへの服従行動（現地の状況に関する情報の隠蔽と連動）、これらアウトサイダーへの敵意、現地の人々が持つローカルな能力に対する信頼の欠如、これらが新しく組み合わさることで脅威となるローカルの権力体制、そして人種差別など、対処すべき行動ルーチンが依然として存在している。

　プロセスの記録者として、アウトサイダーはしばしば、プロセスがどのように概念化され、外部に提示されるかについて必要以上に影響を与える立場にある。このような文脈では、声と表現の問題が特に厄介なものである。もしインサイダーが抑圧的なシステムを変えようとすることで危険にさらされるなら、アウトサイダーは当局からトラブルメーカー、革命家、あるいはテロリストと見なされるかもしれない。このプロセスは複雑で、しばしば不均一であり、時に本当に危険なものとなる。

　こうした困難にもかかわらず、この方法で実施された取り組みには多くのものがある。最も重要で有名な実践者の一人が、オルランド・ファルス・ボルダである。ファルス・ボルダは、民主化と社会正義の側に立つ知識人・学者としての自らのコミットメントに基づいて、大学を離れ、ラテンアメリカの農村コミュニティで直接行動を起こすようになった。彼は、自分の考え方と、彼と彼の同僚が従事した多くのプロジェクトの一部について、公的な記録を残している（Fals Borda & Rahman, 1991; Hall, Gillette, & Tandon, 1982; Park, Brydon-Miller, Hall, & Jackson, 1993）。彼の著作は、実践の理論と望ましい効果をもたらした一連の介入事例を記録しているだけでなく、さらに推し進めて、彼自身の見解と経験を、ラテンアメリカ、アジア、アフリカで活動する他の実践者のそれらと結びつけた。その結果、ファルス・ボルダを通じて、貧しい人々の生活に適用される解放志向のPARの実践の見解を得られるようになったのである。

　これらの問題について、一般読者向けに多くを執筆している他の実践者には、デヴィット・ブラウンとラジェス・タンドン（Brown & Tandon, 1993）がいる。彼らは、従来の研究、参加型リサーチ、PARにおけるいくつかの相違の価値を明らかにしようとし、世界中の貧困と抑圧の具体的な状況に長く精通してきたことに基づいて分析している。ホールら（Hall, Gillette, & Tandon, 1982）、フレイレ（Freire, 1970）、パークら（Park, Brydon-Miller, Hall, & Jackson, 1993）、

ギャバロンとヘルナンデス（Gabarrón & Hernández, 1994）、これらはすべて有益な文献である。

南北協力

　読者は、南と北の実践者の間にある問題をはらんだ関係性に気づかなければならない。最近、北でARが急速に復活していることから、南の活動家の多くは、民主的な取り組みを不明瞭にし、鈍化させる目的で、北で彼らの視点が取り入れられることに不安を抱えている。この懸念は無意味なものではない。我々はみな、もともと左翼的な批評や手法が抑圧的な勢力によって懐柔されるのを目撃してきた（たとえば、参加型開発、持続可能な開発、人権、フェミニズムなど、これらはすべて権力による懐柔や家畜化といった力に執拗にさらされてきた）。

　たとえば、先進国の民間企業では、現在流行のトータル・クオリティマネジメントの目標を達成するために、労働者をより全面的に事業に参加させることがひとつの方法となっている。これは、しばしば参加を増やすという言葉でくくられ、最近では、従来の組織開発コンサルタントが自分たちの仕事を「参加型アクションリサーチ」と呼び始めている。多くの場合、「参加」とは、労働者や他の下位者がより大きな、より広い責任を負うことを意味するだけで、意思決定に対するコントロールはほとんど、あるいはまったく得られない。このような状況下では、参加やARへの言及は、組織の民主化や社会的正義の向上を意図していないため、不誠実なものとなってしまう。南の実践者とのやり取りから生まれる北の実践者の最大の利点のひとつは、こうした権力による懐柔のプロセスに対して注意を払うようになることである。

　しかし、南の視点の価値を認めた上で、北のARと懐柔、そして南の仕事とそれからの自由をイコールで結びつけようとは思わない。もし北のARがすべて必然的に懐柔されていると考えるなら、我々はARの実践者ではないだろう。我々の経験では、先進国社会の中核的なセクターにおけるARは、南と同様に参加と民主化の問題に真剣に取り組むことができる。このような場合、戦略はある程度異なり（識字率や貧困のレベルの違いを反映している）、問題の焦点も異なり（アドボカシー、人々への啓発、新しい目的のための既存制度の利用）、結果は革命的変化よりも改善的変化を伴うことが非常に多い。しかし、社会の変

化は現実のものであり、権力関係や抑圧の分析も同様でないということはない。裕福な経営者グループに支配されていることは、たとえ労働者が我慢できる生活水準にあるとしても、依然として抑圧されていることに変わりはない。世界の他の場所にもっと貧しい人々がいるというだけで、こうした抑圧された人々の権利を無視したり否定したりするのは、無神経なことである。

　もちろん、南の一部における抑圧の状況は、多くの場合、恐ろしくひどいものである。政府の腐敗、国軍による地域社会の抑圧、安価な労働力を維持するための国内外資本の利益、継続する植民地主義、非識字、飢餓などの状況下での貧困、抑圧、死は、北の問題をそれほど深刻でないように見せている。しかし、北の人種的に抑圧された人々、ホームレス、薬物中毒者、虐待された人々、そして読み書きのできない人々が抑圧されている。工場で働く労働者もだ。これらの工場では、その経営者が参加を隠れ蓑として、スピードアップ、人員削減、組合潰し、多額の役員報酬、政治体制を腐敗させるために会社のリソース投入が行われている。中間管理職もまた、より簡単に操作できる安価な労働力に置き換えられており、抑圧されている。抑圧はどこにおいても抑圧であり、北でも南でもあらゆるところで見られる。

教育における戦略

　アクションリサーチ（AR）の実践に人々を導く最も重要で頻繁な道のりのひとつは、さまざまな文脈の教育分野[原注3]においてである。ここでいう「教育」とは、小学校から中学校までの学校制度の改革から、大学や大学院での研究まで、あらゆるものを指す。また、技術や社会の変化により離職した人々の再教育や、変化の激しい分野で最新の技術を身につけるための技術教育など、成人教育も含まれる。この説明で突き当たる組織的な問題は、教育という広い分野は多くのアプローチを包含しており、権力と社会変化の問題を扱うのはその一部だけだということである。

　この多様な分野はさまざまな方法で分けることができる。ひとつは、小学校、中学校、高等教育、成人教育、インフォーマル教育、継続教育など、扱う教育の場によって分ける方法である。もうひとつは、教育が持つ多面的な機能に着目する方法である。教育は、既知の事柄の伝達と社会的な規範の遵守を含む保

守的な使命を持つと見なすことができる。しかし、教育は、構造や考え方を保存すると同時に、既存の仕組みに対する批判や新しい考え方の開発を促進するものであると捉えることもできる。後者の場合、教育は社会的な取り込みと移動性を伴うと考えることができる。最後に、教育に対するいくつかのアプローチは、改革主義的傾向が強くあり、教育を社会の仕組みを変え、大きくライフコースの変化をもたらす方法と見なしている。

　20世紀の大半、フォーマル、ノンフォーマルを問わず、教育への取り組みはアクションリサーチャーの中心的な活動領域であったため、教育分野の歴史はARの歴史と多くの箇所で交差している。アメリカの公教育制度の父と言われるジョン・デューイは、教育的志向を持つARにおいて重要な人物である。学校と社会の関係、教育と民主主義の関係、自己管理的な探究の学習形態と自由であることの関係についての彼の考え方は、教育システムが社会変革に関与する可能性を強く印象づけるものである。

　デューイは、学校を通じて民主化の目標を長期にわたって追求し続けたが、有意義な社会変革はほとんどなし得なかった（Westbrook, 1991 参照）。しかし、デューイの考えの多くは、社会変革の担い手と共鳴しあった。労働組合の組織者の中には、自らを教育者と見なす者もいるし、アメリカの貧困層の生活改善に関心を寄せる多くの社会改革者たちも同様であった（たとえば、Alinsky, 1946; Chávez, 1975; Horton, 1990）。

　このような教育実践と課題の多様性は、当然のことながら、非常に多様なARの実践を生み出す。その中には、社会的に保守的なものもある。たとえば、教育ARでは、教室ベースの研究、教師の改善、従来のエクステンション活動[訳注1]などが挙げられる。また、識字率の向上、人種・民族・ジェンダーへの配慮、自尊心の育成、技能開発、学習者の相互支援コミュニティの形成など、より社会変革に結びついたものもある。最後に、教育的アプローチの中には、強く改革的なもの、あるいは急進的なものさえある。フレイレ（Freire, 1970）の「意識化 conscientization」、ハイランダーセンター（本章で後述）のような成人教育、労働組合の勉強会、ファルス・ボルダが取り組んだようなプロジェクトベースの仕事などである。本章では、教育に対する改革派と社会変革志向のアプローチのみを扱う（その他のアプローチについては、本書第8章「教育アクションリサーチ」で述べる）。

　社会変革の波が行き交う中で、教育改革への取り組みも行われてきた。労働

運動からは、さまざまな教育プログラムが生まれてきた。世界恐慌の余波は、地域開発と教育のイニシアチブを生み出した。公民権運動の時代もそうであった。1968年の出来事は、教室内外で教育への取り組みが盛んになるきっかけとなった（Readings, 1996）。社会変革の大きな試みはすべて、受動的な対象として扱われてきた人々が能動的な主体になることを目的とした一連の教育改革を伴ってきたのである。

　これらの教育活動は、国際的に非常に広く展開されている。民主化のための手段としての教育への注目は、サザンPARが成人教育に重きを置いていることと戦略的に重なっている。南では成人教育とARを明確に区別することは難しく、そうすることは不自然でさえある。世界中の貧困層が抱える深刻な問題に直面し、多くの場合、上記に言及した教育制度を持つ豊かで力のある国々の活動によって貧困が生み出されたため、南の実践者たちは、解放を目指す成人教育に強い焦点を当てるようになった。貧困にあえぐ成人の多くは教育水準が低く、社会変革の取り組みに積極的な役割を果たすような心構えができておらず、これはもっともなことである。ARの実践者の多くは、まず入口となる幼少期の教育に焦点を当てるよりも、社会変革のために奮闘する役割を担う大人のスキル、能力、自己認識、自信の育成にリソースを集中することが最善であると考えたのだった。

　この歴史的出発点を尊重しつつ、我々は、貧困国および先進国の貧困地域の両方における成人教育に関する豊富で多様な文献に注目する。成人教育の一形態としての労働組合組織化、労働組合教育、公教育システムの外にある成人教育学校、ARにおける教育機関の潜在的役割など、教育に基づく介入の数々をレビューする。この議論は、必然的に異質な方法、イデオロギー、実践の物語に言及することになるが、それはこの分野がどのようなものであるかを示しているにすぎない。この多様性は、長い間、教育戦略を特徴づけてきたダイナミックなエネルギーの一部なのである。我々は、ミシェル・ファイン（Fine, 1992）のような、北の教育機関におけるさまざまなARの取り組みが軽んじられていることを意識している。

フォークハイスクール —— 大衆教育の原点

　成人教育という分野がデンマークで生まれたのは、神学者グルントヴィッヒ

司教（Bishop Grundtvig: 1783-1872）の仕事に始まると考えるのが妥当であろう。彼は、聖書の科学的分析に関して、神学界の権威と激しい論争を始めた。彼の主張は、聖書は一般の人々によって、日常生活を通して解釈されるべきものだというものであった。この対立から、歴史、神学、文化遺産の研究が統合され、文脈に結びついて知識体系を作り出す大衆教育システムを作ろうとする意識的な取り組みが生まれた（Nørgaard, 1935）。1851 年に最初の「フォーク」ハイスクール "folk" high school が設立され、これらの学校は戦争で疲弊したデンマークにおいて、すぐに重要な社会的・政治的要素となった。この民衆教育運動は他のスカンジナビア諸国にも広がり、さらに海外にも影響を与えた。テネシー州ニューマーケットにあるハイランダー・フォーク・スクールは、マイルス・ホートンが設立した教育機関で、フォークハイスクールの構想から大きな影響を受けている。北欧のフォークハイスクール運動は、現在でも多くの学生を惹きつけている。

労働組合教育

教育は常に労働組合の発展に不可欠な要素であり、2 つの目的を果たしている。教育は、組合員を訓練して企業レベルで有能なエージェントとなるために重要であると考えられている。たとえば、交渉や協定の状況に対処することが挙げられる。教育のもうひとつの主な目的は政治意識の水準を高めることである。労働組合の政治闘争では、非常に早い時期から教育への取り組みが真剣に行われていた。労働組合は、組合員を訓練して企業内だけでなく、より一般的な政治分野でもうまく行動できるようにすることが、不可欠な組合能力であると考えていた。この幅広い教育戦略は、北欧の社会民主主義運動において非常に重要なものとなり、ヨーロッパ政治における重要な要因であることが証明された。少し大げさに言えば、第二次世界大戦後の「イートン校」（イギリスの政財界のリーダーのためのエリート養成学校）にあたるのは、ノルウェーでは労働組合の国立教育施設であるスルマルカであった。スルマルカ以外の出身である首相や閣僚はほとんどない。1930 年代には、後の首相エイナー・ゲルハルセンは、現在でも使用されている教科書 *Becoming a Union Official*（『組合役員になるには』）（Gerhardsen, 1932）を執筆している。

労働組合の教育活動には、職場や企業内で組合の問題を処理するための実践

的訓練が含まれ、常に組合イデオロギーの普及の要素が強く含まれている。これらの教育活動は、解放と自己開発のための教育が、主に特定の組合イデオロギーを教えることによって対処されるという矛盾した文脈の中で行われている。

　労働組合教育の取り組みのための概念的なプラットフォームは、具体的な地域の経験に基づいて実用主義的に発展してきたように思われる。知識は力であるという考えに基づきつつ、日常の実践的な問題の解決と密接に関連しながら、労働組合教育はこの種の自明な議論を超えたものになっている。ドイツの社会学者オスカー・ネグト（Negt, 1977）は、労働組合教育のための概念的なプラットフォームを構築した。彼の著作のデンマーク語版の序文で、翻訳者は次のように書いている。

　　　ネグトの主な関心は、学習プロセスを通して、労働者階級に集団的な（意識的であれ無意識的であれ）経験を作り出す可能性を与え、彼らに政治的な方向性を与えることにある ・・・。生産過程における日常的な経験を出発点とし、社会的な関係についての情報（議論、資料、分析などを通じて学習プロセスを支援できる情報）を通じて、社会学的想像力を鍛えること、つまり、個々の労働者が個人の生活と社会の発展との関係を理解できるような思考方法を教えること ［が重要である］。(p.7)

　ここでの我々の目的からは、このプラットフォームを、労働組合教育の概念的基盤の事後的統合として受け入れることができる。これは、明確なイデオロギー綱領を実践的な教育システムに統合したものである。この点で、サザンPAR と多くの共通点がある。

大衆教育

　成人教育、社会変革の取り組み、労働組合的な意識改革などの取り組みにおける境界は簡単には区別できない。関係者は長い間、互いを意識し、時には一緒に仕事をすることもあった。マイルス・ホートンとハイランダーセンターほど、その好例はないだろう。

　マイルス・ホートンは、アメリカ南部の質素な家庭に生まれた著名な教育者である。才能と行動力で大学を卒業した彼は、自分の原点を忘れることなく、

教育で民主的な社会変革を推進しようと決意した。デンマークのフォークス
クール運動について学んだホートンは、テネシー州の山中に教育・社会変革セ
ンターを設立し、そこで地元の人々が出会い、考え、学び、社会変革のために
組織化する機会を提供することを決意した。

　ハイランダーは、連邦政府機関から槍玉に挙げられ、元の場所が閉鎖される
など、数十年にわたり数々の試練を経験しながらも、現在も運営を続けている。
それはアメリカ南部における公民権運動の重要なパートナーであり、コミュニ
ティを基盤とした包括的な AR プロジェクトを推進した結果、鉱山会社の最も
有害な事業の多くが消滅し、何世代にもわたって社会変革に取り組む人々のイ
ンスピレーションの源となっている。

　マイルス・ホートンは、アナーキズム、労働組合の動員、市民的不服従、
AR など、さまざまな社会変革の活動家の伝統をよく理解していた。彼自身の
プロセスに対する考え方は、驚くほど非権威主義的であった。ホートンは、
人々を「組織化」することはできない（しない）と主張した。その理由として
人々は、十分な支援を得られる支援環境と自分で考える機会を与えられたとき、
自ら組織化するからだという考えを持っていたからであった。このように、
ホートンのハイランダーはリーダーシップ主導の変革アプローチとは一線を画
すものであった。彼は、地元の人々の経験と行動力を尊重し、その自信を伝え
ることで、何世代にもわたる変化を求める人々を励ました。

　ハイランダーの物語は、ホートンの伝記（Horton, 1990）や、ホートンが亡
くなる直前にパウロ・フレイレと共に完成させた著作（Horton & Freire, 1990）
の中によく語られている。ハイランダー自体は現在も活動を続けており、成人
教育や AR の普及の中心となっている。

フェミニストによる不平等と開発の分析

　過去 10 年間の我々の教育経験では、AR の基本的な見解を提示した後に、
学生からフェミニズムと AR の関係性について質問されることがあった。彼ら
は、フェミニズムの見解が AR と同じような問題を多く扱っていると正しく認
識している。つまり、実証主義への批判、権力関係の分析、「沈黙」している
人々の知識への尊重、権威ある立場への批判、変革の実践に焦点を当てること

である。また、ARがフェミニズムの分析を、それに帰属させることなく、おそらくは十分な改革的意図もなく利用しているのではないかという危惧も表明している。これらの懸念は注目に値する。フェミニストとアクションリサーチャーが有意義な同盟を結ばない限り、どちらのグループも良い展望を見出せないだろう。

フェミニズムとARは競合する枠組みではない。ARとフェミニズムは民主主義と社会正義に対する倫理的、政治的コミットメントを根本的に共有している。また、ARは理論ではなく、共同研究者が有用と考えるありとあらゆるツールを使用した実践に対する戦略であることを忘れてはならない。何度も言うように、我々はARを参加、アクション、リサーチの要素を、具体的な状況において結びつけるための分析と技術の実用主義的な組み合わせとして捉えている。不平等や抑圧の問題に対処するためには、より少ない純粋なツールを必要としているのではなく、より多くの多様なアプローチを必要としているのである。

同じ意味で、ARはフェミニズムを飼い慣らそうとしたり、礼儀正しくは見えるものの、実際には表面的に取り込むためだけのジェスチャーを求めたりしてはならない。我々は単に専門性の包摂のポリティクスに興味があるのではなく、より良い世界を作る方法を見つけ出すことに興味があるのだ。過去にそうであったように、ジェンダーの抑圧に関するフェミニズムの深い詳細な分析とジェンダー解放の努力から学ぶことによって、ARは成長し続けるべきである。フェミニズムの中心であった実証主義、本質主義、抑圧、理論と実践の分離に対する批判は、ARにとっても不可欠なものである。

ほとんどのフェミニストは、抑圧を通常の状態と見なすことから始め、より解放的な条件を求めて現状を覆す必要があるという信念に基づいて、その実践を構築している。フェミニストは、自分たちの問題を認識してもらうために、また、女性の権利が日常的に踏みにじられていること、そして、人間を本質的に性別で区別することが抑圧の一形態であることを世界のより多くの人々に納得してもらうために、長い間闘ってきた。フェミニストは、これらの悪を正すためには、より良い人間になるための丁寧な会話だけでなく、民主的な社会変革が必要であると断言する。

我々の見解では、フェミニストはこの20年間、従来の社会科学や社会プログラムに組み込まれた権威主義的なパラダイムを崩すために、他の誰よりも多

くのことを行ってきたと言える。この貢献については、アイリス・ヤング（Young, 1990）の *Justice and the Politics of Difference*（『正義と差異の政治学』）の中で知ることができる。ヤングは説得力を持って抑圧を福祉国家、分配的正義のパラダイム、実証主義の社会科学に結びつけ、その方法はフェミニズムによって独自に説き示されていて、従来の社会調査による AR のイデオロギー的抑圧を克服する AR の闘いに直接適用することが可能である。

価値から自由な研究という概念に対するフェミニストの批判は圧倒的なものであった。なぜなら、フェミニストはそのような価値から自由な研究が一般的にいかにジェンダー固有の価値を体現しているかを繰り返し明らかにすることができたからである（Fox Keller, 1985; Lather, 1991）。この考え方から、価値判断の影響を受けない研究は、公平で科学的なイデオロギーの仮面の下に、あらゆる抑圧的な社会体制を覆い隠しているという一般的な考え方まではほんのわずかであり、この批判は AR の本質的要素である。

フェミニストのアプローチはまた、多様性の価値を強調する。女性代表者が不足している状況に注目することで、ほとんどの社会理論と社会政策の中心に、白人、男性、中産階級の人々がいることを明らかにしたのである。彼らは、このことを先進国でも、貧しい国でも、効果的に示してきた（Sims Feldstein & Poats, 1990）。

新マルクス主義とフェミニズムもまた、実際の生産過程に焦点を当てることで、有益な接点を見出した。フェミニストは、社会の生産装置において女性が過小評価されつつも、女性がその中心的な役割にいることを明らかにするために努力し、先進資本主義とその勝利主義的イデオロギーに対する批判に強く貢献してきた（Swantz, 1985）。

フェミニストは抑圧と沈黙を日常的に扱いながら、沈黙している人々の声を聞くこと、そしてその声をテーブルに届けることに、下からの視点で強力にコミットしてきた（Mies, 1990）。ここでは、ライフヒストリーやローカルな知識を重視するフェミニスト分析と AR との一致は明らかである。両者とも、多くの人が沈黙していること、一方ではジェンダーに関する沈黙、他方では階級に基づく沈黙を終わらせようとしているのである。

貧しい国々では（先進国でも）、フェミニストは環境保護、福祉サービス、開発プログラムなどの問題に対して、行為者が主体となるアプローチを強くとってきた。合言葉は、どのような分野であれ、**ジェンダーに対応した研究**

gender-responsible research である（van den Hombergh, 1993）。ジェンダーへの体系的な配慮がなければ、女性の視点は普通に無視されてしまうという説得力のある指摘である。このことは、AR におけるローカルナレッジの重視が、その価値を肯定されなければ、ローカルナレッジは捨てられ、抑圧が同じように続くという経験に基づくものであり、その並行性は明らかである。

　このように、我々にとってフェミニズムと AR の関係性は補完的なものである。当然のことながら、我々はその恩恵が双方向に流れていると考えている。権力の中枢に対するフェミニストの猛攻がなければ、我々が現在アクションリサーチャーとして占めているような空間は存在しないと考えている。同時に、AR の中でフェミニストの視点が強化され、さまざまな AR アプローチで開発された多くの介入手法に注目することで、フェミニストの実践が改善される余地があると考えている。フェミニストはしばしば AR に関与しているが、この2つの視点を結びつける体系的な試みはほんの一握りである。これらのうち、いくつかの主要な著作を簡単に紹介する。

　パトリシア・マグワイア（Maguire, 1987）は、*Doing Participatory Research: A Feminist Approach*（『参加型リサーチ：フェミニスト的アプローチ』）で、フェミニズムの課題、参加型調査の実践、そして彼女の仕事の個人的な経験について、関連づけて考えている。この本はフェミニズムと参加の問題を問いながら、マグワイアが解決しようとしている社会問題に強く焦点を当てることによって、フェミニズム、参加、社会的実践の組み合わせについて、他の何よりもよく語っている。その後の著作で、マグワイア（Maguire, 1994, 1996）は、多くの種類の AR の実践に対する批判を深め、フェミニストの視点を体系的に取り入れることなしには、参加型研究という概念そのものが不合理なものであることを効果的に論じている。この議論はあまり発展してないが、彼女はまた、フェミニスト研究が自らの範囲を拡大するために AR の領域へと移動しなければならないと考えている。このように、マグワイアは、アプローチと問題の必要性と生産的な相互依存を主張し、説得力をもって、これらの伝統を越えた協力の必要性を論じているのである。

　その他にも、フェミニズムと AR を何らかの形で連動させることを求める人は多い。パティ・ラサー（Lather, 1991）は、*Getting Smart: Feminist Research and Pedagogy with/in the Postmodern*（『賢くなること：ポストモダンにおけるフェミニスト研究と教育』）で、フェミニズムの主要な貢献は、実証主義への批

判、あらゆる形式の探究が価値を帯びることの証明、批判的社会科学の可能性の開拓、「エンパワメント」の政治の推進、ポストモダニズム的課題への対応であると論じている。彼女の野心的な視点の組み合わせは、アクティビスト的な社会科学を通じて、ポストポジティヴィズム、ポスト構造主義、ポストモダニズムのジレンマを乗り越えようとするものである。彼女は、アクティビストリサーチを自身の研究の中核とし、アクションリサーチャーに豊富な分析ツールと視点を提供している。

　他のフェミニスト思想家も、フェミニズムと AR のさまざまな組み合わせを提唱している。ジョヤッパとマーティン（Joyappa & Martin, 1996）は、アメリカの成人教育に対する論争に対して、フェミニスト研究と参加型研究の組み合わせを主張し、レインハーズ（Reinharz, 1992）は、アクティビズムと学術を結びつける「フェミニスト・アクションリサーチ」と彼女が呼ぶものの可能性を探っている。社会変革へのコミットメントなしにフェミニストの視点を持つことは不可能であることが、これらの活動家たちと AR をより一般的に結びつけているのである。

　ミシェル・ファイン（Fine, 1992）は、*Disruptive Voices*（『破壊的な声』）の中で、フェミニズムをさまざまな組織体制における組織的介入、社会的アクティビズムと結びつけている。彼女が提供するいくつかの事例は、フェミニスト研究を、社会変革を目指した共創的な探究に向かわせるものである。

　さらに多くのフェミニスト思想家が言及に値するが（たとえば、Belenky, Clinchy, Goldberger, & Tarule, 1997; Gilligan, 1982）、より幅広い議論を開くために十分なことを我々は述べたと思う。ここでの駆け足のレビューでさえ、フェミニスト研究者と AR に対する他の多くのアプローチの間でコミュニケーションを増やし、その質を高めることの重要性を示唆している。我々は多くの課題を共有しており、AR がフェミニストの視点なしには不可能であることは明らかであると考える。その見返りとして、アクションリサーチャーは、産業民主化運動 industrial democracy movement や協働探究 collaborative inquiry などで開発されたさまざまな介入やグループプロセスの手法をフェミニストにもっと知ってもらうことができる。これらの手法は、フェミニストの活動へのコミットメントを、社会変革の目標に向けてグループで協働するためのよく知られた手法と結びつけるのに役立つだろう。

結論

　権力と解放の問題については、さらに多くのアプローチを挙げることができるだろう。我々の意図は、これらの視点は生産的に結びつけることができ、またそうすべきであると読者を説得するのに十分であることを述べ、サザン PAR とフェミニズムにとって役立つであろう視点の一般的な輪郭を示すことによって、この主張を具体的にすることである。また、北の中に南があること、そして南の視点に基づく AR のアプローチは、南と同様に北のさまざまな状況に対応するものであることを読者に理解していただければ幸いである。南の視点は、参加型の言語が非参加型の目的のために利用される場合、北の実践者に権力による懐柔の危険や軽蔑的な勝ち誇った態度などが常に存在することを思い出させるという点で、特に貴重である。最後に、すべての成功のための必要条件として、成人教育、フェミニズム、AR の関係についての議論を強化することを我々は主張した。

原注

[1] 南とその対極にある北という概念は曖昧なものであることを思い起こしていただきたい。南とは、貧困にあえぎ、虐げられている人々を指す。貧しい国にそのような人々の割合が多いため、**サウス**という呼称はそのための隠語となっているが、北にも南のような状況の場所はたくさんあり、ハイランダーのようなイニシアチブは、南でのこうした変革の努力を支えていると見られるのと同じ社会・経済正義の原則に基づいて築かれたのである。

[2] 我々を悩ませる種類の対立の例は、自らが開発している AR へのアプローチとして宣言するために**参加型アクションリサーチ**という言葉を使ったホワイトとホワイト（Whyte & Whyte, 1991）の著作に見ることができる。この言葉をタイトルにしたこの本には、開発途上国の事例も含まれているが、このアプローチの全体的な政治性は、解放主義の枠組みによって示されているわけではなく、南の実践者が**参加型アクションリサーチ**という言葉をその前に使っていることについても触れられていない。このような言葉の使用は、AR 実践者間のコミュニケーションを阻害する。

[3] この分野には長い歴史があり、それなりに体系化されているので、多くの概説書が主要な輪郭を紹介することができる。最も有用な概説書としては、パウロ・フレイレ（Freire, 1970）の *Pedagogy of the Oppressed*（『被抑圧者の教育学』）、バド・ホール（Hall, 1975）の古典的論文 "Participatory Research: An Approach for Change"（「参加型リサー

チ：変化のためのアプローチ」）などがある。*Convergence*誌に長年にわたって掲載され
た多くの論文、カーとケミス（Carr & Kemmis, 1985）"Becoming Critical"（「批判的に
なること」）、ジョン・エリオット（Elliott, 1991）"Action research for Educational
Change"（「教育改革のためのアクションリサーチ」）、スーザン・ノフク（Noffke, 1994）
のレビュー論文などがある。

訳注
［1］研究・教育機能を広く社会に開放するための公開講座などを指す。

第8章

教育アクションリサーチ

　アクションリサーチ（AR）と関連がある一連の実践の中でも、教育に焦点を当てたアプローチは、最も広範で複雑なものが列をなしている。それは、小学校や中学校の教室やそれらの学校の事務構造における AR から成人教育に対する高等教育、コミュニティ開発、そして解放運動における AR までをカバーしている。このように広い研究領域では、内部にもさまざまなものを含み、この本の目的に沿って意味のある一体性を持たせることは非常に困難である。教育と他の AR の実践の境界はきわめて曖昧であり、別の章で取り上げたアプローチの中にも、ここでも取り上げられているものもあるぐらいだ。分かりやすい見取り図も簡単に分かるガイドもない。我々の目標は、読者が教育というこのテーマに着手し、主要な輪郭のいくつかを見つけ、読者がさらなる資料に出会う方法を見つけ出すことができるようにすることである[原注1]。ここで取り上げられるいくつかのアプローチは、社会変革を志向しているが、サザンPAR の中でのレビューほどは鋭く政治的ではない。この章では、組織的および行動的な変化と制度の改革に焦点を置いていく。

枠組み

　AR に関連するすべての教育分野の研究が、成人教育を扱っているわけではないが、この研究分野の特徴のひとつは、知的な総合 intellectual syntheses と用いられている枠組みの設定が、通常の初等・中等教育や高等教育からというよりもむしろ成人教育からもたらされているということにある。こうしたより大きな統合は、2 つの点で我々の目的に役立つ。それは、モノグラフ的で制度に特化された研究の形態というよりも、テーマにより大きな枠組みを与える。

そしてごく最近になって現れた挑戦的な統合のいくつかは、不可避的に以下のような結論にたどり着くように思える。つまり、産業民主主義の研究と同様に、ARはこの教育領域におけるジレンマから現れる唯一の賢明な方法であるということである。

　このような教育に関わる領域の配置図を作成するにあたり、我々はマティアス・フィンガーとホセ・マニュエル・アスーンが *Adult Education at the Crossroads: Learning Our Way Out*（『岐路に立つ成人教育：出口を探す』）(Finger & Asún, 2001) とロビン・アッシャー、イアン・ブライアント、レニー・ジョンストンが、*Adult Education and the Postmodern Challenge: Learning Beyond the Limits*（『成人教育とポストモダン的挑戦：限界を超えた学習』）(Usher, Bryant, & Johnston, 1997) で提示した枠組みを利用した。これらの野心的でよく考えられた著作は、成人教育という広い視野から、教育と社会変革に関する研究の状況を整理して、本書の他のいくつかの章の中でもおなじみの中心的なジレンマを指摘している。

フィンガーとアスーン──『岐路にたつ社会人教育』

　フィンガーとアスーンは、アプローチを「実用主義者 pragmatist」「ヒューマニスト humanist」「マルクス主義者 Marxist」の３つに分類して、この領域を特徴づけた。実用主義者として、彼らは、ジョン・デューイ、クルト・レヴィン、デヴィッド・コルプ、ジャック・メジロフ、クリス・アージリス、ドナルド・ショーンの研究を取り上げている[原注2]。実用主義者は向社会的イデオロギーに依拠しているにもかかわらず、その研究には社会あるいは政治経済の理論が欠けており、実用主義的な発見、継続的な学習、そして社会変革の可能性に影響を及ぼす諸条件が明らかにされていない、と指摘している。

　フィンガーとアスーンが「ヒューマニスト」学派と呼ぶ研究者には、マルコム・ノウルズ、カール・ロジャース、スティーブン・ブルックフィールドが含まれている。彼らのアプローチの中心にあるのは、人間の成長、自由、そして自己啓発に対する楽観主義であり、人間性心理学に大いに依拠している。結果として、そのアプローチは、政治経済と制度的環境に対するあらゆる理論化を欠いたまま、発達に対して非常にセラピー的で個人主義的なアプローチになっている。

150

マルクス主義的アプローチには、従来のマルクス主義と批判理論（テオドール・アドルノ、ワルター・ベンヤミン、ユルゲン・ハーバーマスなど）が含まれる。この領域はさらに、パウロ・フレイレ（本書第7章を参照）によって、フィンガーとアスーンが「批判的教育学 critical pedagogy」と呼ぶものへと発展している。彼らは、これらすべてのアプローチは、開かれた学習プロセスの可能性を主張する認識論と抑圧の政治を混同しているとして批判している。彼らは、批判理論における**理論**が、どのように解放のための意味のある実践へと導くのかということを理解していない。そして、彼らはこの批判を我々が本書7章で「サザン PAR」と呼んだものと明らかに結びつけている。

フィンガーとアスーンの特定の議論をどう考えるかはともかく、これらのアプローチには違いが多くあるにもかかわらず、そのすべてが同じ目標―― すなわち「その軌道を形成しつつある人々を巻き込んでいくことによってこの開発のプロセスを人間味あるものにすること」（Finger & Asún, 2001, p.96）―― を持っているという彼らの主張は、興味深く、説得力がある。誤解を恐れずに言うならば、一見して批判的な立ち位置にもかかわらず、彼らは、これらを先進資本主義の限定的な批判にすぎないと見なしている。なぜなら、彼らは、開発のプロセスと啓蒙主義に基づく近代化パラダイムの妥当性を認めているからである。

フィンガーとアスーンは「出口を探し出す」ために、すべてのステークホルダーたちが関わる制度的な変化、持続可能性、公正さという、我々には AR の基礎と同じと思われる研究枠組みと実践の組み合わせを推奨している。これは古くからある「開発」図式の顔を変えたものではなく、連帯の世界において新たに共創され、共同決定された新しい生活様式である。したがって、あまりはっきりとは述べられていないが、彼らの「出口」は AR を通してである。

アッシャー、ブライアント、そしてジョンストン
―― ポストモダンの挑戦

ここでは、アッシャー、ブライアント、ジョンストン（Usher, Bryant, & Johnston, 1997）の議論に移る。なぜなら、成人教育をポストモダン的挑戦とする彼らの方向性は、フィンガーとアスーンの議論とは異なる形で行われているが、我々を似たような場所に導くからだ。彼らの見方では、モダニティの終

焉であるポストモダニズムは、さまざまな形で教育と結びついている。今日のグローバル化の状況下において、ハイパー個人化と、集団やシステムのダイナミズムと不安定性は、近代的なパラダイムの屋台骨を打ち砕いている。しかし彼らは、概念としてかつ実践として、教育それ自体はある近代的な枠組みの特定の要素を前提としていると断言している。すなわち、開発と進歩と「エンパワーメント」は、極めて近代主義的概念なのである。彼らは、教育において近代主義に代わるものはないと信じ、それをうち捨ててしまうことはありえないと信じている。だが、彼らはまた、ポストモダニズムは、近代主義の新しい実践のためのかなり有用な条件を創り出すと信じ、「これらの条件は、真理ではなく主張（近代主義的主張）、つまり社会的に形成され、歴史的に配置された文化的な構成物であり、それゆえ特定の言説と目的に対する部分的かつ個別的な主張であると認識する」ことを推奨している（Usher, Bryant, & Johnston, 1997, p.7）。

　彼らが、このことが実践において意味することを話すとき、彼らは、ARのそれとほぼ同じ研究枠組み、手法、そして概念を展開している。開放性、協働、グループプロセス、統合された思考とアクションのサイクル、そしてその他の特徴は、モダニズムとポストモダニズムの両方の「限界を超えた学習」のための基礎を提供する。

　これらの2つのとりわけ洗練され、思慮深い総合は、それ自体読むに値するが、さしあたっては、それらは多様な教育におけるARの実践を簡単にレビューするための一種の背景を提供している。

北の教育改革

学校と教職における教育 AR

　何百人もの教師と大学教員によって行われている実践には、1つとして同じものがない。すなわち、教育におけるARの下には、多くのバラエティがある。主な主張の内容を要約してみると、この領域では、初等、中等、高等教育の教師と彼らをサポートする大学研究者に焦点が当てられていることが分かる。これらのステークホルダーたちは、非常に多様なARを行っており、教師として

の彼らの実践の質と効果を改善することと、彼らが活動する組織上の環境を改善することに主に焦点が当てられている。この領域では、組織開発作業の重要な要素があり、産業民主主義の下で多くの似たような作業がなされている。両方のアプローチとも、クルト・レヴィンとタヴィストック人間関係研究所の研究から重要なインスピレーションを得ている。

ケン・ツァイヒナーは "Education Action research"（「教育分野におけるアクションリサーチ」）(Zeichner, 2001) というレビュー論文において、以下のようにこの分野を分類している。アメリカに基礎を置くアプローチは、クルト・レヴィンの研究に依拠して、コロンビア大学のスティーブン・コーリーの研究に中心を置いている。イギリスでは、ジョン・エリオットとローレンス・ステンハウスの研究に依拠したカリキュラム改革（1960年代〜70年代）が、オーストラリアでは、イギリスから主にインスピレーションを得ながら、スティーブン・ケミスとロビン・マクタガートのようなアボリジニの教育を扱う次元を加えた運動が、アメリカでは、教師／研究者の運動が、そして最近では、教えることを改善するための高等教育の自己研究が行われている。

これらの実践はそれぞれさまざまな違いはあるが、主に専門的な実践と制度内での組織開発の変化に焦点を当てている。専門的な実践と制度内での組織開発における変化を強調する一方で、これらは明らかに改良主義的な活動である。つまり、権力の移行よりも、コミュニケーションのパターンと労働環境を生徒と教師のために改善することと、これらの変化をサポートする政策を改革することを目指しているのである。

これらの AR の中には、教師を中心に据えて、他のステークホルダーたちの参加があまり無いように感じられるものもあれば、生徒の参画と、教師以外のその組織の他のメンバーに対して開かれているものもある。ツァイヒナー (Zeichner, 2001) はこのアプローチに関する重要な文献リストを作っている (pp.281-283)。包括的な総合と方法論的なガイドのための最近の良い資料として、アーネスト・ストリンガーの *Action Research in Education*（『教育におけるアクションリサーチ』）(Stringer, 2004) がある。

公立学校のオルタナティブ

これらの教育における多様な AR に加えて、教育システムに対してさらに強

力な改良主義的なアプローチを意図的に採用している AR もある。たくさんの専門特化された特別な公立学校が組織されてきた。その中には、音楽、ダンス、宗教教育、そして文化継承（たとえば、西洋諸国における日本語土曜学校）がある。ここでは、さまざまなテーマを付け加えることに主眼がある。これらの学校は、カリキュラムを豊富にすることと、日常の公立学校の子どもたちの経験を、親や教師によってコントロールされたより大きな世界観の文脈に置くことを意図している。

高等教育機関内での AR

アクションリサーチャーの教育については、学部や大学院レベルでの AR プログラムを作る多くの重要な努力がなされている。

民主主義的な社会変革のための最も野心的で、資金力を備えた公式の教育戦略のひとつは、19 世紀におけるアメリカのランドグラント（土地付与）大学の展開であった。基本的なランドグラント大学（土地付与）のシステムは、アメリカの領土的な条件と結びついていた。ほとんどの州で、自由に使えるかなりの広い公有地があった。州は、連邦政府からの命令で、これらの公有地の一部を売却し、その収益をもとにした基礎的基金 core fund を設立することになっていた。収入は、州立大学を建設するために使われることになっていた（これがランドグラント land grant という言葉の由来）。それぞれの州は、1 つのランドグラント大学を持つことを義務づけられた。

州立大学が公的資金で建てられたので、ランドグラント大学の使命は、研究、教育、そして公共サービスをできるだけシームレスにつなぐことであった。これらの大学は、州民を教育し、州民の実際の利害関心に関する問題を研究し、その知見を直接的に州民に還元することになっていた。ランドグラント大学の背後にある基本的な考え方は、AR と密接に結びついている。その考え方には、学術関係者と非学術関係者との間の体系的なパートナーシップと、両者の間でのニーズと利害関心についての十分な対話、両者の協働による研究とその結果の検証が含まれている。このような考え方にもかかわらず、ランドグラント大学は、AR の主要な先導的な動きの源泉となることはなかった。

このような公立大学が、必要とされたサービスの多くを実施し、大いに成功してきたことに疑問の余地はないが（Lyall & Sell, 2006）、年月と共に、ランド

グラント大学は、知識の民主化の手段というよりも、むしろ社会的権力の下僕となってしまった。もともとは、知的なものと実践的なものを結びつけることで社会に対して貢献することを奨励され、それに対して報酬が支払われる機関として設計されたが、これらの大学は、非－応用的かつ反－応用的な研究を行う地位の高い部門と、はるかに低い地位に置かれたエクステンション部門やその他の職員に、内部的に細分化されてしまった。

ランドグラント大学は、大規模な農家、強力なビジネス上の利益、労働力を機械に置き換えていくこと、そして他の階層的な営為を日常的にサポートしてきた。ランドグラントというシステムのそもそもの立法上の、そして経済的な責務からすれば、さらにもっと民主主義的な結果を引き出していたはずなのに、結果として、ランドグラントというコンセプトは、権力に懐柔された改革の思想になっている。このような条件の下で、大学の内部での強力な改革主義的なARの展開は歓迎されない。それでも、いくつかの改革がなんとか行われている。それについて少し説明しよう。

ランドグラント大学のシステムの文脈内で、ここでの仕事を再概念化し、再活性化しようとするささやかな運動があり、特にARの原則に基づいて行われている。このアプローチの主要な実践者の一人が、スコット・ピーターズ（Peters, 2001; Peters, Hittleman, & Pelletier, 2005; Peters, Jordan, Adamek, & Alter, 2005）である。彼はランドグラントの理念と民主主義に傾倒していたので、エクステンション・システムの数多くの知られざるヒーローたちの巧みな実践を研究するようになった。これらの協働的な研究から、長い対話の中で生じるナラティブに大きく基づいて、ピーターズは、これらのARの実践にある複雑さと改革のポテンシャルについてのビジョンを示している。そうしたARの実践は、専門家とはステークホルダーたちと「一緒にする」というよりはむしろ彼らの「ためにする」というエクステンションの権威主義的で従来型のモデルが優勢であったため、ほとんどかき消されていたものであった。また、他にもこのような研究を行っている研究者がいる（Crane, 2000）。

サービスラーニング

たくさんの機関が、デューイ（Dewey, 1900）が描いたように、仕事の経験と知的な活動が統合されているサービスラーニング service learning、インター

ンシップ、そして工場実習をいろいろと組み合わせて教育プログラムを展開している。これで有名なのは、アンティオークカレッジとバリアカレッジといった機関である。

　生徒と教職員がインターンシップに関わり、そしてカレッジや大学内外の機関に直接サービスする他の形態の取り組みは、次第にサービスラーニングの運動を生み出した（Giles, Stanton, & Cruz, 1999）。過去20年間において、この運動は、サービスラーニングを何らかの形で実施していない高等教育機関はないほどまでに大きくなった。合衆国におけるキャンパス協定（http://www.compact.org で入手可能）は、950以上の機関と500万人以上の学生たちの取り組みを組織し、推進している。

　とはいえ、学生たちにとってこのような経験が価値あることは疑いようもないが、サービスラーニングはARを含むことはできるが、必ずしもそうではないということを指摘しなければならない。ケネス・リアドン（Reardon, 1997）のような人々の実践では、サービスラーニングは、確かにARを含んでおり、アクションリサーチャーのためのマルチ・ステークホルダー・トレーニングの場となっている。しかし、サービスラーニングはまた、学生たちの教育経験にとって完全に外的なものでありえるのである。すなわち、教育経験とは切り離された一種の「奉仕」活動であって、学生たちはそこから何かを「学習する」かもしれないが、それをほとんど自分で学ぶことになる。

　奉仕の関係を高等教育の中核に持ち込み、サービスラーニングを高等教育とそれを超えた社会との関係性を再設計する方法として使うことは、非常に稀である。サービスラーニングが飼い慣らされるとき、それは教育機関の運営に関わるいかなるものも変えることなく「良いこと」をする方法となる。だが、サービスラーニングがより深く機関のミッションに持ち込まれたとき、それは変革をもたらすことができるのである。

産業先進諸国における成人教育アプローチ

　この章のイントロダクションで述べたように、教育におけるARの領域は広大であり単一のものではない。多くの点で、成人教育の理論家や議論をする人たちは、多くの事例を集めて全体像にまとめてきた。そして、その全体像は、

より限定された制度に焦点を当てた教育分野におけるアクションリサーチャーが提供するものよりも総合的なものである。しかし、ここでは、より従来型の狭い意味での成人教育アプローチと呼ばれるもの自体について議論することにする。

アンドラゴジーとトランスフォーメーショナル・ラーニング

産業先進諸国における成人教育の有名な一般的な用語は、**アンドラゴジー** andragogy である。アンドラゴジーは、マルコム・ノウルズ（Knowles, 1990; Knowles and others, 1984）と、そしてさらに最近では、ジャック・メジロフと強く結びついている。メジロフ（Mezirow, 1991）は、アンドラゴジーを次のように定義づけている。「アンドラゴジーとは、成人教育を行う者の専門的なパースペクティブである。それは、成人が自立した学習者として機能できる能力を高める方法を学ぶことを支援するための組織的かつ持続的な取り組みとして定義づけられてきた」(p.199)。ヨーロッパ大陸では、アンドラゴジーは成人教育を表す用語として広く使われ、この名称を使って学位を出す大学も数多くある。

成人教育の核心は、学習を社会的、文化的、そして物質的な文脈に位置づけられたものとしてみるということである。これらの文脈では、個人的な経験は批判的な反省を通じて解放に導く行為へと変容していくのである。メジロフのトランスフォーメーション理論は、合理的な近代主義の伝統から生じた客観主義的な学習の諸前提とシンボリック相互作用論に由来する意味に関する概念とを弁証法的に総合したものである。彼のトラスフォーメーション理論は、間主観性とコミュニケーション能力の構造に直接固定された批判的な反省に焦点を当てている（Mezirow, 1996, p.165）。

近年、このアプローチは AR と対応する専門的な立場により近づいてきている。メジロフの最近の著作（たとえば、1996年の文献）では、ハーバーマス（Habermas, 1984）の科学的伝統についての批評とコミュニケーション的行為についての研究に依拠している。教育学の教授であるウィルフレッド・カーとスティーヴン・ケミスが、AR の世界に深く足を踏み込んでいった。彼らの著書 *Becoming Critical: Education, Knowledge and Action Research*（『批判的になる：教育、知識、そしてアクションリサーチ』）（Carr & Kemmis, 1985）で、彼らは実用主義的な哲学に依拠したアクションリサーチを認識論的に基礎づけてい

る。

　西洋のアンドラゴジー的な考え方の中心的な概念は、批判的な省察と思考に焦点を当てることである。ブルックフィールド（Brookfield, 1987）は、批判的思考の概念を一冊かけて説明し、参加者が批判的に考える能力を高めるにはどのような過程をたどればよいかを示している。ブルックフィールドは批判的思考における4つの要素をまとめている。

1. 前提条件を特定し、それに挑戦することが、批判的思考の中心的なことである。
2. 文脈の重要性への挑戦は、批判的思考にとって不可欠である。
3. 批判的に思考する人は、オルタナティブ（代替案）を想像し、探求しようとする。
4. オルタナティブを想像し、探求することによって、省察的な懐疑主義になることができる。（p.7）

　ブルックフィールドの研究（Brookfield, 1986, 1987）における重要な要素は、成人教育の過程におけるキーパーソンとしてファシリテーターに焦点を当てていることである。彼は、学生に特定の問題を理解させ、省察させるよう権力を使うことと、批判的に思考する人がその過程を引き継ぐ準備ができたときにコントロールを手放すこととの間に重要な矛盾があると指摘している。この矛盾や緊張関係は、レヴィンとマーティンの研究（Levin & Martin, 1995）でも議論されている。彼らは、学習状況において解放を獲得することができるためには権力を用いることが必要であると主張している。

　南の民衆教育と北のアンドラゴジーとの間には、いくつかの重なりとつながりがある。マイルズ・ホートンとパウロ・フレイレの *We Make the Road by Walking*（『私たちは歩いて道を作る』）（Horton & Freire, 1990）とアイラ・ショアとパウロ・フレイレの *A Pedagogy for Liberation*（『解放のための教育学』）（Shor & Freire, 1987）の2冊の本は、両方とも対話形式で書かれているが、2つの立場の間の関係性に対する考察を生み出している。2冊とも、南と北の実践者たちの間の関係がいかに生き生きとし、そして実りあるものになりえるかを示している。これらの立場の優れた要約と分析は、フィンガーとアスーンの著書で読むことができる（Finger & Asún, 2001, Chap.3）。

企業教室

　後期資本主義の顕著な特徴は、企業教室 corporate classrooms の出現である。多くの会社が独自の訓練と教育システムを作り上げることがトレンドになっている。この領域での主なアクターは、独自の訓練施設を持つ多国籍コンサルティング会社である。会社文化を理解し、仕事のツールを学ぶために、新たに雇用されたコンサルタントは全員、その施設に行かなければならない。これらの企業教室が広がっているのは、ごく自然なように見える。なぜならば、教育をこのように体系化させていくことは、このコンサルタントたちがクライアントに「教育」しアドバイスする際の仕事の進め方と非常に合致しているからである。アメリカでは、20年以上前にすでに、当時3,000校以上の高等教育機関で行われていた授業時間よりも多くの授業時間が、民間大企業が作った教室で教えられていると推定されていた（Eurich, 1985）。

　さまざまなテーマがこの教室では扱われている。多くの領域では、技術的な訓練と再訓練が含まれている。そして他には、人間関係、マネジメント教育、会計実務、自己啓発、そして健康管理といったものが含まれている。このような学習機会は、先進的な情報技術を使うことによって、従業員が職場外でも徐々に利用できるようになっている。

　多種多様な企業教室があり、それらに対して、さまざまな解釈が可能である。正規の教育システムは産業予備軍にとっては貧弱すぎるので、彼らが収益性の高いビジネスにおいて適切に機能するためには、さらなる教育が必要不可欠であるということがひとつの解釈である。あるいは、企業の世界はとてもダイナミックで挑戦的なので、組織が効果的に競争できるようになるには、あらゆる組織は「学習組織」にならなければならないとも解釈できる（Senge, 1990）。企業教室が、世の中に対する企業の考え方に沿って従業員を社会化しイデオロギー的に訓育するという目的に適うように形作られるということも明らかである。

　これは、小規模であったり、経済的に重要ではない活動ではない。年間300億から500億ドルが正式の従業員教育に使われており、1800億ドル以上が正式ではない、OJT教育と訓練に費やされている（Nash & Hawthorne, 1988）。こ

の学習がいかに構造化され、伝授されているのかは、アメリカにおいては AR の研究対象ではなかった。おそらくアクションリサーチャーのほとんどが企業環境内で研究したいと思わなかったか、このような大規模で十分に資金があるプログラムに内在する変化の可能性を認識していないからであろう。

成人教育とコミュニティ開発

コミュニティ開発

　本書第 7 章で、成人教育として分類されるものの主要部分について議論した。ハイランダーセンターや、ベレニキーとボンドとウェインストック（Belenky, Bond, & Weinstock, 1997）、フレイレ（Freire, 1970）、ガヴェンタ（Gaventa, 1982）、ホール（Hall, 1975）、ヒンスデールとルイスとウォーラー（Hinsdale, Lewis, & Waller, 1995）といった人々を中心として起こされたさまざまな運動が先陣を切ってきたコミュニティ開発の取り組みについてはすでに言及したが、論理的にはここでの見出しに合致する。これらの運動が理論や方法や概念において非常に多様である一方で、これらは根本的にすべて、近代主義的な発展モデルの内部で生じた改革主義的運動であるというフィンガーとアスーン（Finger & Asún, 2001）の指摘はもっともである。フィンガーとアスーンが指摘しようとしたように、これらの運動は主に資本主義に人間の顔をつけることを目的としている。実践者の中には、こうすることが何よりも困難であると考えている者もいる。しかし、彼らは全員、この資本主義システムを改良することができると信じている。我々が彼らの上に立とうとしていると思われてはいけないので、我々もこの基本的な方向性を共有しているということを強調しておく。そして確かに、これは我々自身の研究の中心的な前提である。
　これらの活動は、すべて成人教育という範疇に入れることができる。なぜならば、それらは、すでに自らのより良い人生を歩み始めている人々に主に関係する現在進行中の教育、能力開発、自己決定のプロセスに関連しているからである。それらの活動は、教育の方法、そのプロセスがどれくらい個人化されているかあるいは集団に依拠しているかどうか、そして現代の政治経済に対する批評がどれくらい強いのかどうかによって大きく異なってくる。しかし、とは

いえ、それらは（言語学で言う）一般的な家族的類似を帯びている。さまざまな実践者たちはもちろん、同じものにくくられてしまうことに気を悪くするだろう。そして、この領域に精通するには、あらゆる種類の文献を読みあさる必要がある。

AR の枠組みとしての開発

サザン PAR と「南」における民衆教育 popular education は、国際開発の従来のアプローチから外れているという考え方が広まっている。そして、サザン PAR の実践者の一部を怒らせてしまうかもしれない危険性はあるが、フィンガーとアスーン（Finger & Asún, 2001）と、アッシャー、ブライアント、ジョンストン（Usher, Bryant, & Johnston, 1997）それぞれから先に引用した議論の結論は、これらの実践の大部分は近代主義的な「開発」の全体的な枠組みの中に収まっていると考えている。今ある社会を変容させたり改善したりする能力を増大させる可能性を教育は持っていると信じることは、社会を否定することにはならない。実践者たちは、彼らが満足する改良の程度においては非常に異なっているが、我々はほとんどみな、革命家ではなく改良者である。結果として、教育は居心地の悪い緊張や横並び状態 juxtaposition を創り出してしまう。しかし、実践者による AR 自体は基本的に人は自らの生活状況や制度を良い方向に変えるために協働することができるとある程度信じた上での改良の営みである。そのように理解することは、すべての人にとって有益であるはずである。

南における民衆教育

おそらくこの分野で最も知られている伝統は、南における成人教育と社会変革の活動である。これについては、数多くの本が書かれている。我々は、すでに、これについてのいくつかの基本的な見方を示してきた。それはおそらく、あらゆる AR のアプローチの中でも世界的に最もよく知られたものである。そして、その研究を進めているリーダーには、AR の実践者のモデルと見なされている人もいる――たとえば、パウロ・フレイレ（Freire, 1970）、バド・ホーツ（Hall, 1975）、オルランド・ファルス・ボルダ（Fals Borda & Rahman, 1991）。これらの実践家たちは自らの思考と活動を効果的に記録してきたので、原文で

読むこともでき、非常に有意義である。もちろん、広く類似した焦点があるからといって、彼らが開発してきた介入的戦略の個性とユニークさが霞むものではない。彼ら、そして世界中にいる彼らの多くの仲間たちが、それぞれの唯一無二の主張と視点を持っている。それを示すために、それぞれの個性を多少殺すことにはなるが、このアプローチをコンパクトにまとめてみることにする。

　民衆教育のアプローチの出発点は、非常に道徳的であり、政治的である。道徳的な点からまず始まり、それが視野から消えることは決してなかった。人間には、貧困や政治的抑圧から解放された、まともな生活を送る権利がある。人間は、基本的な尊厳を持っていて、尊敬に値する存在である。このような道徳的な点から引き出される政治的な論理は、単純である。人間には自由である権利があり、自分自身の生活・人生を効果的に管理する能力があるのだから、人間が至るところでそのようになっていないことは説明されなければならない。その説明とは、経済力や暴力によって裏打ちされた抑圧である。それゆえ、このアプローチの実践者たちは、自分たちの実践を強力なマルクス主義的な視点に基づいて行っている。彼らは、決して権力と抑圧を見失うことなく、権力構造が転換され、より解放的な権力構造に取って代わられるまで、社会変容が起きたとは考えない。

　これらのアプローチは、マルクス主義と労働組合の組織化の実践から引き出されたさまざまな動員理論の多くの要素とローカルナレッジを重視するという点において一致している。出発点は、貧困者自身の無知や能力の欠如ではなく、エリートの利害と権力が、人々を貧しく、抑圧しているということである。それゆえ、コミュニティにおける住民たちは、自分たちの状況についての詳細で複雑でそして価値のある知識を持っていて、この知識を社会変容のために用いることができる分析と戦略を展開することができる能力を持っているものと見なされるのである。

　アウトサイダーである専門家の役割は、実践者によって異なるが、ほとんどの場合、アウトサイダーはカタリスト（触媒）やファシリテーターであり、時には推し進め、時には注意を与えるが、常に地元住民と彼らの権利に対して敬意を伝えようとする。ここで、成人教育への接続が生まれる。というのも、これらの多くの介入は、成人教育と能力開発の形態として理解されうるからだ。

　AR のプロセスが進むにしたがい、住民たちは、しばしば自分自身の能力と認識に対して自信を獲得して、権威に服従しようとしなくなる。そして、社会

変容を促す組織的な戦略を展開することができるようになる。これらの状況において、相手はただ無知であったり、思慮深くないだけだったりの場合もある。あるいは、相手が本当に危険であり、暴力的である場合もある。それゆえ、このような研究はあまり人々を怖がらせない地域組織を作り上げることから、明確に反乱と定義づけられるかもしれない行為までさまざまである。

パウロ・フレイレ

　このARのアプローチに対する議論を例示するために、パウロ・フレイレの仕事を簡単に振り返ることは重要である。フレイレは、ARとの関連で最も広く知られた名前のひとつであり、サザンPAR、成人教育、義務教育そしてコミュニティ開発の中心的な人であるので、ARに関わるあらゆる人がよく知っている人物である。

　フレイレは、1921年ブラジルに生まれ、長く、複雑な人生を歩んだ。彼の初めての仕事は、成人への教育者として貧困者たちと一緒に仕事をすることだった。しかし、1964年の軍事クーデター中に、その仕事が原因で、ブラジルから追放された。彼のアプローチは、1970年初版の彼の最も有名な著作である *Pedagogy of the Oppressed*（『被抑圧者の教育学』）の中に要約されている。この本は、今まで出版されたARの本の中で最も広く読まれたもののひとつであり、そのメッセージは、いまだに適切であり刺激的である。

　彼のブラジルからの亡命生活は16年にも及び、彼はイギリス、チリに住んで仕事をし、ジュネーブの世界教会協議会でも働いていた。彼は、1969年から1979年までハーバード大学で教鞭を執り、その後、ブラジルに戻ることができた。彼は1988年に、サンパウロ市の教育長に任命され、ブラジルでの公職に復帰した。そこで、彼は自分のアイディアを教育の現場で実践する機会を得た。フレイレは1997年に亡くなった。

　彼の著作には、新マルクス主義[訳注1]とグラムシ的な視点、解放理論、そして組織化の理論が複雑に混ざりあっている。つまり、彼が「教育学 pedagogy」という広い概念の一般的標題の下に集めた大変刺激的なものである。フレイレは、「真実の言葉を語ることは、世界を変えることである」(Freire, 1970, p.87) と信じていた。彼はまた、批判的な意識、すなわち明確で規律あるアクションと省察のサイクルに結びついた語りの力を信じていた。彼は、抑圧された者を束縛する「疎外された意識」に対して複雑な見方をしていて、運動を組織する

人がこの意識に対して持つ最も共通した２つの反応である、「バーバリズム verbalism（唯言語主義）」と「アクティビズム activism（積極行動主義）」を批判した。彼によると、バーバリズムはアクションのない語り（Freire, 1970, p.87）であり、アクティビズムは、批判的な意識の規律を欠いたアクションのためのアクションである（Freire, 1970, p.88）。

　フレイレは、人間に自分自身の存在条件や自分の環境を変える能力を明らかにする批判的なコミュニケーション的行為の力を強く信じていた。それゆえ、彼は、声を持つことを解放の中心的な特徴と見なしていた。フレイレは次のように述べている。「人間は、沈黙の中で作られはしない」（Freire, 1970, p.88）と。そして、さらに、語る権利を取り戻すことは、最も強力な行為形態のひとつであると語っている。

　語るという行為は、敵対的になったり、攻撃的になったりするかもしれないが、フレイレは、対話は愛の営みであり、それには人類に対する信頼が必要であると主張した。なぜなら、対話は、相手が返答しうるものであり、きっと返答するだろうという希望と信念の上に成り立っているからである。それゆえ、フレイレの考えでは、本質的な教育はいつも社会的であり、我々の用語で言う「共創的 cogenerative」なのである。抑圧された者は批判的な意識を発展させること、すなわち彼が「意識化」と呼ぶものを通じて自分を解放しなければならず、さらに究極的には抑圧された者は同じ方法で自分たちを抑圧していた者たちを解放しようとしなければならないというフレイレの主張の中に、愛と連帯の概念が見出される。抑圧している者を解放しないと、抑圧された者が逆に抑圧する者になってしまい、ただ同じことの繰り返しになってしまうであろう。

　フレイレの著作は、さまざまな分野に広がっている（Freire, 1970, 1998a, 1998b）。そして、それに対する批判も同じように現れ始めている（たとえば、Bowers & Apffel-Marglin, 2004）。この研究の一部は、サザン PAR（本書第 7 章）の広範な戦略を代表するものであると同時に、教育 AR の一部とも関連しているということに改めて留意しなければならない。

　これらのアプローチについてはもっと言えることがあるが、関心を持った人に関連する文献をもっと読みたいと思ってもらうにはこれで十分である。ローカルナレッジとその価値に焦点を合わせることと、社会変革は単なるダイヤル合わせの問題ではなく、権力システムの転換の問題であるという主張は、サザン PAR のアプローチに対する２つの最も重要な貢献である[原注 3]。

164

我々が本書第7章で示したように、今ではこれらのアプローチから当然のこととして考えられている前提条件のいくつかの欠点を検証する批判的な文献も現れている。

国際開発機関

　成人教育を扱う最も強力で資金力のある機関の中には、国の資金を開発援助プログラムに注ぎ込む各国政府や国際機関の傘下にあるものもある。これは、とても複雑なテーマである。

　これらの開発機関は、NGOとミッション組織が活動しているのと同じ場面において支配的な力を発揮している。開発機関の例として、アメリカ国際開発庁、ノルウェー開発協力局、世界保健機関、世界銀行、そして国際通貨基金がある。各国政府から提供される予算によって大部分が運営されているので、これらの機関は、世界中の多くの国で開発プログラムを支援している。

　これらのプロジェクトの大部分は、大規模なインフラに資金提供を行い、トップダウンで実施され、一般的に結果として貧しい人々の状況をわずかにしか改善せず、民主化にそれほど貢献しないということも言えるが、プログラムの中には、地元に意義深い効果を与えているものもある。主要食用穀物の収穫量の向上のためのいわゆる緑の革命と呼ばれる技術は、世界の一部の地域で人々の栄養状態と健康状態を改善している。開発プログラムの庇護の下で、貧しい国の何千人もの人々が、さらなる教育を受けるために西側の産業国に派遣されている。いくつかのケースでは派遣された人が帰国して良い効果が現れることもあるが、派遣された人が帰国しないケースもある。最近、これらの国際機関は、（ARの要素を含んだ）参加型農村評価などの技術を積極的に推進してきた。ほとんどの国際機関はいまや自らの参加型開発戦略への関与を表明している。ただ、ARを行っている我々の多くは、これらの関与を懐疑の念を持って見ている。なぜならば、これらの国家的な取り組みの実績はきわめてまちまちだからである。その取り組みを推し進める資金割り当ては、そのイデオロギー的な背景に関係なく、国家の政治的な利害に資するものである。

　25年以上にも及ぶこれらのプログラムの中に一貫して見出されることは、開発は教育的そして態度的な変化を必要とするということである。それに対して、このようなプログラムに対する批判は、一貫して、地元住民についての十

分な知識を欠いていたり、ローカルナレッジに対して敬意を払っていないというものである。このようなことに対して、取り組みを改善しようとする試みもあったが、構造的に、国際開発機関は、地元の受益者たちではなく資金提供者たちの目標に適うようにトップダウンで動かされている。これらの取り組みの目標が地元住民の利害に関わるとき、AR のプロセスを動かす余地があるかもしれない。一方で、そうではないとき、AR の実践者たちは、地元の関係者たちと一緒に、その目標に反抗する必要がある。もちろん、どんな状況なのかを判別するには、常に複雑な判断が必要である。

　場合によっては成人教育と AR の枠組みから完全に外れていると思われるかもしれないが、このトピックを終える前に、その他の成人教育の取り組みのいくつかを示しておく。

サポートグループ

　成人教育の概念を拡大解釈しているように見えるかもしれないが、サポートグループsupport group は、我々が議論してきた成人教育と AR の要素を多く含んでいる。サポートグループは、ガン患者、配偶者への虐待、薬物乱用などの共通する問題の影響を受けている個人や家族が意図を持って作り出したボランタリーなグループである。サポートグループのリストはキリがない。

　これらのグループは、組織形態やその哲学において非常に多様であるが、互いに助け合うために、ジレンマや解決策、弱点や強みを共有するために集まって困難な状況に向き合うという考え方の上に成り立っている。しばしばサポートグループは、活動のプロセスで得た学びを通して社会変革の先鞭をつけてきた。飲酒運転や配偶者への虐待、そして他の社会問題に奮闘する組織は、小さなサポートグループの活動から生まれた。ガンの子どもを持つ親たちのサポートについてチェスラーとチェスニーがまとめた研究（Chessler & Chesney, 1995）には、サポートグループと AR の連関をうまく示す事例が示されている。この領域において AR の研究が大いに進展する可能性は十分にある。

学習サークル

　学習サークルはアメリカにおいてよりもヨーロッパにおいて、より一般的に

労働運動の中で、人々が一緒になって自分たちの生活に影響を及ぼしている状況を調べるためのメカニズムとして生まれた。学習サークルは、労働組合の教育においては非常に一般的な教育学的なアプローチである。北ヨーロッパにおける多くの民衆教育運動は、学習サークルを自らのティーチング活動における主要な要素として用いている。

　学習サークルのポイントは、人々の参加に影響を与える具体的な問題についての意識向上と戦略的思考に焦点を当てながら、広義の成人教育を達成することである。このような学習グループは、ほとんどの産業社会で何らかの形で現れては消えしてきた。

非政府組織

　世界中の非政府組織（NGO）は、彼らにとって関心がある特定の社会変革をサポートするために、広範な教育プログラムを開発し、運営している。エコロジー教育、農業教育、性教育、健康衛生教育、栄養および同種のテーマは、多くの NGO の中心的な活動になっている。いまや、多くの NGO が存在し、その種類は多様であるが、NGO は一般的に、政府や金銭的利益よりもむしろ住民たちが変容の真の担い手であるという国際開発の考え方を共有している。歴史的に見て、NGO は、住民が変革を起こしたりその変革を彼ら自身で維持したりするために、人間に投資することが多かった。この考え方によって、民衆教育は NGO の活動において高い優先度を持ち、変わることのない要素となっている。

　最近になって、NGO の活動に対して手厳しい批判が起きている。NGO は、貧しい国では多くの政府機関よりも多くの扱える資金を持っているので、選挙で選ばれていない隠れた政府になっているものもある。それぞれが自分たちで設定したテーマや価値観を追求するので、NGO は悪用される可能性が非常にある（Mendelson & Glenn, 2002）。同じ意味で、まさに NGO は柔軟性を持っていて、運営が比較的自由であるために、完全にそして強力に AR の活動に焦点を当て、地域の利害関係者たちを重要な社会変革の営みに現地のコントロールの下に巻き込むことができるものもある。

宣教と伝道

　それがどんなものであれ、宣教とは確かに教育的営みである。宣教は、世界のあらゆる国において現実であり、すぐには消えるようなものではない。典型的には、宣教師は、素朴な空想的な慈善家か宗教的な狂信者として見なされている。このようなイメージに当てはまる人はたくさんいるが、最近の宣教師の世代はかなりそれよりも洗練されている。中には民衆教育の実践者のグループもあり、地域コミュニティにおいて自らのイデオロギーを実践しようと、住民にとって価値のあるプロジェクトに労力とリソースを捧げている。あるいは別のグループでは、かなりのリソースをコミュニティに持ち込んで、それらのリソースを使って、変革のための活動や宣教活動のために人々を集めている。中には、そのような宗教集団だけが、勇気と政治的独立性、危険で分断された場所にいられるリソースを持っている場合もある。政府はそのエリアを罰したり、恐れたり、あるいは問題の存在を否定したりしているかもしれない。それゆえ、宣教活動は、時には、他の手段ではたどり着けないような人々にたどり着くのである。

　このプロセスには、識字率向上キャンペーン、特定の地域あるいは国の変革プロジェクトを行う社会集団の形成（ホンジュラスにおけるレンカ・インディアンの動員に関しては、Ver Beek, 1996 を参照）、聖書研究グループ、保健所、そして難民キャンプなどを含んだ非常に多様な教育戦略が含まれている。これらの組織のいくつかには、彼らのキリスト教のメッセージの一部として、民主化のイデオロギーを推進しているものもある。

　彼らの存在の正統性に疑問を持たないが、彼らの実践を詳しく吟味することは重要である。宣教活動の一要素は、最終的あるいは究極的な真実に対する信仰であるから、地域住民に対して望まざる枠組みを押し付ける可能性を常に伴っている。このような状況が起きてしまえば、宣教活動は AR と相反するものとなる。しかし、必ずしもそうなるとは限らないので、AR 実践者は宣教活動に対して心を開いておくべきで、それはちょうど、NGO やランドグラント大学や他のあらゆる民主主義的な介入が試みられているところすべてにおいて、その悪用の可能性に対して警戒する必要があるのと同じである。

結論

　この章の冒頭で述べた教育の AR の広大な広がりがいまや明らかになったと願っているが、我々が別の章で示す他のたくさんのトピックやアプローチからこのテーマをはっきりと分離することが不可能であることもまた明白である。おそらくここで残されていることは、フィンガーとアスーン（Finger & Asún, 2001）、アッシャー、ブライアント、ジョンストン（Usher, Bryant, & Johnston, 1997）が提起した課題に立ち戻ることであろう。異なった視点からではあるが、両著作とも、教育 AR におけるほとんどの実践が、近代主義的な開発パラダイムに強く影響を受けていることを主張している。両著作とも、この点を避けられないものとして扱っている。なぜならば、近代主義的な枠組みは、教育、省察、結果としての変革が改善された組織やより良い社会におけるより満足できる生活につながりうるという楽観主義を共有しているあらゆる人が必然的に抱く考え方によって支えられているからだ。しかし、彼らが指摘しているように、近代主義的パラダイムはもはや確実なものではなく、ポストモダン主義的な観点から見るならば、それ自体、もうひとつの大きな物語として理解されなければならないのである。

　しかしながら、あるものが大きな物語であると理解することは、必ずしもそれに関連するすべての方法と実践や民主主義と社会参加の価値を放棄することを意味してはいない。これらの研究者たちが我々に課している課題は重要なものである。教育分野における AR が建設的に前に進むために、そしてそれが意味することとしてあらゆる分野の AR がそうするために、我々は自分のイデオロギー的関与を理解しなければならない。そして、価値の透明性のより厳しい基準、すなわち協働的で共創的なプロセスを促進する際の一貫性に対して責任を持たなければならない。さらに、すべての人々にとって良き生活を送るための技術に縛られた専門家に逆戻りするのではなく、協働的な探究に不可欠な謙虚さを忘れてはいけないのである。

原注
［1］我々は幸運にも、コーネル大学教育学部の同僚であるアーサー・ウィルソンとスコッ

ト・ピーターズから素晴らしい助言を得た。彼らのおかげで、以前はあまりよく知らなかったこの領域の一部を理解することができた。さらに我々が参考にしたこの領域の主要研究のいくつかを推薦してくれた。彼らには、我々の解釈や判断のミスに対する責任はない。

[2] これらの思想家たちについては、アクションサイエンスについての章（本書第 10 章）で十分に取り上げており、我々のアプローチはジョン・デューイに大いに恩恵を受けているので、ここではすべての研究をレビューすることはしない。

[3] この問題については、本書 7 章で詳しく取り上げている。追加情報については、その説明を参照されたい。

訳注

[1] 新マルクス主義は、伝統的なマルクス主義同様、個人の自由が最も重要な政治的価値であると考える。しかし同時に、マルクス主義が否定してきた資本主義においてもプロレタリアを含むあらゆる人々に自由を提供する可能性があるとも考える。そのような考えから、階級闘争を解決するための実行可能なモデルを設計しようとする。批判理論、精神分析、実存主義などがその典型例である。

第9章

参加型評価

　プロセスやプロジェクトに対する従来型の評価は、社会マネジメントに対する最も権威主義的なアプローチから生じた活動である。従来型の評価のコンセプト全体は、官僚主義的な管理システムと社会科学的なテクニックを結合させることによって、助成団体や機関などといった現場に関係のない人々にシミひとつない活動の地図を示すことができる、そして、ある種の公的に擁護できる評価基準に照らして特定の活動のパフォーマンスを分析することができるという仮説に基づいている。このような従来型の評価は、客観的で中立的な専門家は特定の活動に関して彼ら自身のいかなる価値や好みからも独立して、良い、シミひとつない判断を下すことができるという根本原理に基づいている。

　資金提供決定に権限を持つ者たち authorities に対する説明責任が、ここでは中核的なテーマである。公的かつ／あるいは私的なファンドは、私的領域と公的領域両方の特定の問題に取り組むために使われているので、評価はそのリソースが適切に使われたかどうかを確認するために下される。至るところで、説明責任に対する要求が増大してきたので、このような従来型の評価が主流になってきた。すべての人が説明責任を負っていると想定されているが、それが誰に対しての責任なのかということは往々にして明らかではないことが多い。

　民間資金提供者、地方自治体、政府、そして組織のリーダーたちはほぼすべて、自分たちの資金提供の指針を示したり、正当化したり、彼らのコントロールの下で支援する活動を継続させたりするために、資金提供したプログラムに対して評価を求める。このような資金提供者への説明責任の有用性は明らかである。評価することによって、彼らの権力的な立場は保持され、誰が責任を持っているかを明らかにすることができる。

　資金を得て、評価される人の視点からすると、説明責任は彼らの関心の中心にはない。彼らは、自分たちの活動の成果の質に対してより多くの関心を抱い

ている。彼らの疑問は、以下のようなことである。プログラムや活動が自分の
状況を改善したのか？　私は今ではより良い生活を手に入れているのか？　私
は自分のことを自分ですることがよりできるようになったか？　私の労働環境
は今ではより良くなったか？　私の組織はより良く機能しているか？　私たち
は正しいことを正しく行っているか？　評価を通じた説明責任は、このような
問いに答えることはできない可能性が高い。このような問いに答えるためには、
ステークホルダーたちや組織のクライアントたちを、自分自身の状況と彼らが
参加してきた活動を意味づけるプロセスに関わらせることが必要である。この
ような内側からの視点は、組織の中にいる人々の振る舞いを方向づけるもので
ある。

　評価を行うにあたって、資金提供を受けたステークホルダーにとって重要な
事柄に焦点を当てるのであれば、プログラムや活動の内部から理解し判断した
内部の力学、プロセス、成果を調べるしかない。現地のステークホルダーが、
評価に完全に参加しなければならない。誰もが知っているように、現地のス
テークホルダーをこのように関与させることはきわめて稀である。このような
参加者の関与があるかどうかが、参加型評価 participatory evaluation と従来の
実証的評価との分かれ目となる。

　教室での（先生と生徒両方の）活動、公共事業の有効性、開発プログラムの
インパクトなどなど、かなり幅広い課題が評価されてきた。公的あるいは私的
な生活のほとんどあらゆる領域が、何らかの評価を免れることはなかった。従
来通りの評価を用いることが標準的なやり方になり、政策立案者たちにとって、
このような評価を別の方法で行うことなど想像できないほどになっている。

　明らかに、評価は公的な意思決定過程および私的な意思決定過程において重
要な位置を占めている。評価は、資金の配分に対する決定を正当化して、特定
の政治的決定に対する正当性を作り出すといったさまざまな政治的な機能を果
たしている。また、評価はお金を使った知恵に対する後付けの説明責任の議論
として使われたりする。評価はまた、追って通知があるまで実際の課題は評価
中であると主張することによって、決定を先延ばしにするために使われる。

　このように考えると、評価は儲かる専門領域で、主要なコンサルティング・
ビジネスとなっており、まさに成長産業になっている。このような評価の枠組
みでは、ステークホルダーたちを活発に参加させる評価活動を想像し始めるこ
とさえできない。ステークホルダーたちは、自らの活動を評価する能力を持っ

ていないと考えられ、実際よりもよりよく見せるために、自分たちの活動を資金提供者たちに正直に伝えないと見なされている。

　このような考え方は現場から離れた中立的な観察と評価の専門家が価値を持っているという推定、すなわち一方的な意味づけのプロセスに完璧に依存しているので、参加者が特定の活動の「対象」における自分たちのパフォーマンスについてのデータを収集し、その成果を分析するといった参加型評価など完全に不可能のように思える。それは不可能なだけ**ではない**。単に評価をしてお金を稼ぐだけの評価者とは対照的に、有能な評価者は、評価というものは資金提供された組織の日常的な活動に有益な影響を与えることであるのならば、評価のプロセスと結果は資金提供者だけでなく、現地のステークホルダーにとって説得力と意味がなければならないことを次第に理解してきたということでもある。このような考え方をきっかけにして、参加型評価が次第に一般的な実践として現れてきた。

評価当局

　評価者や会計士、査定者、派遣された評論家や他の専門的な評価を下す役割を果たす人々に訪問されると、あなたやあなたのプログラム、あるいはあなたの組織が、「客観的に」検討し評価する役割を持つ人々に従属するような立場に置かれる経験をよくする。我々は大抵、このような評価を経験してきたので、しばしば敵対的として経験される方法で厳しい質問をする客観的で中立的な外部者というイメージが容易に思い浮かぶ。従来の評価では（実践者との）距離が非常に重要だと思われている。評価者を組み入れる試み（それはもちろんしばしば行われることであるが）は警戒される。評価者の中には、対象者との関係性の扱いに長けている人もいるが、従来の評価では、評価者と対象者の間に潜在的な利害対立があるということを想定している。

　読者は、おそらく、評価に対するこのようなアプローチが、従来の社会科学とそれにつながる官僚的な中立性という概念といかに密接に対応しているかに気づくだろう。客観性、距離、そして偏見と権力による懐柔を避ける必要性という考えは、従来の社会調査の標準的なルールや「距離」を作り出すためのサンプリングや統計的検定などの複雑なメカニズムに依存することと密接に合致

している。さらに、従来の評価のほとんどは、プロジェクトの最後に行われたり、プロジェクトの重要な活動が起きた後、かなり経ってから行われたりしている。評価の目的は、一般的にプロジェクトとそのリーダーのパフォーマンスを「格付け grade」することであるが、もちろん、暫定的な評価の中には、プロジェクトの後続のフェーズに役立つ情報を作り出すことを目的としているものもある。1つのはっきりした想定は、対象者たちは自分自身に対して正直であり質の高い評価をすると信用すべきではないということと、プロジェクトの即座の変更や進行中の変更に評価結果を活用することは主要な目的ではないということである。このように評価されることによって、従来型の社会調査者によって調査対象として扱われることがどのようなものかを体験することができる。

参加型評価の出現

　いずれにせよ、従来型の評価は一般に、複数年のプロジェクトの中間評価のケースを除いて、プロジェクトが進行している最中に積極的なインパクトを与えようとはしない。一般的に、意思決定者という特定のオーディエンスのために成果を記録する。

　貧困を撲滅しようとしたり、非識字者に文字を教えたり、生き延びようとする村落共同体の努力を支援したりするプログラムはすべて、評価者たちから精緻な検査を受けることになる。報告書は機密とされたり専門家ではないほとんどの人には理解が難しいような形式で書かれているので、そのような評価は一般的に当該のプログラムのステークホルダーたちにはアクセスできない報告書となる。また、報告書は大抵、その勧告が現地のステークホルダーたちにすぐに役立つような形では書かれていないので、活動に応用できない。報告書は資金提供者や監督組織が使いやすいようになっている。

　このような方法で行われる評価は、しばしば現地の参加者たちや知性を持つ個人としての自立性に悪い影響を与える。評価において、何が評価されたか、どのように評価されたか、そしてその評価をどのように使うかには言及されることはない。現地の参加者たちは、評価者のインフォーマント（情報提供者）として扱われ、外部者や「専門的な」評価者に対する受動的な関係に置かれて

いる。なぜなら、従来の評価の最も基本的な考え方のひとつは、評価の本質は成果に対して専門的な評価者自身が下した評価であるというところにあるからだ（Scriven, 1995）。このように考えると、評価対象の活動に中立的で客観的な判断を下すことが、専門職の基本である。

　参加型評価は、このような評価におけるステークホルダーの切り離しや分断が必要であり、可能であり、あるいは望ましいということを拒絶する。専門的な評価者の中には、従来の評価がただ資金提供に権限を持つ人々のニーズとだけ結びついていて、現地のステークホルダーのニーズとは結びついていないことに気づき始めている者もいる。また、彼らは、自分たちの評価が、自分たちの銀行口座以外何にも影響を与えないことにも気づいている。結果として、自らの専門的な立場を見直し、参加型評価の創出に舵を切ったのである。

　この転換はきわめて重要なものとなった。なぜならば、この転換によって、評価を、ステークホルダーにとって重要な次元でステークホルダーがパフォーマンスを向上させることを助けるような組織的な開発プロセスへと変えるからである。言い換えるならば、評価の一部は、「説明責任裁判所 court of accountability」から離れ、現地のプログラム開発に対して多くの人が関係する価値に基礎づけられた関与へと変わっていった。このようなことが生じたので、評価者たちは、ステークホルダーたちをプログラムや活動の中に取り込んでいかなければならなくなって、それに応じて、距離をとった客観的な判断というよりはむしろ関与する一行為者としての専門的な役割を担うようになったのである。

　評価者たちのグループの中で、このような立場に対して最初に力強い声を上げたのは、アーネスト・ハウス（House, 1972, 1993）であった。彼は評価における倫理的な議論を開始した。ハウスによると、異なる力を持つ評価に関わるさまざまなステークホルダーたちは、明らかに同じ利害関心を持っていない。ハウスは、異なるステークホルダーたちや受益者たちの多元的な価値、焦点、そして能力が、評価者が距離を置いた観察者の立場から積極的に関与する協働参画者 collaborator になることを求めるプロセスとして評価を見なし、そうすることで参加型評価への道を開いたのである。

　参加型評価が生み出されたというにはまだ言い過ぎである。従来型の評価は、評価の大部分の軸であり、いまだに参加とは縁遠いままである。たとえば、ミッシェル・スクリーヴェンが 1991 年に著した *Evaluation Thesaurus*（『評価

シソーラス』第 4 版）（Scriven, 1991）でさえ、まだ参加には言及されていない。

参加型評価のモード

　参加型評価についての文献の中に、少なくとも 3 つの異なるアプローチを見出すことができる。参加についてのこれらのアプローチは異なる認識論的前提の上に打ち立てられており、参加を異なる方法で概念化している。参加型評価における現場での実践もまた異なったものである。考え方の第一のラインは、グーバとリンカーンの「構築主義的アプローチ constructivist approaches」（Guba & Lincoln, 1981, 1989）である。第二のラインは、「実用に基礎を置く評価 utilization-based evaluation」についてのパットンの議論（Patton, 1986, 1997）である。そして第三のラインは、「エンパワーメント評価 empowerment evaluation」（Fetterman, Kaftarian, & Wandersman, 1995）である。

構築主義的評価

　エゴン・グーバとイヴォナ・リンカーンは、従来の評価の有用性に根本的に満足できなくなったので、構築主義的評価に関心を持つようになった。これは、彼らの「自然主義的探究 naturalistic inquiry」という観点から論理的に派生したものであった。すなわち、彼らは、評価を効果的にするために、評価というものは、自然主義的なパラダイムの上に築かれなければならないと感じていたのである。

　　自然主義的なパラダイム、それはフィールド調査を基本的な技術としており、真実を不可避なものとして、すなわち、究極的に避けられないものとして見なしている。現象学的なフィールドに十分に浸り、経験をすることで、そのフィールドにおいて何が重要で、動的であり、そして浸透しているのかということについての結論を必然的に得ることができる。エスノグラフィーはその典型例である。（Guba & Lincoln, 1981, p.55）

　構築主義的評価の正典は、グーバとリンカーンの *Fourth Generation*

176

Evaluation（『第四世代評価』）（Guba & Lincoln, 1989）である。その本の中で、彼らは、評価に対する構築主義的アプローチを紹介している。そして、評価とは現実の構築と再構築のプロセスであると主張して、その評価を自然主義的探究と結びつけている。この本は、彼らの著作、*Effective Evaluation*（『効果的な評価』）（Guba & Lincoln, 1981）を論理的にフォローアップしたものである。『効果的な評価』では、いかに評価を問題にするかということをテーマにしている。そして *Naturalistic Inquiry*（『自然主義的探究』）（Guba & Lincoln, 1985）では、社会科学に対するポスト実証主義的方法論的スタンスの包括的な開発に焦点を当てている。『第四世代評価』では、構築主義的社会科学に対する認識論的立場を切り開き、非実証主義的方法でフィールド研究を進める研究者たちが詳細な方法論的立場を推進することに焦点を当てている。

　グーバとリンカーンによる研究の中心的なテーマは、社会調査者たちが評価のプロセスや結果を活用するために直接住民と関わるように促すことである。このように、彼らは、参加を現代的な評価実践についての議論における中心的な要素にしている。

　　　構築主義的調査者の主要な業務は、その場にいるさまざまなアクターが持っている構造を明らかにして、可能な限り、それらを互いに、そして関係する問題に対してもたらされうる他のあらゆる情報と連結させること、すなわち結合させることである。（Guba & Lincoln, 1989, p.142）

　構築主義的アプローチは、問題を抱えている人を必然的に前面に連れ出す。なぜならば、その人々の考え方は、評価されるプロセスや構造を理解したり、活用したりするためのカギであるからだ。これは、評価は参加者の自らの状況に対する理解や彼らが達成した結果をどのように判断しているのかに依拠しているということを意味している。評価者は、解釈学的プロセスをサポートし、それに関わることができる。なぜならば、そのプロセスで、結局、必要な評価的洞察を得ることができるからだ。解釈学的な基礎が参加者によって作られなければ、評価は完成されえない。

実用と参加

　評価の効率性と有効性に対するより従来の回答は、マイケル・クイン・パットンの著作（Patton, 1986, 1997）の中に見つけられる。パットンにとって、中心的な問いは、評価結果が関係するステークホルダーたちにとって重要なものとなるために評価がいかに形作られるのか、ということである。パットンの考え方では、評価とは、評価されるプログラムや活動に対するインパクトがあるようにデザインされる活動である。

　評価がステークホルダーによって無視されるというジレンマに対応するために、パットンのような評価者たちは、参加に基づくアプローチを開発した。そのアプローチでは、評価者と評価対象が緊密な関係を築き、相互学習につなげている。パットンは、評価に対するこのような、それまでとは異なる道筋を提示した最初の一人であった。彼の *Utilization-Focused Evaluation*（『実用に焦点を当てた評価』）(Patton, 1986) という本の中で、パットンは、評価結果の活用は、プロジェクトを改善するために評価作業において必要不可欠なものであると強調している。

　　　実用に焦点を当てた評価が他のアプローチと根本的に異なる点は、評価者が、評価の性質、目的、内容、そして方法を選択する負担を担うだけではないということである。これらの決断は、対象となる識別可能な組織化された利用者のグループとも共有される。(p.53)

　基本的に、パットンは、彼によって定義されるあらゆるステークホルダーを取り込もうとしている。彼らは、「評価の成果において、既得権益という利害を持っている人々である」(Patton, 1986, p.43)。あらゆる評価にとって、プログラム設立者、スタッフ、事務員、クライアントやその他のプログラムの効果に対して直接的あるいは間接的な利害を持つ多元的なステークホルダーがいる。パットンの注目は、プログラム設立者、スタッフ、事務員に主に向けられているが、評価されるプロジェクトのクライアントたちもまた、彼の考えと評価プロセスに含まれている。

　特に、現地での関与は、評価の結果を役立つものにするために必要であると

いう考えが、評価対象のプログラムのクライアントたちがどのように評価結果を扱っているのかということへの関心につながる。このクライアントたちは、潜在的に評価からもっと多くの利益を得るべき関係者として、他のすべてのステークホルダーたちとは異なる立場にある。クライアントたちの利害関心は、多くの状況において、プログラムのスタッフたちの利害関心と同じではない。ある意味、彼らはあらゆるプログラムにおいて最も優先されるべき関係者である。なぜならば、活動の焦点は彼らの生活状況に対して何かを行うことであるからだ。このような立場にあるステークホルダーグループは他にいない。それゆえ、これらの最も優先されるべき受益者たちが評価を使える方法に注目することは、力強い動きである。

　ここが、評価に対する参加に基づくアプローチの特徴が分かるところである。参加型評価は、プログラムのクライアントたちが自分で望んだ目標にたどり着くための手助けになる、彼らのための学習プロセスを作り出すことを目的としている。評価に対する参加に基づくアプローチは、プログラムの活動と評価の結果との区別を意図的に曖昧にする。なぜならば、評価は、プログラムのクライアントたちが、よりよく自分たちの目標を達成できるように手助けすることによって力を発揮するからである。そのようなアプローチはしばしば、さらに進んで、プログラムが当初うまくやると思われていたことをしているかどうかだけではなく、今行っていることがすべきことなのかどうか、あるいは他のことをすることがより目的に適うかどうかを評価できるような状況を生み出すことができる。

　参加型評価における標準的な実践は、プログラムあるいは活動の提供者とクライアントを評価結果の解釈過程に取り込むことである。これを実践する最も典型的なやり方は、評価結果から発見したことを理解するために集められたデータについて、彼らと議論することである。それをさらに進めると、何を評価すべきなのか（たとえば、変数や、それらの定義方法を決める）を設計することに参加者たちをプロジェクトのはじめから巻き込み、データ収集のプロセスに彼らを関わらせ、成果の解釈に彼らを巻き込んでいくようになる。

　このような参加のプロセスの構造化の方法は、評価実践者の間でかなり異なっている。それぞれの評価者は、評価者と参加者たち双方にとって心地よい方法で、参加者たちと関わっている。評価者の中にはミーティングを構築する者もいれば、グループダイナミクスのプロセスを使う者もいる —— サーチカ

ンファレンス[訳注1] の「そっくりさん」が使われている――、そして参加のテクニックを使う者もいる。

しかしながら、そのようなプロセスに問題がないわけではない。参加型アプローチを改善された実用を達成するためだけの評価に使う場合に生じる主な困難は、その評価が評価者に日和見的な状況を生み出すことである。そしてさらに、評価者がプログラムのクライアントたちに、彼らがそのプログラムから何を求めるべきなのかを事実上指導してしまうような方向に取り込んでしまうプロセスに容易につながってしまうことである。これは結果として、ステークホルダーの利害関心の多様性やステークホルダーによる目標設定という、骨の折れるプロセスを過小評価してしまうことになる。

エンパワーメント評価

あらゆる参加プロセスにおいて、何かを達成するための道具的手段としての参加とそれ自身が目的である参加との間には、常に緊張関係がある。利害関心と権力が関わっているより大きな政治状況は、ほとんどの評価実践において最小限の役割しか果たさない。そして民主化は滅多に評価と関連する概念図式の要素にはならない。しかし、エンパワーメント評価においては、これらの状況が強調される。たとえば、ブルーナーとグスマンの *Participatory Evaluation: A Tool to Assess Projects and Empower People*（『参加型評価：プロジェクトの評価と人々をエンパワーメントするための道具』）(Brunner & Guzman, 1989) では、評価を「社会において支配されたグループが公正で平等な社会の実現のための闘争に参加できるために、彼らをエンパワーメントすることを目指す教育的な開発プロジェクトの方法論的構成要素」として見なそうとしている。ワイスとグリーン（Weiss & Greene, 1992）、パティ・ラサー（Lather, 1991）、そしてミッシェル・ファイン（Fine, 1996）は、エンパワーメント評価アプローチの別の提唱者たちである。

ミッシェル・ファイン（Fine, 1996）は、参加型評価研究に対する関与のあり方を次の5つに要約している。ローカル・キャパシティ、評価と改良の確立、調査、評価と民主的な参加の倫理、そして評価研究の「成果物」の再考である。フェッターマンら（Fetterman et al., 1995）は、エンパワーメント評価を「改善と自己決定を促進するための評価の概念、テクニック、そして所見の利

用」と定義している。彼らはさらに、「エンパワーメントのプロセスは、コントロールができるようになったり、必要とされるリソースを獲得したり、社会環境を批判的に理解したりする試みが重要なプロセスなのである」と述べている（1995, p.4）。

これは、ラディカルな出発点である。エンパワーメント評価は、従来の距離を置いた客観的な役割から劇的に逸脱した評価者の役割の再構築に基礎づけられており、構築主義的で実用に焦点を置いた評価よりも政治的には積極的である。エンパワーメント評価において最も顕著な要素は、評価者を介入者、すなわちアクティビストとして理解していることである。活発な政治的な関与が期待されている。

エンパワーメント評価の基礎にあるのは、参加者たちが自分の評価を下せるように参加者たちを教えることができるということである。これには、参加者たちが評価とは何かとか、いかに評価を行うことができるのかということを理解できるようにする行為も含まれている。エンパワーメント評価において、ステークホルダーたち自身は活発でかつ熱心であることが期待されている。この評価では、自己評価は2つの意味を持っているものとして概念化されている。つまり、評価を自分自身ですることと、自分の状況に対し評価を行うことである。そして、専門的な評価者は、参加者たちが自分の評価を遂行し自分たちをサポートするために必要な学習プロセスが構築されるかどうかを確認できるように働くファシリテーターとなる。この点において、エンパワーメント評価は、優れた共創的な組織的開発プロセスに非常に似ている。

専門的な評価者もまた支持者 advocate であるが、参加者たちが自分自身の評価を行えるようにすることに最も重点を置いている。この評価を武器に、専門的な評価者は、評価プロセスを通じて得られた洞察の公的な報道官であり、お墨付きを与える人となる。

エンパワーメント評価の実践は、解放へと向かう開発の出発点を作り出しうる啓発的な（目を開かせる、本質を明らかにする、啓蒙する）経験に注目する。こういったことにもかかわらず、解放のさらに広い問題は一般的に、次の例のようにかなりさりげなく扱われている。「（エンパワーメント評価は）自己決定のための強力で、解放的な力を解き放つことができる」（Fetterman et al., 1995, p.16）。つまり、解放はエンパワーメント評価の内部で生じる副次的効果として見なされている。解放はそれ自体がゴールではなく、もし解放が実現したら

よくなるだろうという可能性を秘めた結果なのである。すなわち、解放は評価
を設計する基準ではないのだ。

　これは、興味深い矛盾である。もし、エンパワーメント評価が、必ずしも解
放という究極的なゴールを意図しないのならば、一体何を目指しているのか？
より大きなゴールが明らかでないならば、エンパワーメント評価は、自分自身
の生活環境に影響を与えることができる住民の長期間にわたる能力にほとんど、
あるいはまったく影響を与えないプロセスに参加するよう取り込まれた戦略に、
容易に退化しうる。エンパワーメント評価は、ビジネス界におけるエンパワー
メント・ムーブメントと同じような罠に陥る瀬戸際にある。ビジネス界では、
エンパワーメントは一般にステークホルダーによって行われる行動というより
は、むしろステークホルダーに対して「実施される」ものである。

評価実践における AR

　参加型評価の戦略は、一般に AR アプローチの複雑性、多様性、そして特殊
性と多くを同じくしている。参加型評価は、それ自体実践の一形態ではあるが、
その活動は AR の研究に直接依拠している。そして、著者の多くが、知的レ
パートリーの一部として特定の AR の研究に直接言及している。AR アプロー
チは評価の概念を協働的で参加に基づくアプローチに開いていったことによっ
て、この領域に重要な貢献をしてきた。パットン（Patton, 1997）は、AR にい
くつか言及しているが、決して AR を彼の概念図式の中に統合しない。

　我々には、AR に基づいてモデル化された評価は、ようやく最近になって、
重要な影響力を持つようになったように見える。たとえば、フィン、レヴィン、
ニールセン（Finne, Levin, & Nilssen, 1995）は、1 つの最近の AR における評価
の開発を「航跡調査 trailing research」と呼んでいる。ここでは、評価に対す
る参加型アプローチは、AR のプロセスから直接的に統合される。このプロセ
スの中心的なアイディアは、プログラム実施期間全体を通したステークホル
ダーの継続的な関与を打ち立てることである。評価者たちは、ステークホル
ダーたちと一緒になって、評価すべき問題を決める。そして、調査チームはし
ばしば重要なデータを集め、いくつかの予備的な分析を行う。そして、ステー
クホルダーたちは、意味づけのプロセスに関与していく。この相互の学習プロ

セスから、ゴールを達成したり、新しいゴールに向かってプログラムの方向を再調整したりするために現在進行中のプログラムで実行される再設計されたアクションが生まれてくる。このような研究に続いて、ARのような実践が採用された形成的な評価からの報告も生まれている（Rolfsen & Torvatn, 2005）。

ARは、教育施設の評価に対するアプローチとして使われてもきた。キング（King, 1998）は、このようなタイプの研究の例を示している。しかしながら、これらの評価に対するアプローチがARの十分に根拠づけられた理解の上に打ち立てられていることがいかに少ないかは、明白である。

結論

我々は、広く一般的に参加型評価とARの並行関係をはっきりと見ることができるが、強調すべき重要な差異がいくつかある。参加型評価は、参加の次元をプロセスすべての動きの礎として強調しているが、参加から問題解決への積極的な関与への動きは、参加型評価においては非常に曖昧である。

他方で、多くのARは、データ収集や分析戦略には無頓着であるのだが、評価者たちは、全般的に、高度なデータ収集と分析基準と戦略を持っている。参加型評価を行う人々と他のARを行う人々の間のより緊密な友好関係は、この分野が発展し続けるにしたがって、双方にとって価値のあるものになりうる。

最後に、ARと評価活動の間には、参加型評価を別々の課題を示すものとして扱うよりもはるかに密接な関係があることは明白である。ARプロジェクトの論理そのものに、問題の設定、方法の選択、データ収集と分析、アクションの設計、そして協働実践者たちによるアクションの効果の**評価**が含まれている。評価がなければ、ARのプロセスは不完全なものになる。さらに、評価は最初の日から最後までプロセスを吟味し、正しいことが正しい方法で行われているかどうか、一連のプロジェクトの進行の中での変化が結果を改善させうるかどうかを決める方法として、ARプロジェクトの1つの次元であるべきだという現実的な感覚がある。ARを実践したいと思う人は誰もが、参加型評価に熟達すべきなのである。

訳注

［1］ サーチカンファレンスについては、本書第 6 章を参照。

第 10 章

アクションサイエンスと組織学習

　さらなる議論のために、アクションサイエンス action science と組織学習 organizational learning を取り上げ、その重要性をクルト・レヴィン（Lewin, 1935, 1943, 1948）のアクションリサーチ（AR）アプローチと実用主義的哲学のひとつの発展系として論じ、現在の AR 実践におけるその有用性を議論する。我々は、アクションサイエンスは科学的な明晰さと実践的な有用性の両方の必要を尊重する仕方で AR を作り上げようとする最も重要で体系的な試みのひとつを具現化していると考えている。組織学習と組織開発の枠組みは、AR から生まれた社会科学の知識全体に対する 2 つの重要な概念的な寄与である。しかしながら、これから行う批評からも分かるように、我々は偏りのない支持者というわけではない。

　アクションサイエンスについて議論することによって、我々は明らかに心理動態を強調する AR に対するアプローチ、すなわちここ 50 年間にわたって存在してきた AR の構成要素を取り込むことができることからも、本書においてはアクションサイエンスは重要である。アクションサイエンスと組織学習の最初の提唱者は、クリス・アージリスとドナルド・ショーンである。彼ら 2 人は、多作の著述家であり著名な教師である。アージリスは何年もかけてこれらのテーマについて非常にさまざまな視点から著述してきた（Argyris, 1974, 1980, 1985, 1993; Argyris & Schön, 1978, 1996; Schön, 1983）。我々は次の 2 つの主要著作を中心に取り上げることにした。まず、アクションサイエンスアプローチの中核的なエッセーである *Action Science: Concepts, Methods, and Skills for Research and Intervention*（『アクションサイエンス：コンセプト・方法・調査と介入のスキル』）（Argyris, Putnam, & McLain Smith, 1985）と、もうひとつは、ドナルド・ショーンとの共著である組織学習についての 2 冊の著作、とりわけ *Organizational Learning II*（『組織学習 II』）（Argyris & Schön, 1996）である [原注 1]。

後者はアクションサイエンスや省察的実践[原注2]、そして組織学習の視点と関連がある。

アクションサイエンス

クリス・アージリス、ロバート・パットナム、ダイアナ・マクレイン・スミスによって書かれた *Action Science*（『アクションサイエンス』）(Argyris, Putnam, & McLain Smith, 1985; 以下からも入手可 http://www.actiondesign.com/action_science/index.htm）には、アクションサイエンスアプローチの主要な要素が含まれているので、この本を取り上げる。我々は教室でこの本をずっと使ってきたが、初学の読者に議論を明確にすることができた。我々は、このアプローチを詳細に紹介するに値すると信じている。なぜならば、アクションサイエンスは AR における展開の主要な要素であり、システム理論、精神分析、そして包括的なアプローチにおける組織的な行動への視点を結合させる要素だからだ。アクションサイエンスはまた、社会変革の実践における科学知識の問題も明確に引き受けている。これまでのところ、アクションサイエンスは AR と科学的手法を関係づけようとする最善の努力のひとつである。

『アクションサイエンス』の冒頭から、著者たちは自分たちの主要な目的をはっきりと述べている。「我々の議論の焦点は、アクションを生み出すために使われる知識に置かれている。その一方で同時に、アクションの理論に対する貢献にも焦点を置いている」(p.ix)。このように主張することで、彼らは、アクションの単一のレパートリーとしてアクションにおける理論構築と理論検証とを結びつけるための議論をしている。

アージリス、パットナム、マクレイン・スミス (Argyris, Putnam, & McLain Smith, 1985) は、このようなことは今までほぼ試みられてこなかったことを認識している。彼らは、彼らが「厳密性 rigor」と「関連性 relevance」の間の偽のコンフリクトと呼ぶものについて論じて、これまで試みられてこなかった説明を組み立てようとしている。著者たちは、関連していること、すなわち当該の場所で現実世界に触れていることは、定義上、厳密な知識の源ではありえないと想定する社会科学における長年こびりついた制度的な習慣を指摘している。彼らは、厳密性と関連性は偽の二項対立であると主張する。何かを理解する

最善の方法はそれを変えようとすることであるというレヴィンの主張に言及しながら、厳密性への道は社会理論を社会的なアクションに応用しようとする試みの中にあると彼らは述べている。我々が前のいくつかの章で展開してきたARの哲学に一致する見解である。

立ち向かう

アクションサイエンスにおけるカギとなるコンセプトと方法は、**立ち向かう**こと confronting である。立ち向かうとは、社会的な行為者が変化に対する自分の防御的な反応と知覚された恐れを、その反応の原因を探り、それらに服することの結果を分析することで、明確に受け入れざるを得なくなるプロセスである。アージリスら（Argyris et al., 1985）は、必ずしもすべての防御的な反応がネガティブな結果を生じさせるわけではないことを指摘している。しかし、防御的な行動があるからこそ、多くの場合、前に進む唯一の方法はコンフリクトに立ち向かい解決することなのに、集団がコンフリクトを引き起こしている要求の間を延々とぐるぐる回っているということが広く観察されるのであると彼らは強く信じている。

変革と停滞の理論

アージリスらの主張からすると、アクションサイエンスの目的は、「人間は相互関係の中でいかにしてアクションをデザインし、実行するのかを探求することである。それゆえ、アクションサイエンスは実践の科学なのである」（Argyris et al., 1985, p.4）。

しかし、彼らのゴールはもっと野心的なものである。なぜならば、彼らは（1）あるものの現状をその現状に保つために埋め込まれた変数、（2）現状を変化させ、解放へと向かう選択肢になっていくことに関わる変数、（3）これまでの主張が検証される場合に必要となる介入の科学における変数、（4）変化を可能にすると同時に反証可能性の厳格なテストを満たす知識を生み出す研究方法論（Argyris et al., 1985, p.xii）の探求を意図しているからである。

この努力によって、アージリスら（Argyris et al., 1985）は、「実践の科学 science of practice」（p.4）を展開しようとする。この科学を通じて、個人と集団は、「行為者が自由に十分な情報に基づいて選択をすることができ、内的に

自分の選択に関与していると感じることができる状況下で有効な情報を生成することにつながる行動世界を作り出し、維持する」ことで、促進されることができるのである（p.77）。

客観性

アクションサイエンスは、社会科学における客観性の砦に直接立ち向かっている。なぜならば、アージリスら（Argyris et al., 1985）はまさに、自分たちの説明に対する反論が、この標準的な実証主義の防御的なルーチン defensive routines に集中すると正確に予想しているからである。客観性の議論に対する彼らの反論は、少なくとも参加者たちの防御的なルーチンのいくつかが直接的に関与しない限り、最小限の「妥当な記述 valid description」（p.xii）さえ達成することは不可能であるというものである。彼らの考え方によると、防御的な行動のパターンは機能的であることも、機能的でないこともあり、これらの要素の選別が行われない限り、行動を理解することは不可能なのである。言い換えるならば、介入なしには実証的な記述そのものが不可能であり、それは従来の社会科学の立場に対する直接的な攻撃である。

介入と科学

アージリスら（Argyris et al., 1985）は、介入 intervention は意味ある記述の主要な源であり、それを基礎にして、アクションサイエンスを打ち立てることができると論じる。彼らは、厳密性に対する標準的なアプローチは、関連性がなく、検証されておらず、そして検証することもできない主張であると論じて、厳密性や関連性に対する従来の社会科学のアプローチをひっくり返している。「実践に寄与することを意図した理論は純粋科学の規準にだけ責任を負う理論の特徴とは異なる特徴を持つべきである … と言いたい」（pp.18-19）。

彼らの考えでは、人間科学をユニークにしているのは、彼らが実践している人間集団を研究しているということにあり、アクションサイエンスの研究者は、これらの共同被験者 cosubjects と実践、省察、防御、客観化のプロセスを並行して行う実践者であるということである（p.22）。結局、彼らのゴールは以下のことにほかならない。

アクションサイエンスは、介入の実践に主に関わっている。知識の要求は実際にいかにして検証され正当化されうるのか、そしてそのような探究は科学の主流の探究とどのように似ているのか、はたまた異なっているのかということを理解することに寄与すると期待するのは、まさにこの実践に対する省察によってである。(p.35)

信奉理論と使用理論

アクションサイエンスに対する議論を展開していく中で、アージリスは以前の研究で展開した多くの概念と理論を使っている。それにはドナルド・ショーンとの共著（Argyris & Schön, 1978, 1996）も何冊か含まれている。それらの中に、信奉理論 espoused theory、使用理論 theory-in-use、シングルループ学習 single-loop learning、ダブルループ学習 double-loop learning、アクションのモデルⅠ理論とモデルⅡ理論がある。これらは、実践形態としてのアクションサイエンスの下部構造における基本的な要素であるので、ここで簡単に説明をしておく。

信奉理論／使用理論という用語は、新しく発見された概念を指しているわけではなく、どんな種類の有効な社会科学においても重要な、むしろよく知られた考え方を指し示している。**信奉理論**は、行為者による自分のアクションの理由に対する説明である。**使用理論**は、もしその人のアクションが意味づけられるならば、同じ人間の観察されたアクションにあるはずの理論についての観察者－分析者の推論である。信奉理論と使用理論はしばしば一致しない。時々、それらは直接的に互いに矛盾する。

これらは新しい区別ではない。人類学において、その区別は、**エミック** emic アプローチと**エティック** etic [訳注1] アプローチの間の区別として表されてきた。史的唯物論 historical materialism では、グラムシがヘゲモニー概念を使用したように、イデオロギー ideology と下部構造 infrastructure という用語で同じ問題を提起している。アクションサイエンスが新しいのは、信奉理論と使用理論の距離が、集団がより解放に向かおうとする手段として自身のアクションを探究する際の焦点になっていることである。

シングルループ学習とは、人や組織が行動を変える一方で最初に問題状況を引き起こした行動戦略を変えるためには何もしない状況を指す。問題の状況は

与件とされ、参加者たちは特定の問題状況を解決するための能力を改善させていく。その効果は、問題を一時的に改善することができるかもしれないが、根本にある原因には立ち向かっていないので、問題は再び生じる。他のジレンマに出会うとすぐに、彼らは強さを追い求め、その強さを取り戻すのである。

　それとは対照的に、**ダブルループ学習**は、一歩引いてみたり、その問題を位置づけることができる代わりとなるより大きな枠組みを検証したりすることで問題に対応することから生じる。当面の問題は、変えられなければならない文脈から生み出されたものであると理解される。この文脈を変えることによって、集団は組織学習の新しい次元に移り、変化することができる。アクションサイエンスは一般的に、シングルループ学習に固執することを、他者の動機に対する防御的な反応と不適切な推論の結果生じるものと見なしている。

　シングルループ学習とダブルループ学習の違いの重要性は、ある種の問題をアクションサイエンス的介入が目指されるべき問題として特定することにある。これらの問題は、「それらを解決しようとする努力にもかかわらず存在し続ける問題である。・・・（それらの問題は）それらの中に埋め込まれたダブルループ的な問題を持っていることが多い」（Argyris et al., 1985, p.87）。

　これら2種類の学習に結びついているのは、アクションに関する諸理論である。アージリスら（Argyris et al., 1985）が「モデルⅠ」と呼んだものにおいては、基底的モデルは他者に対する一方的なコントロールに基づいている。ほとんどの人は、モデルⅠを信奉しないが、多くの人がそれを実践している。アクションに関する別の理論は、「モデルO（組織 Organization）－Ⅰ」である。アクションに関するこの種の理論は、隠すことが不可能で集団の基底にある規範を脅かすことがないエラーを正すだけの限定的な学習システムを生み出す。ここでは、中心にあるのは、幅広い参加、ウィン－ウィンアプローチに焦点を合わせること、そして知的な分析を抑えながら感情を表現することである。

　これらに対抗するのは、アクションの「モデルⅡ」理論である。モデルⅡでは、「最小限の防御的な対人関係と集団間の関係、高い選択の自由、そして高いリスクテイクがある。ダブルループ学習の可能性が高まり、時間の経過と共に効果は高くなっていくはずである」（Argyris et al., 1985, p.102）。

　「モデルO（組織）－Ⅱ」は同じであるが、集団を構成する個人は、モデルⅡ理論を実践している。結果は、そこにおいて、問題とコンフリクトをオープンにすることができ、シングルとダブルのループ学習の両方が行われる**探究コ**

ミュニティ community of inquiry が創造される。

アクションサイエンスにおける実証実験

　アクションサイエンスの最も興味深い特徴のひとつが、解釈の検証を開発するための方法に強く注目することである。この視点は、人々の行動の理由を特定し、因果的な責任を割り当て、そのデータに関する間主観的な合意を達成する際に使用される各種のコンセプトの広範な開発に基づいている。

　「推論のはしご ladder of inference」と呼ばれる手法は、被験者の対話、解釈、そしてアクションを相互作用の分析された解釈へとつなぐために用いられる。「アクションサイエンスにおいて、我々はこの問題に概念的な道具、すなわち推論のはしごの手助けを借りて対処する。これは、人間が日常生活を理解するときに相互作用から選び、読み取るステップを模式的に表したものである」（Argyris et al., 1985, p.57）。

　この分析を行う際、最初の段階は特定の場面における通常の会話における発話である。そして、観察者と参加者は、その発話（彼ら自身と彼らが扱っている対象の人の発話）の意味づけを行う。これらの意味はそこから吟味され、比較される。そして、特定の意味にたどり着くために用いられた推論が分析される。推論のはしごは、発話とたどり着いた解釈を結びつける分析のつながりを表している。一般的に、ほとんどの人は、不確かなデータに基づいて、他人の目的について非常に強力な推論を行う。ポイントとなることは、吟味する、すなわち、どのように結論が引き出されたか、何に注目したのか、そして何が無視されたのかということを確認する状況において、行為者と共にはしごを登ったり、降りたりすることである。こうすることで、シングルループ学習に固執する行動のパターンが表面化し、吟味することができるのである。

　推論のはしごは、単なる調査の道具ではなく、組織への介入のひとつの手法であるということに注意しなければならない。推論のはしごが適用されるのは、その集団が問題を持っていて、それを解決しようとアクションサイエンスの研究者に手助けを依頼したからである。介入はアクションから研究へとつながる連続体の対極にあるわけではない。むしろ、アージリスら（Argyris et al., 1985）が言うように、「介入は、実験のアクションサイエンス的なアナロジーである」（p.64）。介入なくして、いかなるアクションサイエンスもない！　レ

ヴィンとデューイの考えが継承されているのは明らかである。

アクションサイエンスの回顧的な例 ―― ミルグラム実験

アージリスら（Argyris et al., 1985）の議論で最も傑出しているのは、アメリカの心理学者スタンリー・ミルグラム（Milgram, 1974）によって行われた、普通の人が仲間に危害を加えようとする心理的状況についての有名な実験に対する興味深い批判と再定式化である。ミルグラム実験に対して意見を述べ、自分たちの戦略とミルグラムの戦略を区別することで、アージリスらは、社会的に重要な問題においてさえ、アクションサイエンスが従来の社会科学とはいかに異なっているかを示すことに成功している。

ミルグラムは、実験対象者に言葉の連想を教えると称して広告で集められた人々を使った。実験対象者が失敗したら、教師役の人は電気ショックを与えることになっていて、そのショックは実験の中で徐々に危険なレベルにまで増大していった。しかし、実際にはミルグラムと実験対象者たちは秘密裏に手を組んでいて、いかなる電気ショックも与えられていなかった。だが、「教師役の人」はそのことを知らなかった。

ミルグラムは、教師役の人に前もってインタビューをしていて、その人々全員が自分たちは仲間に故意に危害を加えることはないと断言していた。ミルグラムは人々の反応に多くのバラツキがあることを見出したが、多くの人が実際には実験対象者に進んでショックを与えた。このことから、ミルグラムはデータについて明確な根拠を示すことなく、人間は生まれながら敵対的、攻撃的ではなく、むしろ意志が弱く、権力者の命令に従う傾向があると結論づけている。この発見の結果、この研究は「アイヒマン実験」と呼ばれるようになった。ミルグラムは、この研究を完成後約10年経ってから報告した。しかし、本を書く以外、いかなる社会的介入も行わなかった。

ミルグラムの研究（Milgram, 1974）にコメントする際、アージリスら（Argyris et al., 1985）はミルグラムの功績に敬意を払いつつも、自分たちのアプローチとミルグラムのアプローチを区別している。「ある現象を確実に記述するためには、その基本的な特徴を保持し、その本質を捉える状況を構築すべきである」（p.111）。

アージリスらの見方からすると、ミルグラムは状況やその結果を変えようと

はしなかった。そのため、観察された行動がなぜ生じたのかを理解する機会を奪ってしまった。結果として、彼の実験は個人がこのジレンマを打ち壊す手助けになるかもしれなかった知識を生み出すことはできなかったのである。ジレンマをよりよく管理するための代替案を知ることはなく、このジレンマを維持する深い構造を発見することもないのである。

アージリスらのモデルⅡアプローチであれば、結果を変えるよう、実験のパラメータを変えたであろう。社会的に望まれていることは、いかなる人も不道徳な命令には従おうとはしない集団であるから、アージリスらは、AR は命令に従わない教師役に焦点を当て、そういった命令に従おうとしない理由を探るべきであると主張した。このような点から、不服従の原因についての理論を構築し、実験をいろいろと変えて、限界ギリギリの不服従まで、不服従の要因を増やすことができる。このようにして、モデルⅡの探究では、行動の原因を調べ、調査対象者が道徳的に望ましい行動をとるように直接介入する。このような探究と従来の社会科学との違いは明らかである。従来の社会科学自身の基礎は、モデルⅠ的なシングルループであるということが明らかにされている。

アクションサイエンスを実践する

アージリスら（Argyris et al., 1985）は、アクションサイエンスの抽象的な理論を提示することで満足せず、彼らが考えたアクションサイエンスの指針となる**実践のルール** rules of practice をたくさん定式化している。これと平行して、アクションサイエンスの文献ではほとんど取り上げられることのない、仮説を検証するための一連のルールも定式化している。こういったバージョンのアクションサイエンスについてどう考えるかは別として、科学的推論がより優先されることに注意を向けさせた点で、アージリスらは正しい。

肯定的な特徴

この枠組みには役立つことがたくさんある。社会問題を取り上げることについて、ある種の倫理的な議論を行うことによってアクションを正当化するというよりは、アージリスら（Argyris et al., 1985）は、アクションサイエンスを従来の科学よりもより良い科学的探究の形態であると主張している。また、彼らは、学習が生じうるのはアクションを通じてであるというデューイとレヴィン

の議論の核心を取り上げている。それゆえ、著者たちの考え方では、科学的であるためには、社会調査は社会的に関与しなければならないのである。アージリスが長い間用いたフレームに当てはめると、アクションサイエンスの目的は、見込みは薄くてもが社会的に有益な（解放を推し進める）成果を生み出す可能性を高めることである。アージリスたちはこれを科学的な方法を展開することを通して達成したいと思っている。彼らの主張の中心にある論理は、介入主義的でない社会調査は科学的でありえないということ、すなわち、ミルグラム実験の分析においてきわめて効果的に行っている議論である。

　この論理を裏返した側面はそれほど明確には述べられていないが、同様に他の多くの AR 研究者たちに厳しい判定を下している。アージリスたちの考え方によると、あまりにも多くの AR 研究者たちが、従来の社会科学を特徴づけている思考とアクションの分離を無批判に受け入れて、研究している問題の緊急性や設定したゴールの善良さによって、自らの研究を正当化している。もっと率直に言うならば、AR のほとんどの部分が曖昧な認識論と一貫性のない、あるいは無頓着な方法論によって特徴づけられている。アクションサイエンスの論理にしたがえば、これはまさにモデル I のシングルループ的な行動であり、探究を成功させるコミュニティを作り出しはしないのである。

批判

心理主義、防御的なルーチン、そして介入的なパターナリズム[訳注2]
　アクションサイエンスのこのレベルでの動機づけと行動の分析を歓迎するとしても、我々にとっては、アクションサイエンスは人間心理の複雑性をそぎ落としてしまっている。主に、人間心理はアクションに関わるものとされ、シングルループ的な結果に導く防御的なルーチンの産出に還元される。防御性がこういった集団的な現象にとって重要な唯一の主要な心理過程であるというのは、我々にとって説得力があるようには思えない。人間の動機の豊富さ、文化的な考え方と特定の状況に対する経済や政治との複雑な相互作用、そして特定の状況におけるすべての参加者たちの間にある複雑な差異は、もし分析の焦点が防御性のみにあるならば、明らかにされない。

　どのようにアクションサイエンスの研究者たち自身がこの防御性を乗り越えていくかは、はっきりとはしていない。彼らの考え方に従うならば、防御性は

人間のアクションの「デフォルト（初期設定）default」の形態である（彼らは個人のモデルⅠ的な反応を「自然 natural」とか「自動的 automatic」として描いている。Argyris et al., 1985, p.151）。このような前提は、それがファシリテーターと被験者との間に説明されない溝を作り出すので、非常に重要である。

　参加者たちは、自分たちだけに頼っていたなら、失敗を繰り返し導くモデルⅠ的な性向をデザインし直すことはできないだろう。挫折や失望を感じ続けるよりはむしろ、モデルⅡ的なアクションを起こすことは不可能だと判断し、自分たちの（モデルⅠ的なアクションへの）撤退を正当化するかもしれない。あるいは、モデルⅠ的な戦略は期待通りのものだと判断し、その戦略が持つ反生産的な効果に目を向けないかもしれない。言い換えれば、人々がモデルⅠの世界で使用している理論に気づかないままでいることを可能にしている防御が、再び力を発揮することになるのである。介入者に課された役割は、純粋に参加者たちの使用している理論をデザインし直し始めるように手助けすることである（Argyris et al., 1985, p.338）。

　このような状態に対する正当化の根拠は示されていないし、このような限界を克服するための介入者の「当然あるものではない unnatural」人間的能力の源泉に対する説明もない。アージリスたちは、このような意味で、生まれながらの AR の研究者であるように思える。

　変化を選択することに関して言うならば、彼らは、個人は使用している理論や O-I 学習システムを選択することはできないが、使用している理論やひいては組織学習システムとその文化を変化させることを選択することはできると述べている。しかし、そういった変化は、プレイヤーがコミットしない限り起こらない（p.152）。とはいうものの、なぜ個人は選択できないのか、コミットメントとは何か、そしてどのようにコミットメントが展開するのかといったことは議論されていない。

　この見方は、アクションサイエンスの研究者は自然科学の研究者とは異なる種類の人間であるという結論を導かざるを得ないので、政治的に非常に負荷の高いものである。このような考え方は、人々がアクションサイエンスの研究者になるように訓練されていく過程についての議論を通して正当化されるかもしれないが、アクションサイエンスにはそのような議論がない。結局、アクションサイエンスでは、アクションサイエンスの研究者は誰かのために行動することができるが、誰からも批判されない、自意識過剰で、自己完結している個人

と見なされている。

　アクションサイエンスにおけるこの問題を別の観点から見るならば、分析には強い二項バイアス dyadic bias があるということに気づく。すなわち、多くの事例がグループの文脈の中で生じていて、モデルⅠとモデルⅡはグループの行動について言及しているが、アクションサイエンスを読んでいて立ち現れる支配的なイメージは、熟練した実践者や教師がグループのメンバーと立ち向かい、彼らに自分たちの行動を問い直させ、変化させるというものである。

　このような教師と生徒、セラピストと患者というイメージは、グループプロセスのいくつかの心理的側面に注意を向けさせるというメリットはあるが、大きな犠牲を払うものでもあると、我々は考えている。アクションサイエンスにおいては最近まで、グループをグループとして分析することはなかった。むしろ、グループは、その中のすべての二項関係がうまく機能しているときにうまく機能すると想定されていた。グループ構造、政治経済、性差、エスニシティなどの概念は置き去りにされたままだった。グループは交換を行う個人で構成され、そしてある種の合理的選択モデルに向かって理想的に動いているとして描かれている。特に、このような捉え方をすることによって、専門家である介入者に与える権力を含め、権力関係に十分に配慮しない分析になってしまっている。

　これが問題なのは、優れたアクションサイエンスの研究者がいないからではない。実際、我々は素晴らしいアクションサイエンスの実践を見てきた。むしろ、我々が目にする優れた実践は、部分的に、これらの実践者たちが自分たちの著作で明らかにする以上により洗練された社会理論を持ち、モデルが示すよりもヒエラルキー的ではない方法で実践されているから問題なのである。これらの要素についてのより良い分析を開発することは、アクションサイエンスの懸案事項である。

　アクションサイエンスは、問題を特定し、いつ解決策が見出されたか合意することによって進められるため、こうしたヒエラルキーの問題は非常に重要である。それゆえ、このような決定を下す権威を持った人々が中心的な位置を占める。たとえば、どんな種類の行動が適切であるのかを決定することは、とても重要である。しかしながら、たとえば、社会関係における「もろさ」について語るとき、アクションサイエンスの研究者はそれを、「過ちを犯した際に高い失望感や失敗感を不適切に表現する素質」として定義する（Argyris et al., 1985, p.156)。何が不適切なのか、そして誰が不適切だと決定するのかは議論されていない。これは明らかに介入者が決めることである。アージリスたちはまた、何が本物であるかを定義せずに、「本物の組織変化 genuine organizational change」について語っているが、これも何が変化を作り出すのか、何がそうでないのかを決定するという権威的な立場を介入者に認めてしまっている。

　推論のはしごの使い方や分析のために対話のセグメントを分離していく方法からも、非常にルールに基づいた文化の見方が分かる。それは、アージリスたちが行動を描写するために「ルーチン」という言葉を繰り返し使っていることからも分かる。人類学における構成要素分析をはじめ、多くの学派がそのような考え方をしているのだが、このような見方には大きな限界がある。言語が文法以上のものであるのと同様に、行動とはルール以上のものであるのだ。特にアクションサイエンスが科学的であろうとするためには、そのアプローチの一部として、ある種の「反証 disconfirmation」の概念が必要とされるからである。しかし、これらの著者たちが反証について行った議論は、こうしたルールに基づいた行動観に大きく依存している。そのため、人間の行動の流れを民族誌的な複雑さの中で見るときのような、反証することの困難さをほとんど感じさせないのである。

サイエンスの歴史

　従来の社会科学のアプローチを批判する者は全員、なぜそのような従来の社会科学が優勢になっているのかについて説明しなければならない。もし、我々が正しく、従来の社会科学が間違っているのなら、なぜ従来の社会科学が優勢で、我々はそうではないのかを説明しなければならない。我々はすでにこの問題に対して本書で議論してきた（第2部を参照）。我々は、アクションサイエンスはなぜ従来の社会科学がデューイとレヴィンではなく、自然科学を模倣することを選んだのか（Argyris et al., 1985, p.5）、あるいはなぜアージリスたちに理論と実践の「致命的な分離 pernicious separation」（Argyris et al., 1985, p.7）と呼ぶものが存在するのかの説明が欠けているとだけ指摘しておく。

　我々の考えでは、社会構造や政治経済といったより大きな問題に十分に注意を向けないことは、上述の二項的およびセラピー的な見方と同じものに根ざしている。アクションサイエンスの研究者は、人々は間違った方向に導かれたら、

質の高い介入を通じてより良い見解に立ち戻ることができると仮定している。だがこのような仮定は、特定の集団のメンバーの「防御的なルーチン」よりも、権力の問題によってよりよく説明されると思われる、常に社会科学における改革的・民主的要素を鈍らせる方向に動く、社会研究における政治経済の存在を無視している。

　これらの批判のどれも答えられないものではなく、その回答のいくつかはアクションサイエンスの研究者によって最近の著作で取り上げられている。この枠組みは、AR のサイエンスという概念によって提起されるいくつかの方法論的、認識論的な問題に取り組もうとしている点において、他のどの枠組みよりも進んでいる。それゆえ、しっかりと注目するに値するものである。

組織学習

　クリス・アージリスとドナルド・ショーンとの長く実りの多い共同作業の結果、多くの著書が出版された。最も重要な 2 冊は、*Organizational Learning*（『組織学習』）（Argyris & Schön, 1978）と *Organizational Learning II*（『組織学習 II』）（Argyris & Schön, 1996）である。組織学習という用語はよく知られるようになったが、アージリスとショーンがそれを 1972 年に生み出した当時は、組織的な行動についての考えは非常に異なる方向を示していた。いまや組織学習の有望な見通しに基づいて何百もの研究と高収益のコンサルティングビジネスがある（たとえば、Senge, 1990）。

　多くの議論は、アクションサイエンスとの関連で提示されたものと同様であるが、組織動態のいくつかの問題は、これらの著作の中でだけ取り上げられている。ここでは、2 冊目の『組織学習 II』（1996）を取り上げる。この著書では、組織学習に関する文献の優れた批判的概観が行われている。著者たちは、自身の十分に根拠づけられた、ニュアンスに富んだ組織学習についての考え方を示し、続いて、すでに議論した基本的なシングルループ、ダブルループ、モデル I、モデル II 図式を拡大し、明確に説明している。

　アクションサイエンスの視点全体に対するこの本の重要性は、著者たちが権力が問題にならない二項的な関係を越えようと大いに努めていることにある。彼らは、組織政治について論じ、組織の象徴文化的生活が生み出す複雑さにつ

いて、以前の著作（Argyris & Schön, 1978）には見られなかった認識を示している。また、アージリスら（Argyris et al., 1985）よりも、探究を高める介入をより明確な概念とプロセスにすることに成功している。

　特に、アージリスとショーンによるあとがきもまた、価値がある。それは、学術的実践に対する強い批判を中心に構成されており、学術研究は理論と実践の関係に立ち向かいそうもないと主張している。我々は、特に大学は意味のある学習する組織にはなりにくいという彼らのアクションサイエンスの分析に同意する。

　アージリスとショーンほど、アクションサイエンスと組織学習の複雑な問題を取り上げて論じた本はない。おそらく、ロバート・フラッドとノルマ・ロムの著作 *Diversity Management*（『多様なマネジメント』）(Flood & Romm, 1996)だけが、アージリスとショーンの認識論的、方法論的、実践的な野心的試みを共有している。アージリスとショーンは、以前の著作には見られなかった、組織学習に内在する組織文化の問題に言及する必要性の認識を示し、アクションサイエンスを前進させている。

　しかし、この次元には、さらに注意深く見る必要がある。組織文化の扱いは、ダイナミックでより分化した行動に対する見方と比べて、かなり限定的で機械的なままであるからだ。組織的な文脈やアージリスとショーンが刺激しようと試みた種類のプロセスから生み出される文化的生産性は豊富なので、さらなる分析上の発展が必要である。この豊かさはサーチカンファレンスの最も持続的な経験のひとつである。

　また、アージリスとショーンは、組織を人々が互いに二項的に奮闘している個人の集合体として見なす見方を越えて、より真に社会的な組織構造の概念にたどり着こうと多くの試みを行っている。このことは重要であるが、彼らの試みはうまくいっていない。

　著者たちは、自分たちの視点が権力関係に対して盲目であったり、あるいは実際に組織におけるある種のヒエラルキーを強化していたりするという批判を認識していることを示している。それにもかかわらず、モデルⅠ行動が組織内の人にとってデフォルトであるという事実は、特定の政治経済システムが生み出したかもしれない産物としてよりもむしろ、依然として大いに自然の法則として扱われている。そのため、アージリスら（Argyris et al., 1985）の著書とまさに同じで、モデルⅠとモデルⅡの源泉はいまだに説明されていない。モデル

Ｉの究極的な源泉を説明していないために、ある特定の個人（この場合、著者たち）がなぜ通常の人々の限界を超えて、他の人々をそうさせるよう導くことができるのかについての説明がないままである。これを説明すると、権威と専門性の正統性を切り開くものであり、より開かれた探究に値する。

　この著作は明確に AR の伝統に沿ったものであるが、『アクションサイエンス』と同様に、『組織学習Ⅱ』も組織学習の規範的、そして倫理的な目標という問題を強調していない。非防御的な人間の行動に対する明白な関心は確かであるが、このコミットメントと民主化との間の明確な関連づけはなされない。したがって、このアプローチは、参加と民主化にそれほど高い優先度を与えていない従来のコンサルタントたちにとっては、応用が容易である。

アクションサイエンスと組織学習に必要な能力

　優れたアクションサイエンスの実践は、グループプロセスのスキルに大きく焦点を合わせている。我々が見てきた何人かのアクションサイエンスの研究者による介入において、彼らが発展させた特定のスキルに感銘を受けた。たとえば、彼らは忍耐強く、そして持続的にプロセスに関わり続ける。介入者たちの落ち着いていて、持続的で、明快で、支援する役割は、グループプロセスの変化につながる種類のアクションサイエンスの探究を展開できる空間を作り上げるために多くのことを果たしている。アクションサイエンスは他のアプローチ以上に、実践者がより長く待ち、より粘り強く、そして冷静であるよう求めているというのが我々の印象である。おそらく、これはこの伝統がもともと持っている、セラピー的な性質の一部である。

　アクションサイエンス的な介入の他の重要な特徴は、実践者たちがグループプロセスにおいて、沈黙であったり、何も活動が起こらないという意味で空白であったりすることを恐れないようにすることを学ぶ仕方である。気まずい空間をたくさんの声やアクションで埋めようと急ぐよりも、居心地の悪い空間をずっとそのままにしておき、じっと立っているというプロセスがもたらす不快感から一部生じる、自分たちのアクションを吟味する必要性に参加者たちを向き合わせる。

　あらゆる場面で、アクションサイエンスの実践者たちは、参加者たちに自分

たちのアクションを明確にし、説明するように要求し、その行動のモデルとして、自分自身の反応と説明を繰り返し明示する。この擬似ソクラテス的介入によって、しばしば参加者たちはグループプロセスの狭間に隠れることなく、彼ら自身で分析的に突破口が開けるようになる。このようにするには、人々を黙らせることなくその人々と対峙し、強いけれどもオープンであり、共感的であるけれども批判的であり、そして常に言葉やアクションの細かいところまで注意を払う能力が必要である。これらもまた、セラピー的な伝統から受け継いだものであり、AR のプロセスにおいて研究し、見習う価値があるものである。

結論

結局、アクションサイエンスと組織学習はどちらも完璧ではないし、かといって間違ってもいない。それらは、AR を従来の社会科学と直接対決させ、そして限定的な社会変革という課題を追求しようとする大胆で明確な試みである。それらにはギャップや問題があるが、それは他のアプローチも同じである。それらは、AR 研究者たちが綿密に研究する価値がある。

原注
[1] 実際、第 2 版は著者たちの継続的な実践と彼らへの批判を元に前著を完全に改訂したものなので、我々は後者のみを取り上げている。
[2] ドナルド・ショーンが「省察的実践 reflexive practice」(Schön, 1983, 1987, 1991) と呼ぶ、彼と最も個人的に結びついたアプローチについて別の章を設けることはしないことにした。主として、この見方における組織的実践の要素の多くが共著の著作にも出てくること、そして省察的実践アプローチの他のカギとなる要素のいくつかは二項的なコーチング関係に中心が置かれており、より大きな組織的変化にはないからである。

訳注
[1] エミック emic とは、当事者の内側から現象に対する意識・識別を分析する方法であり、エティック etic とは、外部の観察者の視点から客観的に分析を行う方法を指す。
[2] 強い立場にある者が、弱い立場にあるものの利益だとして、本人の意思は問わず、介入や支援を行うこと。

第**4**部
_____

アクションリサーチと民主主義

我々は、前章までに、アクションリサーチ（AR）を体系的に定義し、説明し、正当化し、ARを哲学的、技術的、組織的、政治的文脈に位置づけた。我々が望ましいと考えるアプローチと、他のさまざまなARアプローチからの抜粋を提示した。多くのことが省かれ、我々が紹介したアプローチでさえ、ほんの少ししか扱われていない。また、この分野への重要な貢献者の多くが言及されておらず、厄介な問題についても簡単に扱われただけである。しかし、これらのスケッチがARに対する知的欲求を刺激し、こうしたアプローチをより詳細に検討するための出発点となれば幸いである。

　次章、第11章「アクションリサーチ、参加、民主化」では、経済のグローバル化に伴い摩耗しつつある市民社会の特性を再生させ、民主的プロセスを活性化するためにARが果たしうる役割について結論づけを行う。

第 11 章
アクションリサーチ、参加、民主化

　この最終章では、参加と民主化をめぐるより広い問題に目を向ける。これらの言葉や概念は、アクションリサーチ（AR）やそれ以外の世界でも最近よく使われているが、その概念がイデオロギー的な武器として使われることがあまりにも多い。AR を参加と民主主義という広い視野のなかで位置づけるためには、これらの言葉の使い方を冷静に明らかにする必要がある。

　参加と民主化は、それ自体が万能薬ではなく、世界のすべての問題を解決するものではない。世界をより公平に、より良く、より持続可能な場所に変える魔法のような効果があるわけではない。参加は常に政治と結びついている。参加は、中身のない形だけのものとして使われることによって権力者の抑圧を支えることもあれば、真の社会変革のための手段となることもある。参加は、現地の参加者が自分たちの状況をコントロールする能力を高めるような、権力共有のための現実的で持続可能な場を作らない限り、民主主義のための土台を準備することにはならない。

　我々は参加と民主化の両方を強く推進するが、道徳的な議論における二項対立の論理にとらわれることは避けたいと思っている。多くの研究から、過激な二項対立はほとんど常に道徳的志向をもち、思慮深い議論に取って代わろうとする。二項対立の文化的論理は、常に一方の極を理想として優遇し、他方を諸悪の根源として悪者扱いし、道徳的に強制的な方法で世界を過度に単純化してしまうのである。メアリー・ダグラス（Douglas, 2002）が適切に指摘したように、このような二項対立を臆面もなく信じることは、「穢れ dirt」を一掃することに一生を捧げることになる。つまり、二項対立の枠組みにうまく当てはまらない、膨大な数の出来事が人生にはある。

　AR には明確な道徳的意図があるため、アクションリサーチャーはこのような道徳化に対してかなり脆弱である。アクションリサーチャーは、権威主義や

不当なヒエラルキーに反対し、権力や尊敬をより広く再分配したいと考えているので、参加や民主化、さらには平等を無批判に称え、AR は常に天使の側にあると主張して、権威主義やヒエラルキーに対する怒りに陥りがちになる。参加が理想化される一方で、参加は常に階層的なシステムの中で行われることが見過ごされる。両極端の概念を対比させることによって、有用な概念の明確化が達成されるかもしれないが、アクションを設計する際には、そのような極論は役に立たない。アクションは常に泥沼のような中で展開されるものであり、ここではその地勢をもう少し詳しく説明してみたい。

　我々は AR を成功させるためには、ある特定の種類の参加が不可欠であり、参加がなければ社会問題を効果的に解決することはできないと考えている。しかし、参加があるからといって、AR のプロセスが良くなるというわけではない。AR というのは、共創的な知識の創造、アクションの設計、そして評価につながる、もっと広い意味合いのプロセスを作り出すひとつの道具である。参加は、「モノ」でも「量子」でもなく、しばしば複雑に分化し、均一ではなく、時には矛盾もあるプロセスである。そして、参加は常により広範な階層に及ぶ社会的・政治的境界の中に位置づけられる。

　AR が目的とするのは、より公平で、より健康的で、より自由で、より持続可能な社会デザインを求めて、可能な限り幅広いステークホルダーの自己決定を高めるという意味での民主化である。特定の種類の参加型プロセスはこの目的に適うが、参加だけでは民主化は成し遂げられない。

参加

　参加は一般的に扱われすぎていることが多いので、アクションリサーチャーがプロジェクトの全体的な方向性を把握するのに役立つように、以下、3 つの視点から、この参加というコンセプトを区別し、文脈化することには価値があると考える。参加はさまざまな視点から見ることができる。1 つ目は権力と統制に基づくもの、2 つ目は政治的位置づけの認識論に照らし合わせたもの、そして 3 つ目は職場における現実的な実用主義を中心に構成されたものである。

アーンスタイン ―― 権力と完全自治

出発点としては、1969 年にシェリー・アーンスタイン（Arnstein, 1969）[訳注 1]が作成した市民参加に関する分析類型が良い資料だと考える。その多元的な参加の類型については、図 11.1 を参照いただきたい。

アーンスタインの分析において見るべきところは、世論操作から市民による完全自治までを含めて参加を幅広く扱い、その上で権力関係への影響を区別することである。たとえば、人は操作された状況でも参加していると言えるが、権力の観点から見ると、社会的には何も生み出さないので、非参加者となる。この類型により、参加することが必ずしも美徳ではないことが明らかになる。

アーンスタインの類型は世論操作 manipulation と不満回避 therapy から始まる。そこには専門家や権力者が存在し、彼らの意志に従わされる一般の人々は一連の状況における参加者ではある。しかし、政治的な観点から見ると、これらは参加不在のアプローチに分類される。なぜならば、専門家や指導者にとっては、「参加者」を言われたとおりに動かすことが目的だからである。ここで強調されるのは、権威や宣伝活動（そして、しばしば愛国心とか市民の誇り、感情的な論争の的になるもの）である。

政治的インクルージョンへの最初のステップは、アーンスタインが言うところの「情報提供 informing」である。これにはさまざまな方法がある。下から見ていくと、当局やリーダーが従業員や有権者と会ったり、その他の方法でコミュニケーションをとり、何が起こっているかを伝えることである。多くの場

市民の力の度合い	8. 市民による完全自治 7. 権限の委譲 6. パートナーシップ
名目主義の度合い	5. 懐柔 4. 意見聴取 3. 情報提供
非参加	2. 不満回避、ガス抜き 1. 世論操作、あやつり

図 11.1　参加の形態とレベル

合、この種のコミュニケーションは一方通行である。たとえば、大企業の CEO が従業員を集めて、一定期間に 5,000 人の雇用を削減することを伝えるようなものである。

　次の段階の参加は、「意見聴取 consultation」である。ここでは、自発的に、あるいは法的な命令によって、権限を持つ者が正当な利害関係者から「意見聴取」を行う。これには、会議、公開討論会、市民委員会との会合などが含まれる。このような協議を行うことで、権力者は有権者からの質問に答えやすくなるが、ほとんどの場合、このような会議は厳重に組織化され、管理されている。このような会議は、敵対的なトーンで行われることが多く、すべての関係者によるかなりの情報の「摺り合わせ」がなされる。

　アーンスタインのモデルでは、次の段階の参加は「懐柔 placation」である。影響を受けるステークホルダーの集団から特定のメンバーを選び出し、権力者のコミュニケーションネットワークに組み込んでいく。これにより、権力者が選んだ人物を通じてステークホルダーの意見が伝わり、また、ステークホルダー集団のリーダー候補を権力者の計画に取り込むこともしばしばである。権力者はこの方法で多くのことを知ることができ、彼らが何をしているか、何を考えているかについての情報をステークホルダーに伝えることもできるが、何をすべきかを決定する上で、ステークホルダーの役割は一般的に最小限で、決定権限は権力者が保留する状態である。

　より強固な参加形態としては、ステークホルダーと権力者の間の「パートナーシップ partnership」がある。彼らは共同でワーキンググループを構成し、情報、分析、権力を共有することを選択する。この場合、システムの頂点からより広範なレベルへの権力の再分配が行われ、意思決定は共同の特性を持つものになる。

　アーンスタインの次のタイプの参加は「権限委譲 delegated power」と呼ばれ、これはステークホルダーの利益や福祉に影響を与えるような決定を下す際に、実際に彼らに大きな決定権が与えられるというものである。これにより、ステークホルダーにプロセスの主導権を与えるだけでなく、その決定や行動の質や正しさについて、彼ら自身やリーダー、コミュニティの他の人々に対して説明責任を負わせるものである。

　最後に、アーンスタインは「市民の完全自治 citizen control」という状況について述べている。これは、何らかの決定、条件、行動によって直接影響を受

ける人々が、自分自身の状況や自分が属する広範な集団の状況に影響を与える
計画、政策立案、アクションを完全に担うというものである。

グリーンバーグ ── 政治的な位置づけ

"The Consequences of Worker Participation: A Clarification of the Theoretical
Literature"（「労働者参加の帰結：理論的文献の明確化」）と題した論文の中でエ
ドワード・グリーンバーグ（Greenberg, 1975）は、労働組織への参加を理解す
るのに役立つ別の分類法を紹介している。グリーンバーグは、参加、態度・行
動への影響、社会的・政治的影響をまとめて論じている。彼は異なる考え方と
して、4つの類型を設けている。

　1つ目は経営者中心の考え方で、参加の度合いは低く、その範囲も狭い。士
気を高め、業務の効率を上げることが焦点となる。参加の目標は会社の目標と
同じで、結果として工場全体の運営を改善することになる。

　2つ目はヒューマニスティック心理学の考え方である。参加の度合いは非常
に高いが、範囲はかなり狭くなる。その効果は精神的な健康状態の改善や、参
加者の幸福感に現れる。また組織のパフォーマンスの向上にも効果が見られる。

　3つ目の考え方として、グリーンバーグは民主主義理論を挙げ、そこでは参
加の度合いは非常に高く、それは社会的・政治的問題の広い範囲に及ぶことが
期待できると指摘する。参加することで、公共の問題に対する関心と理解が高
まることと予想される。さらに参加することで、他者の視点や多様なあり方に
対する寛容さが増すと考えられる。最も大きな効果は意識の高い市民の育成で
ある。

　4つ目は「参加型左翼 participatory left」であり、参加の度合いは高く、社
会的・政治的問題の広い範囲に及ぶと予想される。参加することで、健康的な
ワーク・ライフ・バランス、自治への欲求が高まり、より高いレベルの経済活
動がもたらされるが、それは官僚的な中央集権やヒエラルキーへの敵意と結び
ついている。参加することで得られる究極の効果は、エリート主義ではない、
大衆に根ざした革命であろう。

レヴィン──現実世界での実用論

　このような区別は、現実の文脈でも有効である。モルテン・レヴィン（Levin, 1984）の研究では、ノルウェーの産業界における参加の状況を調査することが課題であった。アンケートへの記入を依頼するのではなく、ノルウェーの加工業の主要企業を対象に、綿密なインタビューを行ったのである。調査の結果、個人参加の概念は組織における役割と立場の帰結であることが分かった。経営者にとり参加というのは労働者に情報を伝える効果的な手段であるため、重要かつ有用であると考えていた。また労働者の考え方や行動を洞察することで、経営陣に知識ベースを提供するという点でも、参加は重要であった。

　これは民主的な制度に対するイデオロギー的なコミットメントを一切排除した、参加に対する純粋に実践的なアプローチであった。一方、現場レベルの労働者は参加は主に身近な労働条件に影響を与えることに役立つと考えてはいるものの、参加に対する考え方は非常に限定的であった。彼らは自分の経験から、参加によってできるのは、職場の具体的なデザインとか食堂の運営方法などに影響を与えることくらいだと考えたからだ。

　参加に関する第三の見解は、労働組合員によるものである。彼らの立場はイデオロギー的な色合いを帯びており、参加は企業を産業民主主義に向かわせる際、その改善措置において重要なソースであると主張した。同時に、日常業務においても、企業の効率化を図るための具体的な実践参加型プロジェクトや、労働条件全般を改善するためのプロジェクトに全力で取り組んでいた。労働組合員は、実践的な日常における参加の問題から、企業におけるより大きな政治的問題への対処まで、幅広い参加観を兼ね備えていた。

　これまで紹介した概念化の小さなサンプルは、参加が多様な概念であることを明確に示している。アーンスタインとグリーンバーグの分類スキームでは、権力による懐柔が重要な問題であるが、レヴィンの概念化ではこの要素は明確には述べられていない。我々は常に、ある特定の参加型プロセスが権力による懐柔と理解されうるかどうかを問う必要がある。もし参加が話のレベルでしか機能せず（Brunsson, 1989）、アクションとして機能しないならば、イデオロギー的な盲目が生じることになる。参加者の優先順位に沿った変化を促すためには、

参加することでグループ内に十分なパワーを蓄え、そこから何らかの成果を生み出さなければ意味がない。

　このように、参加にはさまざまな側面があり、それはARのプロセス全体を通じて見受けられる。ARプロセスは、一様に完璧であったり、一様に「ベスト」な参加レベルで実施されることはない。あらゆる場面で弱点があり、常に改善の余地がある。アクションリサーチャーは、自分のプロジェクトで行われているさまざまな参加型プロセスを分析し、参加の度合いを常に高め、かつその範囲を広げる、そしてその真価を具体的なアクションで理解するために戦略的に取り組むことが重要であると、我々は考えている。

　参加は一般に良いこととして称賛されているが、参加に対して正当な批判を提起する声も多くある。アーンスタイン、グリーンバーグ、レヴィンのモデルにおけるさまざまな活動がすべて参加の旗の下に掲げられており、擬似参加型プロセスと考えられるような操作的でシニカルなやり方はきわめて正当に批判されていることを理解すれば、問題の一部は解決される。ある組織や政府が参加型プロセスに取り組んでおり、彼らの「意見」が求められているが、「参加者」が意見を述べた後に決定されると言われただけでは、このプロセスは民主化につながらないばかりか、しばしば参加というレトリックの下に操作を隠そうとする場合が多いのである。このため、最近の労働史では、使用者との交渉で苦戦する労働組合が、交渉の武器として、会社が強制する参加型スキーム（たとえば、ワークサークル、トータルクオリティマネジメントなど）から撤退する場面が多く見られる。労働組合の指導者たちは、このような参加が、実は権力の共有ではなく、単に効率や競争力を高め、企業の収益を向上させるためのものであることを認識している。

　強制的な擬似参加は多くの場面でありふれていて、民主化から遠ざかっていく。この意味での参加を新たな専制政治と見なすクックやコータリ（Cooke & Kothari, 2001）の見解があるが、彼らの議論は単純化されすぎているとはいえ、多くの国際開発やコミュニティ開発計画における操作的な擬似参加のイメージは正確であると思う。このような強制的な条件下では、参加への抵抗自体が民主化のための行動となりうるのである。ARはこうした批判を真摯に受け止め、参加すること自体が臆面もなく良いことであるという議論には加担すべきではない。権力による懐柔の憂き目は常に存在するのである。

民主化

　参加の多様な意味を理解することが複雑であるとすれば、民主化という概念は、その意図するところがさらに広いため、さらに多くの課題がある。民主化とは、構造、プロセス、政府、意思決定、道徳的目標などを指す言葉であり、簡単な説明では正当に評価できない。アクションリサーチャーが民主化を重要視しているにもかかわらず、AR における民主化の意味について継続的に議論されることは稀である。しかし、このような議論が必要なのである。

　民主化についての考え方を整理するために、我々はこのプロセスにおけるさまざまな要素を示す簡単な類型を作成した。その中でも特に重要なのは、「協働 collaboration」という概念である。民主化のためには、取り組むべき問題を協働で設定する必要がある。何を決めるべきかを決めることは、あらゆる種類の民主化プロセスにおいて最も基本的なポイントのひとつである。民主主義は集団的な善であり、その結果として、民主主義は急進的な個人主義という手段では達成できないのである。民主主義は代表制モデルか、あるいは集団的な決定を下す人々の能力に基づいた参加型モデルのどちらかに基づいている。意思決定を行うためのルールは状況によって異なるが、基本的な問題は意思決定が集合的な意味の構築と意思決定を共に行うメンバー間の協力と対立に基づくものであることだ。

　問題を協働で設定した後は、解決策を練るために再び協働作業が不可欠となる。ここでも民主化にはさまざまな意味がある。民主化とは問題の輪郭を理解するために必要な知識ベースを開発することである。また民主化とは協働研究者が自ら設定した問題に対して研究を進められるよう、必要なツールやトレーニングを提供することを意味することも多い。これらの場合、必要な知識を得るための責任は、専門家の手に委ねられるのではなく、民主化されている。

　知識が蓄積された後は、多様なステークホルダーの多面的な視点や問題に対する経験を活かしながら、分析のプロセスも協働して進めていく。そして、ここからは、当初の作業の動機となった問題の解決に向けたアクションの設計へと協働が広がっていく。このアクションを設計するステップは共有され、プログラムの設計を専門家だけに頼ることはない。最後に、設計されたアクション

を適用し、その結果を評価するところまで、協働は広がっていく。

　全体を通して、協働の裾野は広く、参加の度合いも高度なレベルでの共同決定が中心となる。このような研究の民主化はそれを意味するが、すべての問題所有者の知識と経験を最大限に尊重することを前提としている旨を強調する価値があると考える。ここで言う民主的な前提とは、すべての人間は自分の生活状況について他の誰よりも多くのことを知っているということであり、合理的なサポートを受けた誰もが、協働のための場を作るのに十分な技術を持っていれば、知識や分析をそうした場に提供することができるということである。

　民主主義と AR を語る上で、しばしば見失われることがある。それはコンセンサスモデルもマジョリタリアンモデルも、AR の指針となる民主主義の概念とは相容れないものであるということだ。全員の利害が一致するような珍しい状態（たとえば、こちらに向かってくる隕石が地球に衝突しないようにすること）を除いて、コンセンサスによる意思決定では、支配的な声や視点が従属的なものを抑えつけるのが普通である。多数決はさらに敵対的である。この場合、多数派が勝ち、少数派は潰される。

　我々の考えでは、AR と一致する唯一の民主主義へのアプローチは、立場の調和としての民主主義である（Lijphart, 1977）。AR のプロセスは違いをなくすことではなく、違いをマッピングし、ステークホルダーが譲れない（諦めきれない）、あるいは譲らない（諦めない）相違点を尊重した上で、可能な前進方法をマッピングすることである。多くの場合、これは何らかのアクションを許容するのに十分な利害の重なりがある分野に限定することを意味するが、そのようなアクションで成功を収めれば、最終的にはより議論が割れている問題に取り組む可能性につながるかもしれない。我々が否定するのは、意思決定のルールによってステークホルダーの正当な利益が無視されたり、押し潰されたりするという考え方である。この意味で、我々の考える民主主義は、こうした活動の目標を「会話を続けること」（Rorty, 1980）とするネオ実用主義者の考えと完全に一致する。

　最後に、民主化のためにはプロセスの公正さと結果の公正さを併せ持つ、ある種の究極の警戒心が必要だと考えている。つまり、AR プロジェクトを進めていく中で、日々行われるプロセスの公開性や公平性を問うだけでなく、結果の公平性についても関心を持たなければならない。これらを切り離して考えてはいけない。オープンでフェアなプロセスであっても、結果として悪い結果に

なることはありえる。また悪いプロセスで良い結果が得られることもある。ARでは、道すがらも終わりも、民主主義への配慮を怠らず、一貫した姿勢で臨むのがよい。

参加と民主化のための場

　ここまで参加と民主化について、かなり抽象的な方法で述べてきた。もうひとつの戦略は、我々の労働において見出すことのできる条件について、文脈に沿って考えることである。製造業、加工業、サービス業では、参加と民主化の条件は異なるし、サービス機関、教育機関、政府機関、国際開発機関、非政府組織でも条件は異なる。もちろん、それぞれの分野の中でも、具体的な活動内容や組織構造、歴史、組織文化などによっても異なる。著者の2人は産業界、地域開発、教育機関、サービス組織などで働いた経験があるので、これらの異なる環境における参加と民主化の可能性の条件が異なることを認識している。産業界、大学、政府機関などでのARは本質的に権力に懐柔された状態であり、一貫したARの立場を維持するためには「獣の腹の中」に入らないことだと考える一部のアクションリサーチャーに、我々の研究を否定された経験がある。我々は彼らが異なる意見を持つ権利を認めるが、それに同意する義務はない。
　我々の考えでは、ARが人間のあらゆる状況をオープンに捉え、どのような文脈で人間の向上に貢献できるかを学ぶことが、ARにとってより生産的だと思っている。しかし、どのようなセクターのプロジェクトであっても、ARにとって不都合な条件下で運営され、意味のないことが起こる可能性があることは確かである。
　つまり、民主主義は文脈に縛られ、常に特定の文脈、権力構造、環境の中で機能しているのだ。たとえば、フェロー諸島[訳注2]は独自の自己管理された民主的なシステムを持っているが、外交政策に関する特定の問題については、デンマーク政府と調整しなければならず、デンマークもまた、EUの決定に従わなければならない。そして最後に、EUは民主的に導き出された自らの決定を達成し、実行するために奮闘しなければならない。このように、民主主義は、国レベルあるいは地方レベルで、常に一定の境界条件のもとで機能する。
　ARではこうした点が無視されることが多いようだ。こうした関係の複雑さ

をよく表しているのが、ノルウェーの「産業民主化プロジェクト」である。このプロジェクトは、現場レベルでの民主化を支援するもので、全国経営者連盟と労働組合の間の交渉が休止することから始まった。この民主化の取り組みで大きな矛盾となったのは、高い組合員数と経営陣に対する集団代表制を基盤にした企業における労働組合の権力的地位と、現場レベルのローカルな民主化プロセスとの間の分裂であった。こうした現場レベルの決定によって、影響力の基盤が損なわれると、地元の労働組合は無用になりかねず、ひいてはそれが、労働組合を現場レベルの民主化に敵対させることになるのである。要するに、あるレベルの民主化は、他のシステムレベルの条件とバランスがとれていなければならない。異なるレベルでは、効果的な民主化の様式も異なるものが要求される。

もうひとつは、AR は常に文脈に左右されるということだ。本書で繰り返し述べてきたように、AR のプロセスは常に改善可能であり、その日その時の状況より、常にオープンにすることができる。しかし、このことは、何をもって改善とするかということは、今日達成されたことを、前日に達成されたことと比較することを意味する。これは絶対的な尺度ではなく、参加のための条件を深め、強化し、それによって状況をより広く民主化しようとする継続的なプロセスなのである。

一例を挙げると、生産手段の所有権が労働者以外の株主グループにあったり、会社の創設者やその家族にあったりするような状況での AR には、あらゆるステークホルダーが労働条件や福利厚生に影響を与える能力を高め、最終的には労働から得られる利益のより公平な分配を達成するための複雑なプロセスが含まれる。しかし、より公平とは、平等な分け前やそれに近いものを意味する可能性はきわめて低い。しかし、労働安全、仕事への満足度、そしておそらくは報酬や事業における何らかの持分の大幅な改善を意味することもある。このような仕事に従事することは、常に個人の道徳的な選択であるが、不平等が残っているから、資本主義組織が完全には覆っていないからといって、このような仕事を AR の境界の外にあるものとして排除する権利は誰にもないと我々は信じている。

また職場の民主化が進まなければ、一般に政治における民主主義の将来は暗いと考えている。強圧的で権威主義的な職場で働き、その後、主に大企業が資金を提供している指導者グループに民主的に投票しに行くことは、真の民主的

統治のレシピとは言い難い。したがって、我々はこうした産業界での労働を、民主主義そのものの基盤を獲得するためのゆっくりとした、痛みを伴うプロセスそのものとして理解している。

　同様の議論は、サービス機関や政府機関など、現在、権威主義、権力による懐柔、反民主主義的な慣行が支配している多くの機関で行われる活動についても当てはまる。このような状況に愕然とし、その場にいることに耐えられないアクションリサーチャーは、この種の仕事をするべきではないというのは確かだが、このような仕事がARの範囲外であるということはない。それは、ARを貧困に苦しむ世界システムの周縁に追いやることであり、ARを先進資本主義の周縁に家畜化する、それ自体、権力による懐柔であると言える。

　ARのプロセスにおいて、権力による懐柔は常に大きなリスクであるが、何をもって権力による懐柔とするかは、決して容易ではない。ある人はある状況にそうした可能性を見出すが、別の人は何も見出さない。そのような状況でARを行おうとすることは、何も見えていない人にとっては権力による懐柔となり、可能性を見出している人にとっては、アクションを起こさないことが権力による懐柔であるように思えるのである。このように、ARの場面には、権力による懐柔、擬似的な参加、操作の要素が含まれている。唯一の解決策は、個人的な警戒を続けることと、ARの実践者の間で活発な議論を行い、これらの問題の範囲と輪郭を明らかにし続けることである。

結論 —— アクションリサーチと民主化プロセス

　アクションリサーチの目的は、民主化のプロセスを支援することである。さて、問題はこれを支援する一般的なARの視点があるかどうかである。これまでの議論を振り返ってみると、民主的な意思決定を行うためには、関係する問題所有者の参加によってプロセスが構築されなければならないと述べてきた。また民主的な意思決定はコンセンサスに基づくプロセスと同義ではないことも述べてきた。意思決定はステークホルダーの多様性、多面性を基盤に行われるべきものである。同時にこのプロセスは、AR活動における知識生成プロセスの結果として再構成されたポジションが現れることを可能にするようなプロセスでなくてはならない。

我々は民主主義のプロセスの本質は知識の共創にあると考えている。通常、イデオロギー的な姿勢に基づいて行われる「政治的」な擬似討議は、AR においては適切な問題を解決することを目的とした積極的かつ実践的な実験に基づいて行われる、集合的な知識生成プロセスに置き換えられる。この知識生成プロセスは、たとえイデオロギーの影響を受けていたとしても、イデオロギー的な政治的議論とは異なる。なぜなら、意味づけのためのセンスメイキングと言われるプロセスは、具体的に共有された状況に直接結びついているプロセスであるからだ。このためセンスメイキングは、文脈に即した実践的なものとなる。

　さらに、このように意味づけを文脈と現実的な選択に基づかせることで、グラムシが力説したように、「支配階級のヘゲモニー the hegemony of the ruling class」を克服する可能性が生まれる（Ransome, 1992）。グラムシは恵まれない階級が権力者の持つ社会のモデルを取り込んでしまい、その結果、自らの最善の利益を選別することができなくなると主張した。これは非常に困難な問題であるが、AR は幅広いステークホルダーの利害に真に一致する知識を生み出し、アクションを設計するプロセスを構築することで、ここに小さいながらも重要な役割を果たしている。このように、権力による懐柔のリスクはあるものの、AR の共創的な知識創造プロセスが民主主義を支える有望な方法であることを主張する。

訳注

［1］シェリー・アーンスタインは、市民の関与レベルから、市民参加の段階を 8 段階に分け、「市民参加のはしご a ladder of citizen participation」として提示した。Arnstein（1969）を参照。

［2］北大西洋にあるデンマークの自治領。

監訳者あとがき

　誰もが「人生を変えた瞬間」というものを経験したことがあると思う。

　コーネル大学での大学院2年目、自分の研究の方向性がつかめず、1999年12月末、日本へ一時帰国することもなく、アメリカ・ニューヨーク州北部イサカの冬、雪が降り積もる中、大学の図書館へ通う毎日だった。行き詰まりだった。そんなある日、オーリンライブラリーの方法論のセクションで偶然手にしたのが、この本、*Introduction to Action Research* だった。それが私の人生を変えた瞬間だった。

　「アクションリサーチ」という言葉はそれまで聞いたことがなかった。何だろう、これはと思った。そして、実はタイトルそのものより、私の目に飛び込んできたのは、そのサブタイトル *Social Research for Social Change*「社会変化のための社会調査」というフレーズだった。それまで私が受けていた授業では研究のための研究、理論のための理論と教えられた。5年間の新聞記者生活に自らピリオドを打ち、大学院に戻った私にとって、大学院の授業で聞く話とそれまで取材を通して見てきた現実は大きく乖離していた。悶々とした日々が続いていた。

　その日、その場に座り込んで、一気に読み込んだ。「社会変化のための社会調査」というのは、当時の私の心にストンと落ちた。こういうのもありなのかと。

　偶然にも、そして幸運にも、著者の一人がコーネル大学の教授であるデヴィッド・グリーンウッド先生だと知った。そして、春学期（1月末から5月初め）にアクションリサーチの授業を開講していることも知った。しかし、その授業をとるには、先学期の秋学期（8月終わりから12月初め）に履修すべき科目があり、「それを取っていないが、何とか春学期開講のクラスを受講させてもらえないか」とグリーンウッド先生にメールを送ったところから、すべてが始まった。春学期、毎週、その授業に出ながら、授業の後、先生の研究室で、先学期カバーした内容を特別に個人指導していただきながら、私のアクションリサーチの学びは始まった。

　図書館で本書の英語版を手にしたあの日以来、アクションリサーチは、自分自身の研究の方向性を明確にしていく上で、大切な指針となった。そして、こ

のアクションリサーチという研究戦略を知り得たことで、自分自身がなぜ研究を続けていくのか、その意味が明確になった。

　東京の下町、とある NPO で、博士論文のプロジェクトとして、アクションリサーチを始めたのは 2001 年 9 月。試行錯誤しながらも、私のアクションリサーチのサイクルは終わることなく、今も続いている。2011 年の東日本大震災後に始めたプロジェクトでは、放射能災害の被害者の人権を守る「チェルノブイリ法日本版」を作ろうとする市民グループと出会い、アクションリサーチのスタンスで関わっている。そして、2016 年からはメルボルン大学で、博士課程の大学院生を対象にアクションリサーチのセミナーも開講している。2022 年までの 7 年間、全学から計 43 人の参加があった。

　この間、関西学院大学の関嘉寛先生、東京大学の関谷雄一先生など、日本の大学で、アクションリサーチを理解し、その必要性に共感できる研究仲間ができたこと、そして日本社会でアクションリサーチのコミュニティが確実に出来つつあることもうれしく思う。関先生とは関西学院大学先端社会研究所（当時）とメルボルン大学アジアインスティチュートが共同開催した大学院生向けのカンファレンスを通して知り合った。関谷先生は 2003 年 11 月、私の初めての学会発表であったシカゴでのアメリカ人類学会のポスターセッションに来てくださった。それ以来の付き合いである。甲南女子大学の高橋真央先生は、関先生からアクションリサーチを理解する仲間として紹介され、翻訳チームに加わっていただいた。

　こうして翻訳チームを作ることができ、翻訳にとりかかるにあたって、一つ問題になったのは原著のボリュームであった。全体を訳すと 400 ページほどにもなり、日本の学生が手に取りやすい範囲を超えると予想された。そこで著者のグリーンウッド先生、レヴィン先生のご了解を得て、日本の学生にとって是非とも読んでもらいたい章を取り出した抄訳とすることになった。各章の原著との対応については、本書目次の末尾に示している。

　また本書で引用されている文献で日本語の翻訳があるものについては、メルボルン大学大学院博士課程の三崎圭美さんに確認作業をしていただき、正確に引用することができた。

　グリーンウッド先生との出会いから 20 年以上の時間が経ち、私が先生から学んだものは計り知れない。この本をいつか日本語に翻訳したいという思いをようやく実現することができました。すべての感謝の思いを込めて、グリーン

ウッド先生にこの本を届けたいと思います。今はリタイアされ、奥様のピラールさんとイサカとスペインを行ったり来たりしながら、ゆっくりとした時間を過ごされています。

　そして、もう1人の著者であるレヴィン先生については、この本の翻訳作業を進めていた最終段階の2023年4月に亡くなられたことを知りました。私はレヴィン先生がコーネル大学にいらしていた際に一度お見かけした程度でしたが、グリーンウッド先生を通じて、長く病床にあることは知っていました。ご冥福をお祈りいたします。

　最後に、新曜社の塩浦暲社長には、Sage Publications との翻訳権交渉など、大変お世話になりました。ここに記して、お礼を申し上げます。

2023年5月16日
小川晃弘

文　献

Alinsky, S. (1946). *Reveille for radicals*. Chicago: University of Chicago Press.［アリンスキー, S.／長沼秀世（訳）(1972).『市民運動の組織論』未来社］

Amabile, T. M. (1996). *Creativity in context*. Boulder, CO: Westview.

Argyris, C. (1974). *Theory in practice*. San Francisco: Jossey-Bass.

Argyris, C. (1980). *Inner contradictions of rigorous research*. New York: Academic Press.

Argyris, C. (1985). *Strategy, change, and defensive routines*. Boston: Pitman.

Argyris, C. (1993). *On organizational learning*. Cambridge, MA: Blackwell.

Argyris, C., Putnam, R., & McLain Smith, D. (1985). *Action science: Concepts, methods, and skills for research and intervention*. San Francisco: Jossey-Bass.

Argyris, C., & Schön, D. (1978). *Organizational learning*. Reading, MA: Addison-Wesley.

Argyris, C., & Schön, D. (1996). *Organizational learning II*. Reading, MA: Addison-Wesley.

Arnstein, S. R. (1969, July) A ladder of citizen participation. *Journal of the American Planning Association, 35*(4), 216-224.

Bateson, G. (1979). *Mind and nature: A necessary unity*. New York: Dutton.［ベイトソン, G.／佐藤良明（訳）(2022).『精神と自然 —— 生きた世界の認識論』岩波書店］

Belenky, M., Bond, L., & Weinstock, J. (1997). *A tradition that has no name: Nurturing the development of people, families, and communities*. New York: Basic Books.

Belenky, M., Clinchy, B., Goldberger, N., & Tarule, J. (1997). *Women's ways of knowing*. New York: Basic Books.

Berger, P., & Luckmann, T. (1966). *The social construction of reality*. Garden City, NY: Doubleday.［バーガー, P.・ルックマン, T.／山口節郎（訳）(2003).『現実の社会的構成 —— 知識社会学論考』新曜社］

Bowers, C. A., & Apffel-Marglin, F. (Eds.) (2004). *Rethinking Freire: Globalization and the environmental crisis*. Mahwah, NJ: Lawrence Erlbaum Associates.

Bråthen, S. (1973). Model monopoly and communication systems: Theoretical notes on democratization. *Acta Sociologica, 16*(2), 98-107.

Brokhaug, I., Levin, M., & Nilssen, T. (1986). *Tiltaksarbeid pådugnad* [Collective work for community development]. Trondheim, Norway: IFIM/ORAL.

Brookfield, S. (1986). *Understanding and facilitating learning: A comprehensive analysis of principles and effective practices*. San Francisco: Jossey-Bass.

Brookfield, S. (1987). *Developing critical thinkers: Challenging adults to explore alternative ways of thinking and acting*. San Francisco: Jossey-Bass.

Brown, L. D., & Tandon, R. (1993). Ideology and political economy in inquiry: Action research and participatory research. *Journal of Applied Behavioral Science, 19*(3), 277-294.

Brunner, I., & Guzman, A. (1989). Participatory evaluation: A tool to assess projects and empower people. In R. Conner & M. Hendricks (Eds.), *International innovations in evaluation methodology* (New Directions in Evaluation no. 42; pp. 9-18). San Francisco: Jossey-Bass.

Brunsson, N. (1989). *The organization of hypocrisy: Talk, decisions and actions in organizations*.

Chichester, England: Wiley.

Burke, T. (1994). *Dewey's new logic: A reply to Russell.* Chicago: University of Chicago Press.

Carr, W., & Kemmis, S. (1985). *Becoming critical: Education, knowledge and action research.* London: Falmer.

Chávez, C. (1975). *César Chávez: Autobiography of La Causa* (with J. E. Levy). New York: Norton.

Chessler, M., & Chesney, B. (1995). *Cancer and self-help: Bridging the troubled waters of childhood illness.* Madison: University of Wisconsin Press.

Cooke, B., & Kothari, U. (Eds.) (2001). *Participation: A new tyranny?* London: Zed Books.

Crane, B. (2000). *Building a theory of change and a logic model for an empowerment-oriented family support training and credentialing program.* Unpublished doctoral dissertation, Cornell University, Ithaca, NY.

Cronbach, L. J., & Suppes, P. (1969). *Research for tomorrow's schools: Disciplined inquiry for education.* London: Macmillan.

Dahl, R. (1989). *Democracy and its critics.* New Haven, CT: Yale University Press.

Dewey, J. (1900). *The school and society.* Chicago: University of Chicago Press. ［デューイ, J.／宮原誠一（訳）(2005).『学校と社会』岩波書店］

Dewey, J. (1902). *The child and the curriculum.* Chicago: University of Chicago Press. ［デューイ, J.／市村尚久（訳）(1998).『学校と社会・子どもとカリキュラム』講談社］

Dewey, J. (1976). *Essays on logical theory, 1902-1903* (A. Boydston, ed.). Carbondale: Southern Illinois University Press.

Dewey, J. (1991). *Logic: The theory of inquiry.* Carbondale: Southern Illinois University Press. ［デューイ, J.／河村望（訳）(2013).『行為の論理学 —— 探求の理論』人間の科学新社］

Dewey, J. (1991/1927). *The public and its problems.* Athens: Ohio University Press. (Original work published 1927). ［デューイ, J.／阿部齊（訳）(2014).『公衆とその諸問題 —— 現代政治の基礎』筑摩書房］

Diggins, J. (1994). *The promise of pragmatism.* Chicago: University of Chicago Press.

Douglas, M. (2002). *Purity and danger: An analysis of the concepts of pollution and taboo.* London: Routledge. ［ダグラス, M.／塚本利明（訳）(2009).『汚穢と禁忌』筑摩書房］

Dreyfus, H., & Dreyfus, S. (1986). *Mind over machine: The power of human intuition and expertise in the era of the computer.* New York: Free Press. ［ドレイファス, H.・ドレイファス, S.／椋田直子（訳）(1987).『純粋人工知能批判 —— コンピュータは思考を獲得できるか』アスキー］

Eikeland, O. (1992). *Erfaring, dialogikk og politikk* [Experience, dialogue and politics]. Oslo: Work Research Institute.

Elden, M. (1979). Three generations of work democracy experiments in Norway. In G. Cooper & E. Mumford (Eds.), *The quality of working life in Western Europe* (pp. 226-257). London: Associated Business Press.

Elliott, J. (1991). *Action research for educational change.* Buckingham, England: Open University Press.

Elster, J. (Ed.) (1986). *Rational choice.* Oxford, England: Basil Blackwell.

Emery, F. E., & Oeser, O. A. (1958). *Information, decision, and action.* Melbourne: Melbourne University Press.

Emery, M. (1982). *Searching.* Canberra: Australian National University Centre for Continuing Education.

Emery, M. (1993). *Participative design for participative democracy.* Canberra: Australian National University Centre for Continuing Education.

Emery, M. (1998). S*earching.* Amsterdam: John Benjamins.

Engelstad, P. H., & Haugen, R. (1972). *Skjervøy i gar, i dag og i morgen* [Sjervøy, yesterday, today and tomorrow]. Oslo: Work Research Institute.

Eurich, N. (1985). *Corporate classrooms: The learning business.* Princeton, NJ: Princeton University Press.

Fals Borda, O., & Rahman, M. (Eds.). (1991). *Action and knowledge: Breaking the monopoly with participatory action research.* New York: Apex.

Fetterman, D., Kaftarian, S. J., & Wandersman, A. (1995). *Empowerment evaluation: Knowledge and tools for self-assessment and accountability.* Thousand Oaks, CA: Sage. ［フェッターマン, D.・カフタリアン, S. J.・ワンダースマン, A.／衣笠一茂（監訳）(2020).『コミュニティの社会活動におけるエンパワメント評価 ── 福祉, 教育, 医療, 心理に関する「参加と協働」の実践知』福村出版］

Fine, M. (1992). *Disruptive voices: The possibilities of feminist research.* Ann Arbor: University of Michigan Press.

Finger, M., & Asún, J. M. (2001). *Adult education at the crossroads: Learning our way out.* New York: National Institute of Adult Continuing Education.

Finne, H., Levin, M., & Nilssen, T. (1995). Trailing research: A model for useful evaluation. *Evaluation,* 1(1), 11-32.

Flood, R., & Romm, N. (1996). *Diversity management.* Chichester, England: Wiley.

Fox Keller, E. (1985). *Reflections on gender and science.* New Haven, CT: Yale University Press. ［フォックス・ケラー, E.／幾島幸子・川島慶子（訳）(1993).『ジェンダーと科学 ── プラトン、ベーコンからマクリントックへ』工作舎］

Frege, G. (1956). The thought: A logical inquiry. *Mind,* 65, 289-311. (Original work published 1918).

Freire, P. (1970). *The pedagogy of the oppressed.* New York: Herder & Herder. ［フレイレ, P.／三砂ちづる（訳）(2018).『被抑圧者の教育学』亜紀書房］

Freire, P. (1998a). *Pedagogy of the heart.* New York: Continuum International.

Freire, P. (1998b). *Teachers as cultural workers: Letters to those who dare.* Boulder, CO: Westview.

Gabarrón, L., & Hernández-Landa, L. (1994). *Investigación participative* [Participatory research]. Madrid: Centro de Investigaciones Sociológicas.

Gadamer, H. G. (1982). *Truth and method* (2nd ed.). New York: Crossroads.

Gaventa, J. (1982). *Power and powerlessness: Quiescence and rebellion in an Appalachian valley.* Urbana and Chicago: University of Illinois Press.

Gerhardsen, E. (1932). *Tillitsmannen* [Becoming a union official]. Oslo: Tiden Forlag.

Gibbons, M., Limoges, C., Nowotny, H., Schwartzman, S., Scott, P., & Trow, M. (1994). *The new production of knowledge: The dynamics of science and research in contemporary societies.* London: Sage. ［ギボンズ, M.／小林信一（監訳）(1997).『現代社会と知の創造 ── モード論とは何か』丸善］

Giles, D., Stanton, T., & Cruz, N. (1999). *Service-learning: A movement's pioneers reflect on its origins, practice, and future.* San Francisco: Jossey-Bass.

Gilligan, C. (1982). *In a different voice.* Cambridge, MA: Harvard University Press. ［ギリガン, C.／川本隆史・山辺恵理子・米典子（訳）(2022).『もうひとつの声で―― 心理学の理論とケアの倫理』風行社］

Greenberg, E. S. (1975, September). The consequences of worker participation: A clarification of the theoretical literature. *Social Science Quarterly,* 56, 191-209.

Greenwood, D. (1985). *The taming of evolution: The persistence of nonevolutionary views in the study of humans.* Ithaca, NY: Cornell University Press.

Greenwood, D. (2002). Action research: Unfulfilled promises and unmet challenges. *Concepts and Transformation,* 7(2), 117-139.

Greenwood, D. (2004a). Action research: Collegial responses fulfilled. *Concepts and Transformatio*n, 9(1), 80-93.

Greenwood, D. (2004b). Feminism and action research: Is "resistance" possible and, if so, why is it necessary? In M. Brydon-Miller, P. Maguire, & A. McIntyre (Eds.), *Traveling companions: Feminism, teaching, and action research* (pp. 157-168). Westport, CT: Praeger.

Greenwood, D., et al. (1992). *Industrial democracy as process: Participatory action research in the Fagor Cooperative Group of Mondragón.* Assen-Maastricht, Netherlands: Van Gorcum.

Guba, E., & Lincoln, Y. (1981). *Effective evaluation: Improving the usefulness of evaluation results through responsive and naturalistic approaches.* San Francisco, CA: Jossey-Bass.

Guba, E., & Lincoln, Y. (1985). *Naturalistic inquiry.* Newbury Park, CA: Sage.

Guba, E., & Lincoln, Y. (1989). *Fourth generation evaluation.* Newbury Park, CA: Sage.

Guba, E., & Lincoln, Y. (2005). Paradigmatic controversies, contradictions, and emerging confluences. In N. Denzin & Y. Lincoln (Eds.), *Handbook of qualitative research* (3rd ed.; pp. 191-215). Thousand Oaks, CA: Sage. ［デンジン, N.・リンカン, Y.（編）／岡野一郎・古賀正義（編訳)(2006).『質的研究ハンドブック1巻―― 質的研究のパラダイムと眺望』北大路書房］

Gustavsen, B. (1985). Workplace reform and democratic dialogue. *Economic and Industrial Democracy,* 6, 461-479.

Habermas, J. (1984). *The theory of communicative action: Reason and the rationality of ociety* (T. McCarthy, trans.). Boston: Beacon.

Hall, B. (1975). Participatory research: An approach for change. *Convergence,* 8(2), 24-32.

Hall, B., Gillette, A., & Tandon, R. (Eds.) (1982). *Creating knowledge: A monopoly? Participatory research in development.* New Delhi: Society for Participatory Research in Asia.

Hanssen Bauer, J., & Aslaksen, K. (1991). *Rett sats* [Correct start]. Oslo: SBA.

Herbst, P. (1980). Community conference design: Skjervøy, today and tomorrow. *Human Futures,* (2), 1-6.

Hinsdale, M., Lewis, H., & Waller, S. (1995). *It comes from the people.* Philadelphia: Temple University Press.

Horton, M. (with J. Kohl & H. Kohl). (1990). *The long haul: An autobiography.* New York: Doubleday.

Horton, M., & Freire, P. (1990). *We make the road by walking: Conversations on education and social change.* Philadelphia: Temple University Press.

House, E. (1972). The conscience of educational evaluation. *Teachers Colleges Record*, 73(3), 405-414.

House, E. (1993). *Professional evaluation: Social impact and political consequences*. Thousand Oaks, CA: Sage.

Jacob, F. (1982). *The possible and the actual*. Seattle: University of Washington Press. ［ジャコブ，F.／田村俊秀・安田純一（訳）(1994).『可能世界と現実世界――進化論をめぐって』みすず書房］

James, W. (1948). *Essays in pragmatism*. New York: Hafner.

James, W. (1995). *Essays in radical empiricism*. Lincoln: University of Nebraska Press. ［ジェイムズ，W.／桝田啓三郎・加藤茂（訳）(1998).『根本的経験論』白水社］

Johannesen, K. S. (1996). Action research and epistemology: Some remarks concerning the activity-relatedness and contextuality of human language. *Concepts and Transformation*, 1(2/3), 281-297.

Joyappa, V., & Martin, D. (1996). Exploring alternative research epistemologies for adult education: Participatory research, feminist research and feminist participatory research. *Adult Education Quarterly*, 47(1), 1-14.

King, J. (1998). Making sense of participatory evaluation practice. *New Directions for Evaluation*, 80, 57-67.

Knowles, M. (1990). *The adult learner: A neglected species* (rev. ed.). Houston: Gulf Publishing. ［ノールズ，M.／堀薫夫・三輪建二（監訳）(2013).『成人学習者とは何か――見過ごされてきた人たち』鳳書房］

Knowles, M., and others. (1984). *Andragogy in action: Applying modern principles of adult education*. San Francisco: Jossey-Bass.

Lather, P. (1991). *Getting smart: Feminist research and pedagogy with/in the postmodern*. New York: Routledge.

Latour, B. (1987). *Science in action*. Cambridge, MA: Harvard University Press. ［ラトゥール，B.／川﨑勝・高田紀代志（訳）(1999).『科学が作られているとき――人類学的考察』産業図書］

Levin, M. (1984). Worker participation in the design of new technology. In T. Martin (Ed.), *Design of work in automated manufacturing systems* (pp. 97-103). Oxford, England: Pergamon.

Levin, M. (1988). *Lokal mobilisering* [Local mobilization]. Trondheim, Norway: IFIM.

Levin, M., & Klev, R. (Eds.) (2000). *Forandring som praxis* [Change as praxis]. Bergen, Norway: Fagbokforlaget.

Levin, M., & Martin, A. (1995). *Power differences in discourse*. Unpublished manuscript.

Levin, M., et al. (1980a). *Hitterværinger vi kan vil vi?* [Citizens of Hitra, we can but will we?]. Trondheim, Norway: IFIM.

Levin, M., et al. (1980b). *Teknisk utvikling og arbeidsforhold i aluminiumselektrolyse* [Technical development and quality of working life in aluminium smelting]. Trondheim, Norway: IFIM.

Lewin, K. (1935). *A dynamic theory of personality* (D. Adams & E. Zener, trans.). New York: McGraw-Hall. ［レヴィン，K.／相良守次・小川隆（訳)(1957).『パーソナリティの力学説』岩波書店］

Lewin, K. (1943). Forces behind food habits and methods of change. *Bulletin of the National Research Council*, 10835-65.

Lewin, K. (1948). *Resolving social conflicts.* New York: Harper. ［レヴィン, K.／末永俊郎（訳）(1954).『社会的葛藤の解決 —— グループ・ダイナミックス論文集』東京創元社］

Lijphart, A. (1977). *Democracy in plural societies: A comparative exploration.* New Haven, CT: Yale University Press. ［レイプハルト, A.／内山秀夫（訳）(1979).『多元社会のデモクラシー』三一書房］

Lyall, K., & Sell, K. (2006). *The true genius of America at risk: Are we losing our public universities to de facto privatization?* New York: American Council on Education/ Praeger.

Maguire, P. (1987). *Doing participatory research: A feminist approach.* Amherst: University of Massachusetts, Center for International Education.

Maguire, P. (1994). Participatory research from one feminist's perspective: Moving from exposing androcentricism to embracing possible contributions of feminism to participatory research and practice. In I. de Koning (Ed.), *Proceedings of the international symposium on participatory research in health promotion* (pp. 5-14). Liverpool, England: Liverpool School of Tropical Medicine, Education Resource Group.

Maguire, P. (1996). Considering more feminist participatory research: What has congruency got to do with it? *Qualitative Inquiry, 2*(1), 106-118.

Mansbridge, J. (1983). *Beyond adversary democracy.* Chicago: University of Chicago Press.

Markova, I., & Foppa, K. (1991). *Asymmetries in dialogue.* Herfordshire, England: Harvester Wheatsheaf.

Martin, A. (2000). *Search conference methodology and the politics of difference.* Unpublished doctoral dissertation, Columbia University Teachers College.

Martin, A., Hemlock, N., & Rich, R. (1994). *Saskatchewan highways and transportation traffic safety search conference.* Ithaca, NY: Cornell University Programs for Employment and Workplace Systems.

Martin, A., & Rich, B. (1994). *Seneca Nation of Indians search '94.* Ithaca, NY: Cornell University Programs for Employment and Workplace Systems.

Martin, A. W. (1995, November). *Power differences in discourse.* Unpublished proceedings from Power Difference in Discourse, Ithaca, NY.

Mendelson, S. E. & Glenn, J. K. (Eds.). (2002). *The power and limits of NGOs: A critical look at building democracy in Eastern Europe and Eurasia.* Columbia University Press.

Messer-Davidow, E. (2002). *Disciplining feminism: From social activism to academic discourse.* Durham, NC: Duke University Press.

Mezirow, J. (1991). *Transformative dimensions of adult learning.* San Francisco: Jossey-Bass. ［メジロー, J.／金澤睦・三輪建二（監訳）(2012).『おとなの学びと変容 —— 変容的学習とは何か』鳳書房］

Mezirow, J. (1996). Contemporary paradigms of learning. *Adult Education Quarterly, 46*(3), 158-173.

Mies, M. (1990). Women's studies: Science, violence and responsibility. *Women's Studies International Forum, 13,* 433-441.

Miles, B., & Huberman, M. (1994). *Data analysis: An expanded sourcebook.* Thousand Oaks, CA: Sage.

Milgram, S. (1974). *Obedience to authority.* New York: Harper & Row. ［ミルグラム, S.／山形浩

生（訳）(2012). 『服従の心理』河出書房新社]

Monk, R. (1990). *Ludwig Wittgenstein: The duty of genius*. London: Jonathan Cape. ［モンク, R.／ 岡田雅勝（訳）(1994). 『ウィトゲンシュタイン──天才の責務』みすず書房]

Nash, N. S., & Hawthorne, E. M. (1988). *Corporate education* (ERIC Digest no. ED301142). Available at http://www.ericdigests.org/pre-9210/corporate.htm （現在リンク切れ）

Negt, O. (1977). *Sociologisk fantasi og eksemplarisk indlæring* [Sociological fantasy and exemplary learning]. Roskilde, Denmark: Roskilde Universitetsforlag.

Noffke, S. (1994). Action research: Towards the next generation. *Educational Action Research*, 2(1), 9-21.

Nørgaard, A. (1935). *Grundtvigianismen* [The Grundtvid way]. Kobenhavn, Denmark: Gyldendal.

Nowotny, H., Scott, P., & Gibbons, M. (2001). *Re-thinking science: Knowledge and the public in an age of uncertainty*. London: Polity.

Pålshaugen, Ø. (2000). Dialogkonferanser som metode i bedriftsutvikling [Dialogue conferences as method in enterprise development]. In M. Levin & R. Klev (Eds.). *Forandring som praxis* [Change as praxis] (pp.187-195). Bergen, Norway: Fagbokforlaget.

Pålshaugen, Ø. (2002). Discourse democracy at work. *Concepts and Transformation, 7*, 141-192.

Park, P., Brydon-Miller, M., Hall, B., & Jackson, T. (Eds.) (1993). *Voices of change: Participatory research in the United States and Canada*. Westport, CT: Bergin & Garvey.

Patton, M. Q. (1986). *Utilization-focused evaluation*. Beverly Hills, CA: Sage.

Patton, M. Q. (1997). *Utilization-focused evaluation* (3rd ed.). Thousand Oaks, CA: Sage.

Peirce, C. (1950). *Philosophy: Selected writings*. New York: Harcourt Brace.

Pelletier, D., Kraak, V., McCullum, C., Uusitalo, U., & Rich, R. (1999). The shaping of collective values through deliberative democracy: An empirical study from New York's North Country. *Policy Sciences, 32*, 103-131.

Pelletier, D., McCullum, C., Kraak, V., & Asher, K. (2003). Participation, power and beliefs shape local food and nutrition policy. *Journal of Nutrition, 133*, 301-304.

Peters, S. (2001). The civic mission question in land-grant education. *Higher Education Exchange*, 6, 25-37.

Peters, S., Hittleman, M., & Pelletier, D. (2005). The North Country community food and economic security project case study. In S. Peters, N. Jordan, M. Adamek, & T. Alter (Eds.), *Engaging campus and community: Public scholarship in the state and land-grant university system*. Dayton, OH: Kettering Foundation Press.

Peters, S., Jordan, N., Adamek, M., & Alter, T. (Eds.) (2005). *Engaging campus and community: The practice of public scholarship in the state and land-grant university system*. Dayton, OH: Kettering Foundation Press.

Polanyi, M. (1964). *Personal knowledge*. New York: Harper & Row. ［ポラニー, M.／長尾史郎（訳） (1985). 『個人的知識　脱批判哲学をめざして』ハーベスト社]

Polanyi, M. (1966). *The tacit dimension*. Gloucester, MA: P. Smith. ［ポランニー, M.／高橋勇夫 （訳）(2003). 『暗黙知の次元』筑摩書房]

Price, D. (2004). *Threatening anthropology*. Durham, NC, and London: Duke University Press.

Ransome, P. (1992). *Antonio Gramsci: A new introduction*. Hemel Hempstead, Hertfordshire, England: Harvester Wheatsheaf.

Rapoport, A. (1974). *Conflict in man-made environments*. Harmondsworth, England: Penguin.

Readings, B. (1996). *The university in ruins*. Cambridge, MA: Harvard University Press. ［レディングズ, B.／青木健・斎藤信平（訳）(2018).『廃墟のなかの大学』法政大学出版局］

Reardon, K. (1997). Participatory action research and real community-based planning in East St. Louis. In P. Nyden et al. (Eds.), *Building community: Social science in action* (pp. 233-239). Thousand Oaks, CA: Pine Forge Press.

Reason, P., & Bradbury, H. (Eds.) (2001). *Handbook of action research*. London: Sage.

Reinharz, S. (1992). *Feminist methods in social research*. New York: Oxford University Press.

Rolfsen, M., & Torvatn, H. (2005). How to "get through" communication challenges in formative evaluation. *Evaluation*, 11(3), 297-309.

Rorty, R. (1980). *Philosophy and the mirror of nature*. Princeton, NJ: Princeton University Press. ［ローティ, R.／野家啓一（監訳）(1993).『哲学と自然の鏡』産業図書］

Russell, B. (1903). *The principles of mathematics*. Cambridge, England: Cambridge University Press.

Ryle, G. (1949). *The concept of mind*. London: Hutchinson. ［ライル, G.／坂本百大・宮下治子・服部裕幸（訳）(1987).『心の概念』みすず書房］

Schön, D. (1983). *The reflective practitioner*. New York: Basic Books. ［ショーン, D.／柳沢昌一・三輪建二（訳）(2007).『省察的実践とは何か —— プロフェッショナルの行為と思考』鳳書房］

Schön, D. (1987). *Educating the reflective practitioner*. San Francisco: Jossey-Bass. ［ショーン, D.／柳沢昌一・村田晶子（訳）(2017).『省察的実践者の教育 —— プロフェッショナル・スクールの実践と理論』鳳書房］

Schön, D. (Ed.) (1991). *The reflective turn*. New York: Teachers College Press.

Schwandt, T. (1997a). *Qualitative inquiry: A dictionary of terms*. Thousand Oaks, CA: Sage.

Schwandt, T. (1997b). *Towards a new science of action research*. Paper presented at the Tavistock conference "Is Action Research Real Research," London.

Scott, J. (1995). *Sociological theory: Contemporary debates*. Cheltenham, England: Edward Elgar.

Scriven, M. (1991). *Evaluation thesaurus*. Thousand Oaks, CA: Sage.

Scriven, M. (1995). The logic of evaluation and evaluation practice. *New Directions for Evaluation*, 68, 49-70.

Senge, P. (1990). *The fifth discipline: The art and practice of the learning organization*. New York: Doubleday. ［センゲ, P.／枝廣淳子・小田理一郎・中小路佳代子（訳）(2011).『学習する組織 —— システム思考で未来を創造する』英治出版］

Shor, I., & Freire, P. (1987). *A pedagogy for liberation: Dialogues on transforming education*. South Hadley, MA: Bergin & Garvey.

Skjervheim, H. (1974). *Objektivismen og studiet av mennesket* [Objectivity and the study of man]. Oslo: Gyldendal.

Sørensen, Å. B. (1992). Aktionsforskning i om arbejdslivet [Action research in work life]. *Tidsskrift for samfunnsforskning*, 33(5), 213-230.

Stringer, E. (2004). *Action research in education*. Thousand Oaks, CA: Sage.

Swantz, M. L. (1985). *Women in development: A creative role denied? The case of Tanzania*. London: Hurst.

Taylor, C. (1985). *Philosophy and the human sciences*. Cambridge, England: Cambridge University

Press.

Tocqueville, A. de. (2001). *Democracy in America.* New York: New American Library, Signet Classic. (Originally published in two volumes, 1835 and 1840).［トクヴィル, A.／杉木謙三（訳）(1957).『アメリカの民主々義』朋文社］

Toulmin, S. (1996). Concluding methodological reflection: Elitism and democracy among the sciences. In S. Toulmin & B. Gustavsen (Eds.), *Beyond theory* (pp. 203-225). Amsterdam and Philadelphia: John Benjamins.

Toulmin, S., & Gustavsen, B. (Eds.) (1996). *Beyond theory.* Amsterdam and Philadelphia: John Benjamins.

Usher, R. B., Bryant, I., & Johnston, R. (1997). *Adult education and the postmodern challenge: Learning beyond the limits.* London: Routledge & Kegan Paul.

van den Hombergh, H. (1993). *Gender, environment, and development: A guide to the literature.* Utrecht: Institute for Development Research, International Books.

Ver Beek, K. (1996). *The pilgrimage for life, justice and liberty: Insights for development.* Doctoral dissertation, Cornell University, Ithaca, NY.

von Bertalanffy, L. (1966). *Modern theories of development.* London: Oxford University Press.

von Bertalanffy, L. (1968). *General systems theory.* New York: Braziller.［フォン・ベルタランフィ, L／長野敬・太田邦昌（訳）(1973).『一般システム理論 —— その基礎・発展・応用』みすず書房］

Weber, M. (1958). *The city* (D. Martindale & G. Neuwirth, trans.). Glencoe, IL: Free Press.

Weisbord, M. (1987). *Productive workplaces: Organizing and managing for meaning and community.* San Francisco: Jossey-Bass.

Weisbord, M. (1992). *Discovering common ground.* San Francisco: Berrett-Koehler.

Weiss, H., & Greene, J. (1992). An empowerment partnership for family support and education programs and evaluations. *Family Science Review,* 5(1 and 2), 131-149.

Westbrook, R. (1991). *John Dewey and American democracy.* Ithaca, NY: Cornell University Press.

Whyte, W. F. (1991). *Participatory action research.* Newbury Park, CA: Sage.

Whyte, W. F. (1994). *Participant observer: An autobiography.* Ithaca, NY: ILR Press.

Whyte, W. F., & Whyte, K. K. (1991). *Making Mondragón* (2nd ed.). Ithaca, NY: ILR Press.［ホワイト, W.・ホワイト, K.／佐藤誠・中川雄一郎・石塚秀雄（訳）(1991).『モンドラゴンの創造と展開 —— スペインの協同組合コミュニティー』日本経済評論社］

Wittgenstein, L. (1953). *Philosophical investigations.* Oxford, England: Basil Blackwell.［ウィトゲンシュタイン, L.／鬼界彰夫（訳）(2020).『哲学探究』講談社］

Young, I. M. (1990). *Justice and the politics of difference.* Princeton, NJ: Princeton University Press.［ヤング, I. M.／河村真実・山田祥子（訳）(2020).『正義と差異の政治』法政大学出版局］

Zeichner, K. (2001). Educational action research. In P. Pearson & H. Bradbury (Eds.), *Handbook of Action Research* (pp. 273-284). London: Sage.

索 引

著者紹介

デヴィッド・J. グリーンウッド Davydd J. Greenwood

1970年からコーネル大学で教え、Goldwin Smith Professor of Anthropology と Institute for European Studies のディレクターを務めた。Spain Royal Academic of Moral and Political Science の Corresponding Member に選出されている。1983 年から10年以上にわたり、John S. Knight Professor of International Studies 及び Mario Einaudi Center for International Studies のディレクター、Association of International Education Administrators の President も務めた。多くの大学や国立外国語センターでプログラム評価者を務めている。スペインと米国におけるアクションリサーチ、政治経済学、民族紛争、コミュニティ、地域開発などを中心に研究してきた。現在は企業化が高等教育に与える影響について、特に社会科学の視点から研究している。主な著書に *Unrewarding Wealth: The Commercialization and Collapse of Agriculture in a Spanish Basque Town; Nature, Culture, and Human History; The Taming of Evolution: The Persistence of Non-evolutionary Views in the Study of Humans; Las culturas de Fagor; Industrial Democracy as Process: Participatory Action Research in the Fagor Cooperative Group of Mondragón; Introduction to Action Research: Social Research for Social Change* (with Morten Levin) などがある。

モルテン・レヴィン Morten Levin

ノルウェーのトロンハイムにあるノルウェー科学技術大学 Norwegian University of Science and Technology の教授（Industrial Economics 及び Technology Management）。工学と社会学の修士号を持つ。職歴を通じて、特に技術と組織の関係における社会変化のプロセスと構造に焦点を当てたアクションリサーチャーとして活動している。産業界、地域社会、そして大学教育の場でアクションリサーチを行い、アクションリサーチに関する3つの博士課程を創設した。本書のほか、多くの著書や論文がある。*Systemic Practice and Action Research, Action Research International, Action Research, Handbook of Qualitative Inquiry, Handbook of Action Research* の編集委員を務めている。

訳者紹介

小川晃弘（おがわ・あきひろ）
[監訳、序文、1 章、2 章、3 章、4 章、11 章担当]

メルボルン大学アジアインスティチュート教授。コーネル大学大学院博士課程修了（社会文化人類学 PhD）、ハーバード大学日米関係プログラム上級研究員、ストックホルム大学教授などをへて、現職。研究対象はアジアの市民社会論、現代日本社会。東京下町の生涯学習グループにて、約 20 年にわたり、アクションリサーチを継続中。

マティアス・カーネル（Mattias Karnell）[4 章担当]

ストックホルム大学大学院修士課程修了（日本研究）。現在は Teneo Partners 株式会社にて、日本国内の機関投資家等に向けて外国籍ファンドの情報提供を行う。米国公認会計士（USCPA）、世界のオルタナティブ投資業界の専門機関である CAIA（Chartered Alternative Investment Analyst）協会認定オルタナティブ投資アナリスト。

三崎圭美（みさき・きよみ）[5 章担当]

メルボルン大学大学院博士課程在学中。北海道大学観光学高等研究センターに研究員として在籍。北海道ニセコエリアをフィールドに、多様な市民社会と地域社会をテーマにアクションリサーチを展開している。

関谷雄一（せきや・ゆういち）[6 章担当]

東京大学大学院総合文化研究科超域文化科学専攻文化人類学コース教授。近著に『震災復興の公共人類学－福島原発事故被災者と津波被災者との協働』[高倉浩樹と共編]（東京大学出版会 2019）があり、被災地の復興と地域創生そして持続的開発との関係性やつながりに関し、文化人類学やアクションリサーチの視座から実践と考察を続けている。

高橋真央（たかはし・まお）[7 章担当]

甲南女子大学国際学部多文化コミュニケーション学科教授。大阪大学大学院人間科学研究科を経て博士（人間科学）。お茶の水女子大学グローバル協力センターにて開発途上国の女子教育支援・研究に携わる。2010 年より甲南女子大学に在職。専門は、ボランティア論、社会貢献、SDGs、国際協力論、寄付。著作としては、「フィールドから見えた『ボランティア』から離れた存在の可能性」（ボランティア学研究第 19 号，2019）ほか。

関 嘉寛（せき・よしひろ）[8 章、9 章、10 章担当]

関西学院大学社会学部教授。大阪大学にて博士（人間科学）。専門は、ボランティアを通じた社会参加に関する理論的・実践的研究。被災地や都市部でのまちづくりに対してアクションリサーチ的手法を用いて研究を進めている。著書（単著）『ボランティアからひろがる公共空間』（梓出版社，2008）など。

アクションリサーチ入門
社会変化のための社会調査

初版第1刷発行　2023年7月5日

著　者　デヴィッド・J・グリーンウッド ＆ モルテン・レヴィン
監訳者　小川晃弘
発行者　塩浦　暲
発行所　株式会社　新曜社
　　　　101-0051　東京都千代田区神田神保町3−9
　　　　電話 (03)3264−4973 (代)・FAX (03)3239−2958
　　　　e-mail : info@shin-yo-sha.co.jp
　　　　URL : https://www.shin-yo-sha.co.jp

組　版　Katzen House
印　刷　新日本印刷
製　本　積信堂